NOVOS ESPAÇOS PARA ESPORTE E LAZER

Planejamento e gestão de instalações para esportes, educação física, atividades físicas e lazer

Dados Internacionais de Catalogação na Publicação (CIP)
(Câmara Brasileira do Livro, SP, Brasil)

Ribeiro, Fernando Telles
    Novos espaços para esporte e lazer: planejamento e gestão
de instalações para esportes, educação física, atividades físicas e
lazer/Fernando Telles Ribeiro; coordenação editorial: Alexandre F.
Machado. 1ª ed. – São Paulo: Ícone, 2011.

    Bibliografia.
    ISBN 978-85-274-1181-3

    1. Áreas de recreação – Projetos e construção   2. Instalações
esportivas – Projetos e construção   I. Machado, Alexandre F.
II. Título.

11-05522   CDD-711.558

Índices para catálogo sistemático:

1. Instalações esportivas: Projetos e construção   711.558

Fernando Telles Ribeiro

NOVOS ESPAÇOS PARA ESPORTE E LAZER

Planejamento e Gestão de Instalações para Esportes, Educação Física, Atividades Físicas e Lazer

Coordenação editorial
Alexandre F. Machado

1ª edição
Brasil – 2011

© Copyright 2011
 Ícone Editora Ltda.

Revisão
Juliana Biggi
Saulo C. Rêgo Barros

Capa
Bruno Navarro

Diagramação
Richard Veiga

Proibida a reprodução total ou parcial desta obra, de qualquer
forma ou meio eletrônico, mecânico, inclusive por meio de processos
xerográficos, sem permissão expressa do editor (Lei nº 9.610/98).

Todos os direitos reservados à:
ÍCONE EDITORA LTDA.
Rua Anhanguera, 56 – Barra Funda
CEP: 01135-000 – São Paulo/SP
Fone/Fax.: (11) 3392-7771
www.iconeeditora.com.br
iconevendas@iconeeditora.com.br

Agradecimentos

Agradeço a todos que me incentivaram, apoiaram e tornaram possível a realização deste livro, dentre os quais destaco Lamartine Pereira Da Costa da Universidade Gama Filho – UGF, Álvaro do Rego Barros, da Prefeitura do Rio de Janeiro, Vladimir de Souza, da Oldebrecht, Bruno Roberto Padovano, do Núcleo de Pesquisa em Arquitetura e Urbanismo da Universidade de São Paulo – Nutau/USP, Iain MacRury, Gavin Poynter e Alvaro de Miranda, da University of East London – UEL, François Vigneau do Ministério dos Esportes e Lazer da França, Roger Bonnenfant, da Associação Francesa para Informação e Pesquisa sobre Equipamentos de Esportes e Lazer – AIRES, Roberto Reis, da Nado Livre Piscinas, e Oswaldo Fiore, da Polisport.

Meu especial agradecimento a Georgios Hatzidakis, do Panathlon Clube de São Paulo, por recomendar-me à editora que publica esta obra.

Amor e carinho à minha paciente e compreensiva esposa Maria Alice e às minhas filhas Fernanda e Laura.

Apresentação

A **existência deste livro** tem sua origem nos idos de 1972, quando este autor, professor de Educação Física, lotado no então Departamento de Educação Física do Estado da Guanabara e cursando o segundo ano de Engenharia Civil, assessorava aquele departamento em projetos de instalações esportivas escolares destinados à prática da educação física no então Estado da Guanabara.

Na ocasião, fui indicado pelo diretor do Departamento para chefiar um grupo de sete professores especializados em diversas modalidades esportivas para a realização de um estagio de cinco semanas na Universidade de Indiana em Bloomington, Indiana, nos Estados Unidos da América. As modalidades selecionadas para as clínicas foram o atletismo, a natação, o basquetebol, o voleibol, a ginástica olímpica e os saltos ornamentais. Alem da chefia da delegação, cabia-me também observar as instalações esportivas da universidade como parte de meu aperfeiçoamento no que àquela época denominava-se "Engenharia Esportiva".

Visitei e observei em detalhes as diversas instalações do campus, adquirindo na biblioteca da universidade alguns títulos sobre projetos e construções destinadas ao esporte e atividades recreativas. Dentre eles o de maior destaque e o que mais me chamou a atenção foi um manual denominado *Planning Areas and Facilities for Health, Physical Education and Recreation* (Planejamento de Áreas e Instalações para Saúde, Educação Física e Recreação), o qual abrangia o planejamento de instalações destinadas a atividades esportivas, ginásios, instalações de escolas-parque, prédios para atividades recreativas, áreas para *camping*, estádios e piscinas. O manual fora editado em 1965 pelo *The Athletic Institute* e pela *American Association for Health, Physical Education and Recreation*, sendo o terceiro de uma série de manuais iniciada em 1946, a partir da primeira Conferência Nacional de Instalações para Saúde, Educação Física e Recreação realizada em Jackson's Mill, West Virginia em de dezembro de 1946. A mais recente edição do manual é a décima segunda e foi publicada em 2009 sob o título *Facility Planning and Design for Health Phisical Activity, Recreation, and Sport*. Vale dizer que as quatro primeiras edições de 1947 a 1974 foram editadas a intervalos de aproximadamente dez anos, enquanto as demais, de 1979 até 2009, a intervalos de quatro anos. Cada uma delas uma atualização da anterior em função de novos conhecimentos, evolução tecnológica em equipamentos e novas concepções arquitetônicas.

Em 1974, já concluído o curso de engenharia e como professor da escola de Educação Física do Centro de Esportes da Marinha, fui indicado para assessorar o arquiteto selecionado em alguns projetos do novo Centro de Esportes da Marinha, localizado na Avenida Brasil, no Rio de Janeiro. Meu primeiro desafio foi projetar uma área de iniciação esportiva destinada ao uso da comunidade local e a de propor uma configuração atual e funcional da piscina para saltos do parque aquático que permitisse a prática e competições oficiais de acordo com as normas e regras da FINA. Na mesma época participei também como consultor no projeto do conjunto aquático Julio Delamare no complexo esportivo do Maracanã. No ano seguinte fui admitido como engenheiro de vendas da Monsanto Internacional, para desenvolver na América Latina o conceito do uso da grama sintética em áreas esportivas. Permaneci naquela empresa por cerca dez anos exercendo diversas funções, desde a de gerente do escritório regional no Rio de Janeiro até a de gerente de relações governamentais da empresa na sede do grupo em São Paulo. A partir de 1990 ingressei na iniciativa privada na área de consultoria em Comércio Exterior.

Não obstante meu temporário e longo afastamento das atividades relacionadas a projetos e construção de instalações, mantive-me atualizado participando de alguns congressos e feiras da IAKS – Associação Internacional de Instalações Esportivas e de Lazer – com sede em Colônia – Alemanha, na qualidade de associado desde 1973, além de ministrar cursos de planejamento de instalações. Em 1993 e 1994, dois cursos de 20 horas promovidos pela Universidade Gama Filho; em 2004 na Unibennet (Faculdades Integradas Bennett), todas no Rio de Janeiro e em Florianópolis, no 10º Meeting Esportes/Fitness/Fisioterapia um curso de uma semana sob o título Planejamento de Instalações Esportivas. Em complemento, realizei diversas palestras sobre o tema entre 2004 e 2010, destacando as proferidas no Instituto Pereira Passos-RJ, Escola de Educação Física do Exército-RJ, Centro de Práticas Esportivas da USP-SP, Unisul-SC, Seminário de Gestão de Megaeventos Esportivos no Rio de Janeiro, I CIDYR – Congresso Internacional de Instalações Esportivas e Recreativas em Barcelona – Espanha, 21º Congresso IAKS para Projeto, Construção, Modernização e Gestão de Instalações de Esportes em Colônia – Alemanha, Primeiro Seminário Internacional da AIIDYR – Instalaciones Deportivas y Recreativas para Iberoamerica em Barquicimeto – Venezuela e II CIDYR – Congresso Internacional de Instalações Esportivas e Recreativas promovido pelo Sesi-SP – São Paulo.

Em 2004, com o início do desenvolvimento das construções de instalações destinadas ao Pan 2007, transferi para minha filha Laura o controle dos negócios da empresa de comércio exterior para dedicar-me à área de engenharia, planejamento e projetos de instalações. Naquele ano reencontrei meu antigo companheiro, oficial instrutor do Centro de Esportes da Marinha e atualmente professor da Universidade Gama Filho, Doutor Lamartine Pereira da Costa, cujo apoio e incentivo foram importantes para minha decisão de preparar um *site* sobre instalações de esportes e lazer sob a ótica do planejamento.

Dois fatos foram de fundamental importância em minha decisão de escrever esta obra: O primeiro, a existência de um vasto acervo de informações contidas no *site* www.planesporte.com.br, desenvolvido entre 2006 e 2008, o qual vem registrando milhares de consultas e comentários positivos desde sua criação e até o presente. O segundo, a constatação da inexistência de qualquer literatura atual sobre o tema em língua portuguesa.

Disseminar essa área de conhecimento junto aos envolvidos direta ou indiretamente em projetos e construções de instalações esportivas e de lazer é o propósito desta obra, cujo mérito (se existir) é ter buscado selecionar e compilar dentre a vastíssima literatura internacional sobre o tema, em especial em países como Estados Unidos da América, França, Austrália, Canadá e Inglaterra, os conceitos que mais se coadunam à atual realidade brasileira no que se refere ao planejamento de espaços para saúde, atividade física, recreação e esporte.

A escolha do Brasil como anfitrião da Copa de 2014 e a vitoriosa campanha do Rio de Janeiro para sediar os Jogos Olímpicos de 2016 nos coloca no foco da atenção mundial e a responsabilidade de deixar um legado positivo para as cidades que abrigarão esses megaeventos

Muitas instalações estarão sendo construídas. Espero que este livro contribua como fonte de consulta útil para a criação de espaços esportivos e de lazer funcionais e disponíveis para toda a população

Fernando Telles Ribeiro
São Paulo, junho de 2011.

Prefácio

O **significado deste livro** para o esporte, educação física, recreação e atividades físicas para a saúde como praticados no Brasil é de possibilitar uma nova fase de desenvolvimento em todas essas áreas de conhecimento em seu conjunto; este avanço, segundo seu autor, deve gerar iniciativas de produção local, regional e nacional, bem como as tão necessárias inovações em termos do uso de espaços e da construção e manutenção de instalações.

Esta senda de desenvolvimento e criatividade já se manifestou diversas vezes no Brasil no esporte e áreas afins desde as décadas de 1920 e 1930 e agora mais uma vez temos uma onda renovadora produzida pelo Fernando Telles Ribeiro, autor dos textos que se seguem. De fato, as tentativas de organização e racionalização das instalações para esporte e atividades físicas de lazer, saúde e educação, ocorridas no passado tiveram mais um cunho de movimento coletivo, de mobilização de grupos sociais e instituições, no sentido de prover o país de uma infraestrutura de suporte às atividades físicas de competição e de participação. Assim aconteceu com o movimento denominado "Deem Estádios ao Exército", uma promoção de instituições militares de esporte dos anos 20 e 30 do século passado, geradora das primeiras publicações técnicas brasileiras sobre instalações esportivas e sua gestão.

Nas décadas seguintes surgiram iniciativas mais pontuais de produção de conhecimento na temática da construção e manutenção de instalações esportivas a partir do Ministério da Educação e Cultura (MEC) nos seus órgãos de esporte e educação física, nos anos 1940-1990. Por vezes, órgãos homólogos ao MEC – esporte – educação física nos estados, como São Paulo e Rio de Janeiro, também assumiram promoções similares. Neste estágio de desenvolvimento foi comum a mobilização de conhecimentos do exterior (visitas, estágios, projetos de cooperação, etc.), tal como aconteceu com o nosso autor do presente livro na década de 1970, tendo o Rio de Janeiro como sua área de atuação profissional.

Entretanto, os resultados dos incentivos de governos foram limitados não sendo possível ultrapassar o domínio da improvisação – ou mesmo desleixo – na construção esportiva quer em âmbito da engenharia como na arquitetura ou na gestão. Esta deficiência de amplo reconhecimento como típica do Brasil se tornou mais significativa ao ser publicado, em 1971, o "Diagnóstico da Educação Física e Desportes no Brasil" (DA COSTA, 1971, IPEA) quando se tornou evidente o contraste de uma grande quantidade de clubes e instalações esportivas existentes no Brasil diante da carência – ou mesmo ausência – de informações técnicas e de especialistas em infraestrutura esportiva.

Em termos de generalidades, o contexto ora descrito permanece válido em sua interpretação ate os dias presentes, sendo mesmo uma das razões de origem desta obra de Fernando Telles Ribeiro. Como tal, cabe realçar as inovações do autor ao relacionar os textos encontrados adiante com um *site* da Internet, sem similar em língua portuguesa, como também ao buscar integração dos saberes e técnicas da construção às recentes obras nacionais sobre megaeventos esportivos (ver DA COSTA et al. [Eds.]. *Legados de Megaeventos Esportivos*, Ministério do Esporte, 2008). Estes estudos têm gerado impactos internacionais e criado referências para organização, gestão e construção de instalações e equipamentos para a Copa do Mundo de Futebol de 2014 e Jogos Olímpicos de 2016 programados para realização no Brasil.

Nesta linha de conta, insere-se este livro no universo do esporte, educação física e lazer de âmbito nacional, pois faz uma ponte com a tradição de um passado que mobiliza saberes e procedimentos do exterior com um presente que promove um conhecimento autônomo e inovador para a construção esportiva e utilização renovada dos espaços urbanos.

Lamartine Da Costa
Universidade Gama Filho – RJ
University of East London – UK
Junho de 2011.

Folha de aprovação

A presente obra foi aprovada e recomendada pelo conselho editorial a sua publicação na forma atual.

Conselho editorial

Prof. Dr. Antônio Carlos Mansoldo (USP – SP)

Prof. Dr. Jefferson da Silva Novaes (UFRJ – RJ)

Prof. Dr. José Fernandes Filho (UFRJ – RJ)

Prof. Dr. Rodolfo Alkmim M. Nunes (UCB – RJ)

Profa. Dra. Luana Ruff do Vale (UFRJ – RJ)

Prof. Dr. Miguel Arruda (UNICAMP – SP)

Prof. Dr. Daniel Alfonso Botero Rosas (PUC – Colômbia)

Prof. Dr. Vitor Machado Reis (UTAD – Portugal)

Prof. Dr. Antônio José Rocha Martins da Silva (UTAD – Portugal)

Prof. Dr. Paulo Moreira da Silva Dantas (UFRN – RN)

Prof. Dr. Fernando Roberto de Oliveira (UFL – MG)

Profa. Dra. Cynthia Tibeau (Uniban – SP)

Presidente do conselho

Prof. M. Sc. Alexandre F. Machado (Uniban – SP)

O Autor

FERNANDO TELLES RIBEIRO

⇒ Engenheiro Civil, Professor de Educação Física.
⇒ Doutor *Honoris Causa* (*Honorary Doctorate of Arts*) conferido pela UEL – University of East London, 2011.
⇒ Especialista em Planejamento de Instalações Esportivas.
⇒ Consultor em Planejamento de Infraestruturas Esportivas do Núcleo de Pesquisa em Arquitetura e Urbanismo da Universidade de São Paulo – Nutau/USP – Brasil.
⇒ Membro da IAKS – Associação Internacional de Instalações Desportivas e Recreativas – Colônia, Alemanha.
⇒ Vice-Presidente para a América Latina da AIIDyR – Associación Internacional de Administración de Infraestructuras Deportivas y Recreativas – Barcelona, Espanha.
⇒ Membro do Comitê Internacional para a América Latina da IASLIN – Associação Internacional de Gestão de Infraestruturas Esportivas e Recreativas – Kranj, Slovenia.
⇒ Diretor da Confederação Brasileira de Esportes Aquáticos – CBDA – Rio de Janeiro, Brasil.
⇒ Coautor do livro *Atlas do Esporte no Brasil – Atlas of Sports in Brazil*. Capítulos: (1) Rio de Janeiro – Futura Cidade Olímpica,

(2) Planejamento de Instalações Esportivas e (3) Saltos Ornamentais. Shape Editora, 2006.

⇒ Coautor do livro *Legados de Megaeventos Esportivos*. Capítulo: Legado de Megaeventos Esportivos Sustentáveis – A Importância das Instalações Esportivas. Ministério dos Esportes e CONFEF, 2008

⇒ Autor do *site* www.planesporte.com.br, elaborado em 2006 e destinado à divulgação de atualizados conhecimentos sobre conceitos, práticas e políticas adotadas internacionalmente para o planejamento de infraestruturas esportivas.

⇒ Atleta Olímpico de Saltos Ornamentais (Melbourne, 1956; e Roma, 1960).

⇒ Campeão Sul-Americano 1960-1962 e 1968.

⇒ Campeão Mundial de Masters – Portland, USA – 1998.

PARA ENTRAR EM CONTATO COM O AUTOR

fernando@planesporte.com.br

Sumário

HISTÓRICO

Como surgiu a ideia de se buscar uma unidade de pensamento entre os especialistas, objetivando sistematizar conceitos de planejamento no desenvolvimento de instalações esportivas e de lazer e de como se desenvolveu uma sólida base de conhecimentos cuja disseminação vem se refletindo em benefícios econômicos, funcionais e ampla satisfação aos usuários dessas instalações.

CONCEITO

Os conceitos dizem respeito às razões, princípios e motivações que devem estar presentes na mente dos responsáveis por projetos destinados a ins talações de esportes e lazer. São preceitos fundamentais cuja observância é básica para o sucesso do empreendimento.

PELO MUNDO

Uma visão do grau de importância conferido por alguns países no que se refere a um dos instrumentos educacionais de maior relevância e satisfação para seus cidadãos: o investimento em instalações de esportes e lazer.

INSTALAÇÕES ESPORTIVAS

Ampla orientação, direcionamentos e guias para o planejamento de instalações complexas ou de grande porte como piscinas, ginásios, arenas e estádios.

COMPLEMENTOS TÉCNICOS

Considerações sobre importantes complementos técnicos que integram as instalações tais como vestiários, arquibancadas, iluminação e acústica.

ANEXOS

- Planejamento de Legados de Megaeventos Esportivos – Fernando Telles.
- Estádios e Senso de Local – Peter Eisenman.
- O Planejamento – Richard B. Flynn.
- Sustentabilidade e Preservação Ambiental para otimizar a Construção de Espaços de Esporte e Lazer – Lamartine da Costa.
- *Fitness* - Tendências em Equipamentos – Thomas H. Sawyer.

Índice

Parte 1
CONCEITOS, 23

Origem e evolução, **23**
A importância do planejamento, **26**
Guias de planejamento, **28**
Acessibilidade e inclusão, **45**
Planejamento de instalações para segurança e administração de riscos, **52**
Manutenção de instalações esportivas e de lazer, **67**

Parte 2
PELO MUNDO, 87

AUSTRÁLIA, 87
Ministério dos Esportes e Recreação – MSR
Planejamento de instalações, 87
O processo de planejamento de instalações, **89**
Avaliação das necessidades, **90**

Estudo de viabilidade, **91**
Projeto, **91**
Consultores de projeto, **92**
Provisão conjunta/uso compartilhado da instalação, **93**
Sócios Potenciais Para Instalações De Esportes E Recreação, **93**
Princípios básicos para a provisão de instalações, **94**
Fundos de Capital, **95**
Recursos do MSR, **96**
Leitura complementar, **97**

FRANÇA, 97
Ministério da Juventude e dos Esportes
Missão Técnica de Equipamentos, 97
A parceria Estado/Coletividades Locais, **97**
Gestão e exploração de instalações esportivas e de lazer, **105**
Recenseamento de instalações, **123**
As práticas esportivas e socioeducativas nos bairros desfavorecidos, **133**
Instalações esportivas na França, **137**
AIRES, **139**

CANADÁ, 142
Ministério da Cultura, Recreação e do Esporte
Guias para o Planejamento e Desenvolvimento de Instalações Públicas de Esportes e Lazer, 142
Introdução, **143**
Seção 1. O processo de planejamento, **145**
Seção 2. Padrões para sistemas municipais de recreação, **156**

ESTADOS UNIDOS DA AMÉRICA, 162
Financiamento para o desenvolvimento de instalações, 162
Financiamento público, **163**
Financiamento privado, **165**
Financiamento privado e público-privado, **168**
Equipe financeira, **168**
Pontos essenciais para um plano financeiro, **168**

INGLATERRA, 169

Departamento da Comunidade e do Governo Local (DCLG)

Guia de Política de Planejamento 17: Planejamento para Espaços ao Ar Livre, Esportes e Recreação, 169

Objetivos do planejamento, **169**

Política Nacional de Planejamento, **170**

Avaliação das necessidades e oportunidades, **170**

Estabelecimento de padrões locais, **171**

Manutenção do suprimento adequado de espaços ao ar livre e instalações de esportes e recreação, **172**

Campos de jogos, **174**

Desenvolvimento dentro dos espaços ao ar livre, **175**

Ampliação dos espaços ao ar livre existentes e das instalações de esportes e recreação, **175**

Planejamento para novos espaços ao ar livre e para instalações de esportes e recreação, **176**

Anexo: definições, **181**

Parte 3
INSTALAÇÕES, 185

Instalações aquáticas, **185**

Ginásios, **229**

Estádios e arenas – tendências, **237**

Parte 4
COMPLEMENTOS TÉCNICOS DAS INSTALAÇÕES, 245

Vestiários, **245**

Arquibancadas, **248**

Iluminação, **259**

Acústica, **264**

Parte 5
ANEXOS, 267

Anexo 1
Planejamento do legado e sustentabilidade das infraestruturas esportivas, **268**

Anexo 2
Estádios e senso de local, **274**

Anexo 3
O processo de planejamento, **276**

Anexo 4
Conceituando a sustentabilidade e a preservação do meio ambiente para otimizar a construção de espaços de esporte e lazer, **286**

Anexo 5
Tendências em equipamentos para academias de *fitness*, **296**

Parte 6
CONSIDERAÇÕES FINAIS, 301

Parte 7
REFERÊNCIAS BIBLIOGRÁFICAS, 309

CONCEITOS

ORIGEM E EVOLUÇÃO

O conhecimento e a circulação de informações sobre o tema de construções esportivas no Brasil é ainda incipiente, embora a memória de suas primeiras iniciativas já tenha mais de meio século. Além disso, a literatura brasileira referente a normas e padrões construtivos de instalações para Educação Física, Esportes e Recreação é limitada quando comparada a de países mais desenvolvidos. A primeira manifestação do gênero no País consta de um inventário de plantas simplificadas e padrões técnicos de instalações esportivas, publicado em livro pela Professora Maria Lenk, em 1941. As publicações subsequentes e as estrangeiras que passaram a circular nos anos seguintes foram causa e efeito da expansão de construções esportivas que acompanharam o crescimento do País em termos econômicos. Este fato foi especialmente evidente nas décadas de 1960 e 1970 – época do chamado milagre econômico brasileiro –, o que também tornou mais clara a falta de uma concepção coerente por ausência de critérios e normas de padronização. Alem disso, os projetos raramente tinham por base um planejamento que levasse em conta a contribuição dos diversos indivíduos e entidades envolvidas no processo, bem como a opinião dos futuros usuários daquelas instalações. Esta constatação já se tornara evidente em 1945 nos EUA e, por esta razão, Caswell M. Miles, Vice-Presidente de Recreação da AAHPER (American Association for Health, Physical Education and Recreation) obteve do Presidente do Athletic Institute, Theodore P. Bank, a soma de US$ 10.000,00 (US$ 110.000,00 em 2006) para a realização da primeira conferência sobre instalações, em abril de 1945. Em dezembro do ano seguinte é publicada a primeira edição do guia *Planning Areas and Facilities for Health, Physical Education and Recreation*. O desenvolvimento posterior desta iniciativa em outro país pode servir de comparação com as circunstâncias brasileiras, de modo a compreender avanços e retrocessos de nosso processo evolutivo. Em 1941, na França, precedida de amplo recenseamento nacional, surge o primeiro texto oficial sobre o tema, versando sobre proteção e utilização de locais e áreas de esportes. Outros textos se seguiram ressaltando-se uma circular de fevereiro de 1978 que estabeleceu medidas para tornar acessíveis aos portadores de deficiências físicas o acesso às novas instalações disponíveis ao público e também a abertura dos estabelecimentos de ensino à coletividade fora dos horários ou períodos escolares. Em 1980 publica-se a 9ª edição do manual *Équipements Sportifs e Socio-Éducatifs*.

1941

Publicação do livro de Maria Lenk sobre administração da Educação Física e Desportos que abrangeu os seguintes tópicos: Aparelhamento para a Educação Física segundo o Método Francês, Parques Infantis, Construção de Piscinas, Instalações de Remo e Anexos (gabinete médico, sala de fisioterapia e vestiários).

1945

Nesse ano, o Capitão Jair Jordão Ramos publica a 1ª edição do livro *Deem Estádios ao Exército*, um manual contendo dados e explicações sobre a construção de instalações utilitárias e esportivas.

1946

Em dezembro deste ano, houve repercussão da primeira conferência sobre instalações nos EUA: a publicação da 1ª edição do *Guide for Planning Facilities for Athletics, Physical Education and Recreation*. Aproximadamente a cada dez anos e até 2009, novas edições revistas e atualizadas do Guia foram publicadas sempre seguindo o critério de projetos com base em planejamento envolvendo os diversos indivíduos, entidades e usuários no processo da construção, operação e manutenção das instalações.

1957

No Brasil, publica-se *Construção de Campos Esportivos*, de Nestor Lindberg.

1960

O Departamento de Educação Física – DEF do Ministério da Educação e Cultura – MEC, publica os cadernos de Instalações para Piscinas 1 e Ginásios 2.

1965

A DEF-MEC lança um manual de Instalações Esportivas (304 páginas), como parte de um curso de Educação Física por Correspondência.

1974

O Serviço Social da Indústria – SESI, divulga as Normas Fundamentais para Instalações Esportivas (50 páginas), constando de informações básicas para construção de instalações esportivas.

1975

O DEF/CODEA publica em 1975 o manual Construção de Instalações Esportivas e Módulos para Centro Esportivo – Primeiro Grau.

1979

Nos EUA houve uma revisão completa do Guia com a participação de planejadores urbanos, arquitetos, arquitetos paisagistas, engenheiros e consultores para construções escolares. Foram também convidados a contribuir profissionais com experiência em planejamento, projeto e construção de instalações esportivas e de lazer, resultando na produção do *Planning Facilities for Athletics, Physical Education and Recreation*. Mais revisões e edições foram lançadas em 1983, 1985, 1993, 1999 e 2002 e 2009; as duas últimas com a inclusão do termo "Sports" no título.

1980

No Brasil o SESC – SP lança uma publicação sobre a construção de vestiários.

1940 a 2008

É importante mencionar e destacar a contribuição do SESI (Serviço Social da Indústria) na construção de instalações esportivas e de lazer em todos os Estados da Federação, totalizando 2.182 unidades construídas nos últimos 68 anos: 554 quadras esportivas, 288 campos de futebol, 294 piscinas infantis, 12 piscinas olímpicas, 204 piscinas semiolímpicas, 6 piscinas de saltos, 272 ginásios esportivos, 58 estádios, 63 pistas de atletismo e 134 academias. (*Relatório Anual dos Departamentos Regionais – 2008*, SESI – Esporte e Lazer – Rui Campos.)

A IMPORTÂNCIA DO PLANEJAMENTO

Teve o leitor a oportunidade de visitar uma instalação com tal quantidade de problemas de projeto que só lhe resta sacudir a cabeça e murmurar: "Não acredito!?"

Cada instalação apresenta seus próprios desafios de projeto. Se tais desafios não forem identificados e superados, o resultado será uma instalação com sérios problemas operacionais. Normalmente, quanto maior a construção, maior a probabilidade de ocorrer erros no projeto. Frequentemente, certos detalhes são vistos de forma superficial e por vezes são cometidos grandes equívocos, os quais só se tornam perceptíveis após a inauguração e no decorrer do uso da instalação.

Muitos de nós temos visto prédios com deficiências em iluminação, ventilação e controles de acesso que poderiam ter sido evitadas com planejamento apropriado.

Em particular, um dos maiores erros cometidos ocorre na previsão e provisão de espaços para armazenagem, em especial nas instalações destinadas a educação física, esportes e recreação. Para este fim, muitas vezes utilizam-se salas de aula e até mesmo espaços destinados às atividades esportivas ou de lazer para guarda temporária ou permanente de equipamentos. E o que dizer de piscinas com medidas "ligeiramente" inferiores às estabelecidas pelas regras oficiais; banheiros e vestiários distantes e cujo acesso obriga o percurso através de áreas de atividades; ou ainda ginásios com janelas envidraçadas atrás das tabelas de basquete? São erros reais e não tão raros como se possa imaginar. São constrangedores, caros e absurdos como, por exemplo, uma plataforma de 7,5m de altura para saltos ornamentais construída imediatamente abaixo de outra de 10m. Outro exemplo de equívoco de planejamento ocorreu com o estádio olímpico de Montreal, construído para as competições de atletismo dos Jogos Olímpicos de 1976, com boa parte das arquibancadas sem visão da linha de chegada. O custo previsto em 310 milhões de dólares canadenses superou a cifra de 1,5 bilhão, computado até 2006 (custos adicionais, reparos e reformas).

A causa desses equívocos não é outra senão insuficiente dedicação de tempo, esforço e conhecimento especializado durante o processo de planejamento. Quanto mais cedo se detecta o erro, menos cara se torna sua retificação. Não custa nada corrigir erros no papel, muito pouco em plantas ou desenhos digitalizados e extremamente dispendioso ou quase impossível fazer correções após o concreto ter sido lançado.

O impacto de uma construção mal planejada é muito mais grave do que qualquer outro problema de gerenciamento. Uma administração problemática ou pessoas podem ser substituídas. Recursos podem ser levantados para instalações eventualmente suborçadas. Contudo, as consequências de planejamento inadequado irão perdurar por décadas, razão pela qual todos os cuidados devem ser despendidos desde o início e no decorrer de todo o processo de planejamento.

A realização de uma instalação esportiva ou de lazer bem-sucedida é resultado de um bom planejamento. Todavia, raras vezes o projeto e a construção de estádios, arenas, ginásios, piscinas ou centros de recreação e lazer, etc. é precedido de adequado planejamento. De um modo geral, designa-se um arquiteto ou escritório de arquitetura para projetar determinada instalação com base no que foi solicitado e idealizado pelo cliente. Dependendo de sua experiência e competência, o arquiteto pode contribuir com ótimas ideias, mas há sempre o risco de que não se atinja boa parte das necessidades técnicas e funcionais exigidas para a instalação.

Ocorre que um empreendimento destinado a esportes e recreação é de característica multidisciplinar, exigindo em seu planejamento o concurso de especialistas de diversas áreas os quais deverão se constituir em um comitê de planejamento do projeto (ver adiante Guia 5 e Figura 3.4).

Da discussão e consenso, um relatório é preparado e encaminhado ao arquiteto ou firma de arquitetura designada a desenvolver o projeto. Dessa forma, evitam-se equívocos ou inadequações funcionais durante o uso e a operação da instalação.

GUIAS DE PLANEJAMENTO

GUIA 1. ADEQUAR-SE ÀS NORMAS VIGENTES COM REFERÊNCIA A USO E CONFORTO DOS PORTADORES DE DEFICIÊNCIAS

O título III do American with Disabilities Act (ADA) proíbe discriminação a qualquer indivíduo portador de deficiência. Esta lei federal estabelece que os serviços oferecidos por entidades públicas sejam estendidos para todas as pessoas de nossa sociedade, incluindo aquelas portadoras de necessidades especiais. Para que tais serviços estejam disponíveis, devem ser eliminadas as barreiras que limitam o acesso e a locomoção no interior da instalação.

As instalações mais atingidas por essa legislação são as que pertencem a entidades publicas ou as possuidoras de acomodações públicas. A acessibilidade e a mobilidade no interior dessas estruturas devem ser consideradas desde a fase inicial do projeto. Se certas exigências não puderem ser atendidas, os gestores podem ser solicitados a implementar razoáveis modificações nas instalações ou adotar práticas, procedimentos ou políticas especiais para atender aos padrões. A ADA aplica-se a todas instalações de educação física, recreação e esportes, incluindo ginásios e academias.

O planejamento de instalações para receber pessoas portadoras de deficiências é uma tarefa complexa e requer bastante cooperação entre planejadores e usuários, bem como a remoção de "barreiras de atitudes". Recomenda-se que sejam consultados indivíduos com conhecimentos especiais ao se projetar instalações públicas. Boas contribuições podem ser obtidas de grupos ou entidades oficiais cujo principal objetivo é o de assistir pessoas com necessidades especiais

GUIA 2. DESENVOLVER UM PLANO DIRETOR PARA A INSTALAÇÃO

O processo envolve a acumulação de grande quantidade de informações que direta ou indiretamente suportam as necessidades da organização. Normalmente, a tarefa é de responsabilidade dos escalões mais elevados, envolvendo administradores de alto nível e/ou seus projetistas. A complexidade no desenvolvimento de um plano diretor é influenciada por diversos fatores: o tamanho da instituição ou agência que conduz o planejamento; os recursos humanos e financeiros disponíveis para suportar o processo de planejamento e a habilidade e experiência de indivíduos para desenvolver um plano diretor.

Um exemplo dos passos necessários está ilustrado na Figura 1.1.

Os formatos dos planos diretores para a instalação podem diferir de uma organização para outra. Contudo, são basicamente compostos pela previsão de aquisições de curto e longo prazos, renovações e/ou novas construções. Os planos incluem todos os possíveis desenvolvimentos comunitários e regionais, as áreas mais apropriadas para possíveis expansões, mudanças demográficas previstas, bem como futuras necessidades de mudanças programáticas. A projeção de longo prazo do Plano Diretor Geral é usualmente de cinco a dez anos e a projeção para curto prazo é de um a quatro anos. Em algumas circunstâncias, as organizações também adotam uma visão projetada de 10 a 20 anos. O desenvolvimento e a manutenção do Plano Diretor é um processo contínuo e permanente caracterizado por períodos de intenso planejamento. Os componentes do plano são direcionados a metas de planejamento específicas identificadas nos programas de desenvolvimento da instalação (Figura 1.1). Esses componentes do Plano Diretor fornecem uma ideia de aquisições ou mudanças que se antecipa para o futuro.

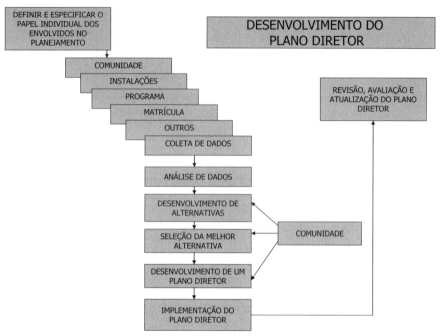

Figura 1.1: Desenvolvimento do Plano Diretor

Figura 1.2: Plano Diretor

GUIA 3. UTILIZAR ABORDAGEM PARTICIPATIVA

Um preceito fundamental no planejamento de instalações esportivas e de lazer é a visão dos usuários a ser conhecida por meio da consulta a seus representantes legítimos ou formais, bem como ouvir a opinião dos atuais e futuros operadores de instalações existentes ou a serem construídas. Alem disso, se tais contribuições são claramente explicitadas e adequadamente compreendidas pelos projetistas, as chances de uma determinada instalação atender as necessidades dos programas propostos são substancialmente ampliadas.

Ao projetar instalações, as organizações geralmente incluem todos os interessados e os que manifestam especial interesse pela educação física, recreação ou projetos de instalações esportivas.

As organizações comunitárias levam em conta seus grandes e diversificados grupos de usuários, enquanto as universidades usualmente se concentram mais nas necessidades de sua clientela educacional. Contudo, a importância de receber contribuições de representantes de grupos de usuários é o fator comum que envolve essa abordagem para planejamento da instalação. Um exemplo de participação ou de processo de planejamento em equipe é ilustrado na Figura 4.1.

Origem da ideia (Nível de Programa Básico). A ideia tipicamente emana de indivíduos intrinsecamente envolvidos na antiga instalação e nos programas nela conduzidos. Contudo, a ideia pode também se originar da alta administração. Por exemplo, administradores de alto nível podem ser abordados por um patrocinador ou doador que está interessado em contribuir com fundos para construir uma instalação para uma finalidade específica. Quando a "partida" para o projeto se inicia neste nível, os respectivos diretores de programas são notificados da boa notícia e logo convocados para iniciar o processo de planejamento. Assim, todos os passos preliminares, desde a origem da ideia até a "Aprovação da Alta Autoridade", são significativamente acelerados.

Apresentação da ideia para a Alta Autoridade. Os que conceberam a ideia procuram convencer a seus pares no departamento da necessidade do projeto, seja o de uma nova instalação ou apenas a reforma de uma existente. Obtido o necessário apoio, um comitê de planejamento departamental é selecionado pelo principal administrador daquela unidade. A missão dessa equipe de planejamento é rever a proposta inicial, modificá-la e aperfeiçoar seu conteúdo antes de apresentá-lo à próxima e mais elevada autoridade. Se o projeto for aprovado, os membros selecionados do departamento que possuam experiência programática funcionarão como especialistas em programas e assessoram a ambos, o comitê de planejamento e o arquiteto do projeto, quanto às necessidades dos diversos grupos de usuários. (Projetos provenientes do mais alto nível administrativo podem eliminar completamente este passo e o subsequente, visto que o projeto já obteve aprovação no alto nível.)

Preparação para Apresentação à Maior Autoridade. Algumas universidades, sistemas escolares e departamentos de recreação exigem uma complexa sucessão de passos para obter aprovação do projeto, enquanto outras demandam relativamente poucos e simples procedimentos. Seja quais forem as diferenças organizacionais, um ponto comum deve ser o de utilizar-se como referência o Plano Diretor da organização para sustentar a argumentação quanto à razoabilidade da proposta apresentada. A referência ao Plano Diretor irá assegurar consistência aos programas propostos com as devidas justificativas para implementação da instalação. Obtida a aprovação do projeto no Conselho de Política, o Executivo Principal designa um Comitê de Planejamento do Projeto (ver guia 5). Esse comitê assume um elevado número de responsabilidades e assiste o arquiteto para a execução do melhor projeto possível.

GUIA 4. PESQUISAR FONTES DE RECURSOS FINANCEIROS

O único e mais importante requisito ao se propor uma nova instalação ou a renovação de uma instalação existente é determinar como o projeto será financiado. A proposta tem melhores chances de ser aprovada pela autoridade maior se forem pesquisadas as fontes de recursos e uma cuidadosa estratégia de financiamento for previamente desenvolvida. Esse plano deve incluir uma lista de diferentes fontes de recursos (ou seja, aportes governamentais, organizações privadas, investidores interessados, etc.) que estejam em condições de suportar o projeto ou identificar parceiros e/ou organizações que manifestem desejo de contribuir para a obtenção dos fundos necessários.

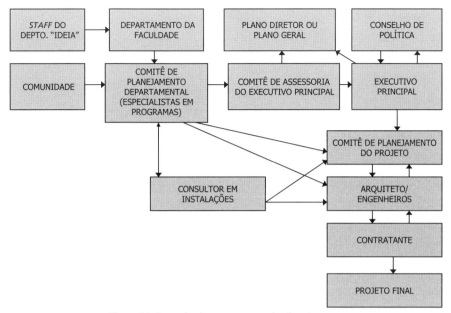

Figura 4.1: Exemplo de um processo de planejamento

GUIA 5. ORGANIZAR UM COMITÊ DE PLANEJAMENTO DO PROJETO

Uma vez que um projeto de instalação tenha sido aprovado, um comitê de planejamento de projeto deve ser estabelecido para reunir e organizar toda informação pertinente ao projeto e tomar as decisões cabíveis. A formação deste comitê usualmente consiste de membros selecionados do departamento responsável (especialistas em programas), administradores, o responsável pela empresa de arquitetura (*ex officio*), um consultor em instalações (*ex officio*), representantes de grupos de usuários e profissionais de manutenção (Figura 5.1). Engenheiros são normalmente incluídos como membros. Quando não o são, suas contribuições chegam às discussões do comitê por intermédio do arquiteto projetista e/ou do consultor de instalações.

Uma das mais importantes responsabilidades do comitê é reunir informações de grupos de usuários e usá-las para preparar um documento definitivo, coerente e informativo para o arquiteto. Este relatório é denominado de conteúdo do programa (ver Guia 7) e é utilizado pelo arquiteto para desenvolver o projeto da instalação. Para apresentar um aceitável projeto final, o arquiteto do projeto deve ter uma descrição acurada e completa dos programas que serão conduzidos na futura instalação. A partir desse documento, o arquiteto estará em condições de preparar um projeto preliminar. Por essa razão, os comitês de planejamento dos departamentos de recreação e esportes em faculdades e universidades devem buscar uma variada série de dados provenientes de áreas de programas tais como educação física adaptada, atividades aquáticas, esportes individuais e coletivos, dança, recreação ao ar livre, ciência do exercício, artes marciais e classes de instrução básica. No planejamento de recreação municipal, é imprescindível a participação de representantes das áreas de recreação tanto em recinto fechado quanto ao ar livre e de natureza terapêutica.

A partir do desenvolvimento do conteúdo programático, o comitê de planejamento de projeto, junto com o arquiteto projetista, tomam a maioria das decisões cruciais de projeto. O grupo tem a responsabilidade de reagir frente às concepções iniciais e aos desenhos esquemáticos do arquiteto. Alem disso, o grupo coordena o planejamento do projeto junto aos diversos usuários da instalação, solucionando questões relacionadas à interpretação do conteúdo programático, a propostas de mudança, ou possíveis cancelamentos devido a custos ou mudanças de programa. Não deve haver quaisquer desvios de projeto sem a manifestação do comitê. Se decisões imediatas forem imperativas e na falta de consenso entre os membros do grupo, o líder do comitê deve ser chamado para julgar e decidir o que lhe parecer mais apropriado. Contudo, para evitar conflitos, tal opção deve ser evitada.

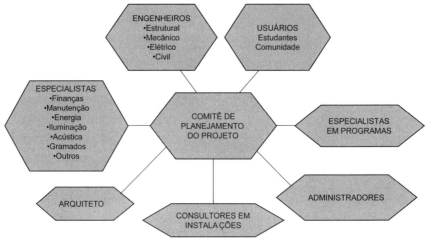

Figura 5.1: Comitê de Planejamento do Projeto

GUIA 6. AVALIAR QUANDO RENOVAR, EXPANDIR OU SUBSTITUIR UMA INSTALAÇÃO

Por definição, a reforma de uma instalação existente é a reabilitação dos aspectos físicos de um edifício, incluindo o remanejamento de espaços dentro da estrutura. Revitalização, por outro lado, é a adição de novos sistemas, concepções, materiais e/ou equipamentos não existentes na época em que o edifício foi construído. Essas modificações podem ser pequenas, ou tão significativas a ponto de modificar a função primária da instalação.

A prática em adquirir, usar e descartar itens é inaceitável hoje em dia numa sociedade cada vez mais consciente da importância da reciclagem. Essa preocupação com a conservação não se aplica somente ao dia a dia da gestão das instalações, mas também à sua melhoria.

Devido ao alto custo de uma nova instalação, os administradores do escalão mais elevado, seja no setor privado, universitário, órgãos municipais ou sistema público escolar, têm a responsabilidade e obrigação de tomar decisões prudentes referentes ao uso de prédios existentes. Para isso é necessário que busquem apoio de reconhecidos profissionais para efetivamente considerar a viabilidade de reformar, revitalizar ou decidir pela construção de uma nova instalação.

Os administradores consideram muitos fatores para assegurar se a melhor alternativa é a reforma, revitalização ou nova instalação. Uma das mais importantes considerações é o impacto que o processo de construção terá sobre os programas em andamento. Deve ser dada especial atenção, por exemplo, a possíveis modificações ou adaptações de programas que venham a ser indispensáveis e detectados durante a fase de construção do projeto. Alguns outros fatores a considerar incluem, mas não estão limitados a:

⇒ **Custos:** Os custos incluem construção para prover espaço comparável, atendimento a códigos de segurança, padrões de acessibilidade e manutenção. A regra dos 50% pode ser utilizada como referência. Não revitalizar ou renovar se o custo previsto for maior do que 50% do custo de uma nova instalação.

⇒ **Seleção do local:** Existe espaço suficiente para uma nova construção? Está o novo espaço previsto em apropriada localização? Há disponibilidade de utilidades (água, esgoto, energia) no local?

⇒ **Padrões arquitetônicos e estruturais:** Há muitos fatores a considerar incluindo estética, atendimento de atuais e futuras metas de programas, eficiência energética, condições de terreno para fundações, condições para aquecimento, ventilação e ar-condicionado, sistemas de segurança, etc.

⇒ **Considerações educacionais:** Focaliza em atender as necessidades dos programas atuais e futuros.

⇒ **Necessidades da comunidade e restrições:** Incluem necessidades da população, códigos de zoneamento e futuros planos para a área.

⇒ **Expectativa de ciclo de vida da instalação atual:** Fatores a serem considerados incluem aumento ou diminuição do tamanho da população servida pela instalação, crescimento e desenvolvimento de áreas próximas, bem como implicações relacionadas a rezoneamento que possam se tornar problemáticas no futuro.

GUIA 7. DESENVOLVER O DOCUMENTO DE CONTEÚDO DO PROGRAMA PARA O ARQUITETO

Também denominado "programa de construção" ou "especificações educacionais", é um documento importante que faz a ligação entre os programas de educação física e o projeto da instalação (também discutidos no Guia 5). Este documento descreve todos os programas atuais, bem como as atividades propostas e os eventos previstos, além dos espaços necessários para a prática adequada dessas atividades e os requerimentos necessários (Figura 7.1).

Na seção inicial do documento do programa, são estabelecidos metas e objetivos a serem alcançados em cada área funcional do programa. As metas são definidas como condições desejáveis a alcançar e os objetivos definidos como resultados específicos a serem obtidos em relação às metas do programa. A seção subsequente do documento consiste na conceituação do programa, definindo o que é necessário para alcançar as metas previamente estabelecidas. Um exemplo para a preparação de um documento para definição de programas é apresentado no final deste guia.

É essencial que o conteúdo do programa seja concebido para refletir as necessidades dos programas que serão conduzidos na instalação. O conteúdo deve ser direcionado ao amplo relacionamento entre os programas de educação física/recreação e os programas esportivos. Tipicamente esta informação provém da avaliação crítica dos programas atuais e determinação se novas abordagens serão consideradas em lugar das antigas, ou se programas antigos e novos poderão ser combinados. Todas as necessidades da instalação, tanto cobertas quanto ao ar livre, devem ser consideradas, bem como a localização dos prédios informado no relatório em termos de sua importância na programação. Esse documento é o veículo por meio do qual as necessidades dos programas da organização são comunicadas ao arquiteto, daí a importância de sua clareza.

Considerando que o conteúdo programático reflete a opinião profissional do todos os membros do comitê de planejamento do projeto (administradores, consultores em instalações, especialistas e usuários), todas as revisões devem circular junto a cada um dos membros do comitê para devida aprovação. Uma vez definido o documento final, ele deve ser divulgado junto aos arquitetos participantes da licitação. As propostas são submetidas à consideração do comitê de planejamento do projeto para escolha do arquiteto projetista da instalação. O arquiteto selecionado usa o conteúdo do programa como guia para o projeto da instalação.

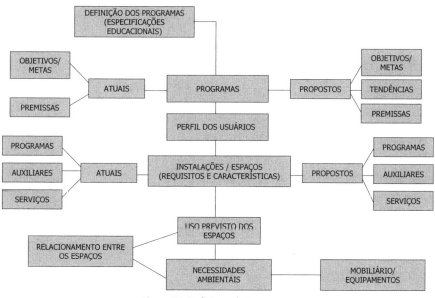

Figura 7.1: Definição de Programas

Exemplo de preparação de um documento para definição de programas:

Parte I. Objetivo dos programas
   a. Instrução (serviço profissional)
   b. Esportes recreativos
   c. Esporte adaptado (inclusão)
   d. Esportes (colegial/universitário)
   e. Clubes de esportes
   f. Atividades comunitárias/programas escolares
   g. Outros

Parte II. Situações básicas a serem consideradas
   a. As instalações servem a um amplo programa de instrução, atividades adaptadas, esportes e outras atividades
   b. Dados demográficos da população que fará uso da instalação
   c. Instalações existentes que serão utilizadas
   d. Consideração básica do projeto: estabelecer o que é mais importante
   e. Possibilidade de expansão da instalação a ser prevista no planejamento
   f. Localização das instalações ao ar livre adjacente às cobertas
   g. Considerar os requisitos da administração e do *staff*
   h. Identificar possíveis problemas
   i. Outros

Parte III. Análise de instalações comparáveis
   a. Visita a instalações similares que tenham sido construídas recentemente
   b. Comparar custos, aspectos de projeto, etc.

Parte IV. Fatores que afetam o planejamento
   a. Legislação estadual e federal
   b. Movimento crescente de clubes esportivos
   c. Modelo de educação comunitária
   d. Surgimento de atividades não competitivas sendo acrescentadas ao currículo
   e. Expansão do esporte na instituição
   f. Compartilhamento de certas instalações entre crianças e adultos (salas de atividades físicas)
   g. Programação coeducacional
   h. Ênfase nos programas de exercícios individuais
   i. Desenvolvimento do *Fitness*

j. Sistema de projeto e construção

k. Novos produtos

l. Outros

Parte V. Explanação dos programas atuais e propostos

a. Instrucional

b. Esportes selecionados

c. Clubes de esportes

d. Programas adaptativos (inclusão)

e. Comunidade/escola

f. Programas recreativos

g. Lista prioritária de programas

h. Outros

Parte VI. Dados preliminares relativos à nova instalação proposta

GUIA 8. UTILIZAR PLANEJADORES PROFISSIONAIS

Um plano eficiente exige a competência e colaboração de diversas pessoas. Todos os participantes são importantes no processo de planejamento. Contudo, seus níveis de envolvimento podem variar, dependendo da fase do planejamento realizada num certo momento. Nas seções subsequentes, são identificadas as funções de três profissionais e seus respectivos processos de seleção (Especialistas em Programas, Consultores em Instalações e Arquiteto). Deve ser entendido que o papel de cada indivíduo é função das necessidades do cliente que devem estar compreendidas antes do profissional ser formalmente contratado.

Seleção de Profissionais de Planejamento

É de responsabilidade do comitê de planejamento do projeto, após haver completado o relatório do projeto de construção, selecionar um consultor em instalações, um arquiteto projetista e possivelmente engenheiro(s). Essa é uma responsabilidade extremamente importante para o comitê. Por essa razão, deve ser utilizado um judicioso processo de seleção para cada um desses especialistas. Antes de iniciar sua tarefa, o comitê deve primeiramente decidir quais tipos de profissionais serão necessários para completar o projeto e então decidir sobre os métodos de contratação que serão empregados no processo de seleção. Por exemplo, muitas firmas de arquitetura possuem seus próprios departamentos de engenharia ou ainda um relacionamento de trabalho com uma terceira firma. Assim sendo, poderá ser conveniente permitir que a firma selecione seus próprios engenheiros para facilitar melhor compatibilidade no trabalho. Contratar um consultor em instalações para o projeto é uma alternativa que o comitê de planejamento poderá considerar. A decisão será baseada em disponibilidade financeira para esta finalidade.

Especialistas em Programas

O papel dos especialistas em programas no planejamento de instalações é muito importante. Especialistas em programas são normalmente indivíduos ativamente engajados em programas para os quais a instalação está sendo planejada. Por essa razão esses especialistas são usualmente pessoas-chave que compõem o grupo primordial de usuários da instalação. Esses especialistas devem estar profundamente a par das necessidades de seus programas de atividades, bem como cientes de certas áreas problemáticas que necessitam mais atenção. O envolvimento desses profissionais aumenta a probabilidade de que o comitê de planejamento do projeto seja preciso e realista no desenvolvimento de seu relatório de programas. São exemplos do tipo de contribuições que o especialista em programas pode fornecer:

⇒ Determinar o número de atividades ou estações de ensino necessárias para atender instrução e treinamento esportivo, atividades esportivas, recreação, organização de clubes esportivos e programas adaptativos;

⇒ Assistir a seleção de materiais (por exemplo madeira e/ou piso sintético, tipos de luminárias, tratamento acústico e itens de manutenção),

⇒ Informar as pessoas devidas e ao público em geral sobre os propósitos dos programas e as necessidades da instalação;

⇒ Certificar-se do número de equipes, classes, e grupos que estarão usando a instalação e conhecer as necessidades e implicações de suas atividades no planejamento;

⇒ Assessorar o comitê de planejamento sobre tendências que devam ser consideradas no desenvolvimento do relatório de programas (por exemplo novidades em pisos sintéticos, pistas mais resistentes a intempéries, salas de treinamento misto para estudantes, salas de atividades para terceira idade, programas para portadores de necessidades especiais, uso total das instalações recreativas para a comunidade);

⇒ Identificar modelos de tráfego desejáveis ou problemáticos para pessoas e grupos, inclusive espectadores;

⇒ Fornecer ao arquiteto e ao comitê de planejamento do projeto exemplos de instalações que atingem os objetivos desejados. Se os locais são demasiado distantes para visitas, *slides* e ilustrações podem ser apresentados ao arquiteto e ao comitê de planejamento;

⇒ Indicar áreas que representam qualidade, bem como aquelas que apresentam níveis mínimos de cumprimento de padrões;

⇒ Apresentar considerações que permitam amplo uso da instalação por portadores de necessidades especiais.

Os especialistas em programas podem ser assessorados por consultores em instalações na identificação de materiais específicos, dimensões, relacionamento entre espaços, inovações e outras informações pertinentes.

Consultor em Instalações

O consultor em instalações é um profissional empregado em uma empresa ou um autônomo no negócio de consultoria em instalações. Essa pessoa geralmente tem larga experiência em planejamento de instalações e está familiarizada com as instalações recentemente construídas no País. Ele deve estar atualizado em relação às últimas novidades em materiais de construção, equipamentos esportivos, conceitos construtivos e programas de atividades de um modo geral. Esse profissional deverá conhecer a localização de algumas obras de renovação recentes ou novos projetos de construção, constituindo-se em importante recurso para o comitê de planejamento quando da seleção e contratação de um arquiteto.

O consultor em instalações assessora o comitê de planejamento na situação *ex officio*, desenvolvendo alternativas e estabelecendo prioridades para o projeto de construção. Como especialista objetivo, o consultor é visto normalmente como uma pessoa que pode exercer considerável influência sobre os membros do comitê de planejamento, incluindo o arquiteto do projeto. Da mesma forma, o consultor em instalações pode ser muito útil na função de membro *ex officio* do comitê de planejamento, devido à sua objetividade em planejar espaços específicos que podem não ser familiares ao arquiteto ou aos especialistas em programas. Esse papel torna-se ainda mais significativo quando o arquiteto contratado para o projeto carece de orientação básica em relação aos programas específicos para os quais a instalação foi planejada. Embora seja sempre melhor contratar um arquiteto que possua experiência suficiente, há situações em que isso não acontece. Nessa ocasião, as contribuições do consultor tornam-se cruciais para o sucesso do projeto.

As considerações básicas na seleção de um consultor em instalações incluem as seguintes:

⇒ Sólida formação educacional;
⇒ Experiência profissional;
⇒ Experiência em planejamento;
⇒ Proximidade do projeto;
⇒ Reputação;
⇒ Habilidade em trabalhar com o comitê de planejamento do projeto, arquitetos, engenheiros e empreiteiros;
⇒ Capacidade de ler e entender plantas e especificações;
⇒ Habilidade em entender programas de atividades e as futuras necessidades desses programas.

Arquiteto

Um dos membros centrais do comitê de planejamento do projeto é o arquiteto. Como seu papel é de suma importância, tempo considerável deve ser despendido em investigar firmas ou indivíduos interessados no projeto. Na seleção de um profissional, a reputação da firma deve ser levada em conta. É desejável que o arquiteto seja capaz de fornecer exemplos de trabalhos concluídos em projetos similares ao proposto. É importante possuir habilidades interpessoais e boa capacidade de integração com membros do comitê de planejamento, consultores e outras pessoas envolvidas no planejamento e na construção da instalação.Um aspecto não menos importante na seleção do arquiteto é a localização de sua firma. Há evidente vantagem em selecionar uma firma que esteja localizada próxima ao local do projeto proposto. Alem das óbvias razões políticas, a proximidade do local da construção permite visitas frequentes que são convenientes para a adequada supervisão da obra e prevenção de erros construtivos. Sendo a supervisão do projeto parte integrante das funções do arquiteto, é condição altamente desejável a seleção de um profissional com experiência em gerenciamento de projetos.

De forma ideal, o comitê de planejamento do projeto deve participar da seleção do arquiteto. O comitê deve desenvolver uma lista de firmas candidatas que possuam experiência no desenvolvimento de instalações similares em sua área geográfica.

Após selecionar uma firma de arquitetura, um acordo contratual deve ser assinado antes de prosseguir no estágio seguinte do processo de construção. Um contrato legalmente preparado entre a firma de arquitetura e o cliente deve seguir a forma padrão. O contrato deve descrever toda as responsabilidade do arquiteto, as quais são numerosas e vitais. Essas responsabilidades tipicamente incluem, mas não estão limitadas a:

Fase de pré-planejamento, no qual o arquiteto:
⇒ Solicita de todos os grupos de usuários as necessidades da instalação e equipamentos;
⇒ Desenvolve um cronograma para cada estágio do projeto;
⇒ Transforma o documento do programa em um programa de arquitetura ou de construção.

Plano esquemático, no qual o arquiteto:
⇒ Traduz o programa escrito em representação gráfica de um plano de construção;
⇒ Desenvolve e apresenta ideias, considerando o relacionamento entre os espaços e suas funções, bem como a acessibilidade da instalação. Demonstra como a instalação satisfará as necessidades na forma como foi definida na reunião de pré-projeto;
⇒ Estuda o terreno, sua topografia, seu relacionamento com a comunidade e com os modelos de tráfego e disponibilidade de utilidades (água, esgoto, energia elétrica, gás). Determina como a área deve ser desenvolvida;
⇒ Revê os códigos, leis e regulamentos aplicáveis, a fim de determinar seus efeitos no projeto.

Desenvolvimento do projeto, no qual o arquiteto:
⇒ Desenvolve o plano geral da instalação, uma vez assegurada a aprovação da mais alta autoridade;
⇒ Prepara esboços das elevações e modelos que caracterizem os aspectos visuais do projeto;

⇒ Indica os materiais de construção e descreve suas especificações juntamente com seu valor utilitário, qualidades estéticas, sistemas mecânicos e elétricos;

Licitação, na qual o arquiteto:
⇒ Assiste e lista as empresas nacionais, engenheiros e consultores especializados em instalações de esportes e recreação, obtendo propostas e aprovando contratos;
⇒ Determina com o cliente como o projeto será licitado e quais os empreiteiros qualificados para a licitação;
⇒ Responde a questões levantadas por licitantes, esclarecendo quaisquer aspectos relacionados às especificações;
⇒ Fornece cópias de especificações, documentos e plantas para os empreiteiros, proprietários e a todos que delas necessitem.

Direção da construção, na qual o arquiteto:
⇒ Reúne-se com o cliente e o empreiteiro para definir o projeto e discutir os procedimentos operacionais;
⇒ Emite boletins e modifica ordens para atender às mudanças solicitadas pelo cliente ou aquelas exigidas pelas condições da área;
⇒ Aprova pagamentos aos empreiteiros.

Outros Profissionais

Outros profissionais que estarão trabalhando no projeto incluem engenheiros civis, estruturais, mecânicos, elétricos e acústicos; especialistas em decoração de interiores, arquitetos paisagistas, especialistas em gramados e empreiteiros (geral, elétrico e mecânico). Esses profissionais podem ser selecionados pelo comitê de planejamento ou a responsabilidade delegada ao arquiteto do projeto.

Sumário

Planejamento ineficiente conduz a despesas desnecessárias e frequentemente produz resultados inadequados. Nunca é demais enfatizar a importância de um apropriado processo de planejamento.

ACESSIBILIDADE E INCLUSÃO

⇒ Acessibilidade e atitudes;
⇒ Litígio e responsabilidade legal;
⇒ Base legal;
⇒ Guias de projeto;
⇒ Modificações e adaptações;
⇒ Instalações para educação física;
⇒ *Playgrounds*.

A despeito dos direitos civis e leis sobre acessibilidade, as barreiras arquitetônicas ainda negam a milhões de indivíduos portadores de deficiências seus direitos de desfrutar e participar de muitas atividades asseguradas à maior parte das pessoas.

A remoção dessas barreiras em instalações para esportes, educação física e recreação devem ser implementadas, bem como também eliminadas as barreiras de atitudes entre líderes, participantes, planejadores, usuários, terapeutas e pacientes.

A fim de transmitir uma atitude positiva em relação ao problema de acesso para todos, recomenda-se o uso da expressão *acessibilidade* em vez de *barreiras arquitetônicas*.

Não deve ser subestimada a importância de se envolver pessoas com limitações físicas em todo o processo de planejamento e avaliação da instalação. Necessidades específicas de indivíduos com diferentes limitações podem fornecer valiosa informação que pode não estar disponível entre os demais envolvidos no processo de planejamento. Este critério deve ser também observado para os programas que serão adotados nas instalações.

ACESSIBILIDADE E ATITUDES

Barreiras arquitetônicas negam a muitas pessoas acesso conveniente a instalações ao ar livre e cobertas.

Do ponto de vista arquitetônico, acessibilidade é algo complexo e requer grande dose de imaginação e cooperação entre os envolvidos. Acessibilidade implica atingir padrões mínimos de projeto arquitetônico, tais como fornecer rampas nos meios-fios para permitir que usuários de cadeiras de rodas trafeguem livremente das calçadas para as ruas; ou dispor de números embutidos ou salientes em elevadores para que os deficientes visuais determinem de forma independente os corretos botões a serem pressionados.

A acessibilidade, portanto, lida com barreiras arquitetônicas que são simples e diretas. Uma porta tem ou não tem a medida adequada. Os números em relevo existem ou não existem. Ambos são claros exemplos de acessibilidade detectável.

Barreiras arquitetônicas não somente afetam indivíduos com óbvias, permanentes e visíveis limitações físicas, mas também com temporárias ou ocultas condições. Indivíduos com carrinhos de criança, pessoas temporariamente usando muletas, portadores de talas ou gesso nas pernas ou indivíduos com problemas de coração são afetados por barreira arquitetônicas à acessibilidade, cujas necessidades são frequentemente negligenciadas. Apenas 17% das pessoas com limitações físicas ou mentais nascem com tais condições. Os outros 83% adquirem-nas por doenças, acidente, guerra ou idade avançada. A maioria de nós, a qualquer tempo, esteve ou estará afetado por barreiras arquitetônicas. Mesmo que alguns indivíduos não sejam tão afetados, a necessidade de acessibilidade a todos é imperativa com base em direitos civis e humanos. Uma realidade da vida: somos corpos temporariamente capazes.

A abordagem correta é a de incluir indivíduos portadores de necessidades especiais nos comitês de planejamento do projeto.

LITÍGIO E RESPONSABILIDADE LEGAL

Como nas demais áreas de direitos civis, os litígios têm representado e continuarão representando um importante papel em explorar, definir, demandar e garantir a máxima realização na igualdade de oportunidades nos serviços de recreação e na educação física para os fisicamente limitados.

Duas grandes áreas devem preocupar os planejadores: supervisão e segurança.

Ambas, supervisão e segurança, relacionam-se com responsabilidade legal e devem ser consideradas durante a fase de planejamento. O projeto de prédios deve focalizar pontos de inspeção central onde o tráfego possa ser controlado com um mínimo de pessoal. Exemplos incluem entradas e saídas, áreas de concessão, pontos de checagem ou controle de equipamentos, áreas internas como quadras de handebol, salões de *fitness* e auditórios. O planejador familiarizado com os programas que o prédio irá acomodar deve identificar esses pontos de necessária supervisão.

A negligência – aspecto de responsabilidade que é interpretado como falta de ação por parte de uma pessoa razoavelmente prudente – relaciona-se muito com a função da supervisão. Constitui-se na primeira alegação na maioria das ações alegadas contra um profissional. Enquanto o litígio envolve a autoridade supervisora, o projeto inadequado e/ou manutenção precária da instalação representam a causa do acidente que precipitou a ação legal. Exemplos de projetos falhos podem ser incluídos nesta etapa. Vãos de escada estreitos, vestiários e piscinas em andares diferentes exigindo acesso via escada, obstáculos bloqueando a linha de visão nos campos de jogos, iluminação imprópria em ginásios e piscinas, falta de alinhamento nos corredores de armários, alambrados mal projetados, etc. Esses e muitos outros exemplos de inadequações devem ser antecipados e eliminados na fase de planejamento.

Segurança é uma função de planejamento usualmente considerada em duas fases: (1) no projeto da construção e (2) na implementação da segurança.

A fase de planejamento analisará e avaliará modelos de tráfego; pontos de controle monitorados; número de saídas de emergência; localização de entradas; sistema de comunicações; divisão do prédio para funções de uso específico; tipo de armários; portas e janelas para saída de emergência; iluminação externa e paisagismo.

A segurança do prédio inclui: distância apropriada entre as linhas demarcatórias do campo e paredes; proteção nas paredes e nos postes; previsão de cercas e corrimões onde necessário; acessibilidade para salvamento e equipamentos ressuscitadores; iluminação apropriada; superfícies antiderrapantes; passagens livres de obstrução; drenagem apropriada nos chuveiros e nos *decks* das piscinas.

As medidas e procedimentos de segurança devem ser projetadas visando à simplicidade de operação. Quanto mais complicadas e demoradas as medidas para proporcionar segurança a uma instalação e seus equipamentos, menos provável que isto seja realizado de modo apropriado. Não há dúvida de que dentro de áreas de atividades é impossível eliminar-se completamente todas as situações que possam conduzir a acidentes. Contudo, os planejadores devem envidar todos os esforços no sentido de minimizar o potencial que permita o uso não autorizado das instalações, acidentes e vandalismo.

BASE LEGAL

A seção 504 da HEW – Department of Education, Health and Welfare (EUA) – identifica o portador de deficiência como um indivíduo com incapacidade física ou mental que limite substancialmente uma ou mais importantes atividades da vida como andar, ver, ouvir, falar, trabalhar ou aprender.

As condições de limitação incluem:
⇒ Álcool;
⇒ Câncer;
⇒ Paralisia cerebral;
⇒ Surdez total ou parcial;
⇒ Diabetes;
⇒ Adicto a drogas;
⇒ Epilepsia;
⇒ Doença do coração;
⇒ Doença mental ou emocional;
⇒ Retardo mental;
⇒ Esclerose múltipla;
⇒ Distrofia muscular;
⇒ Limitações ortopédicas, de fala ou de visão;
⇒ Limitações de percepção, tais como dislexia, disfunção ou afasia cerebral mínima.

Alcoolismo e dependência a drogas são considerados deficiências físicas ou mentais caso se tornem limitantes para uma ou mais atividades importantes da vida.

Os responsáveis pela instalação estão proibidos, direta ou indiretamente, de fornecer ajuda, benefício ou serviço que não seja idêntico ao concedido aos não deficientes ou não seja tão eficaz como os que sejam a estes proporcionados. O conceito de fornecer serviço idêntico, porém separado, é vedado, exceto como medida extrema. Em outras palavras: os serviços devem ser disponíveis de forma integrada e apropriada aos portadores ou não portadores de deficiências. Serviços separados não são permitidos a não ser que tal ação seja necessária para dar àquele ou àqueles deficientes específicos ajuda especial, benefício ou serviço tão eficaz quanto ao fornecido aos demais.

Cada um dos 50 Estados dos EUA adota legislações correspondentes em sintonia com os propósitos da legislação federal. Tais legislações devem ser parte do planejamento, visto que as exigências estaduais devem atender às federais, sendo até mais rigorosas em alguns casos.

GUIAS DE PROJETO

Fatores básicos para a acessibilidade em todas as instalações:

⇒ Evite tornar instalações antigas mais acessíveis por meio de acréscimo de novas instalações, sem antes analisar com cuidado como a antiga instalação poderá ser utilizada por pessoas portadoras de limitações físicas;

⇒ Evite projetos que forneçam acessibilidade a uma parte da instalação e criem problemas de barreiras internas em outras;

⇒ A altura mínima para espelhos, telefones, lavatórios, torneiras, botões de elevadores e interruptores deve considerar localização e número de usuários a serem atendidos;

⇒ Inclinação de rampas e curvas deve considerar as diversas formas de cadeiras de roda;

⇒ Banheiros suficientemente espaçosos com barras de apoio, pias e espelhos acessíveis;

⇒ Telefones públicos baixos;

⇒ Bebedouros baixos e de fácil operação;

⇒ Pisos antiderrapantes;

⇒ Ascensores, rampas ou equipamentos elevatórios;

⇒ Iluminação apropriada;

⇒ Portas com no mínimo 80cm de largura;

⇒ Rampas com inclinação de, no máximo, 30cm para cada 3,60m;

⇒ Corrimões que sejam lisos e colocados, no mínimo, em um dos lados da rampa e com 80cm de altura;

⇒ Soleiras das portas niveladas com o piso;

⇒ Rampas de guias (ou meio-fio);

⇒ Espaços especiais amplos para vans em estacionamentos com distância suficiente entre os carros quando as portas são abertas;
⇒ Sinais em braille em elevadores e outros locais críticos de informação;
⇒ Sistema sonoro de emergência e para outros usos;
⇒ Sistema visual de aviso emergencial;
⇒ Sinal de tráfego operado por pedestre com dispositivo de tempo para permitir aos deficientes visuais tempo suficiente para atravessar a rua com segurança;
⇒ Salas de reunião projetadas de modo que as pessoas surdas possam ver claramente os intérpretes ou tradutores em linguagem de sinais, bem como áreas de *displays* e outras durante uma reunião;
⇒ Painéis transparentes nas portas (a não ser que a privacidade seja necessária) para que os surdos tenham prévia visão do ambiente;
⇒ Tapetes antiestáticos para evitar interferências com aparelhos de surdez;
⇒ Luzes intermitentes em telefones para detectar chamadas;
⇒ Alarme de fogo e de detecção de fumaça ligados à luz estroboscópica para assegurar aviso de perigo aos surdos;
⇒ Outras mensagens de emergência podem ser enviadas graficamente, ou seja, um sinal luminoso em um elevador preso poderá ser acionado para informar que o socorro está a caminho.

MODIFICAÇÕES E ADAPTAÇÕES

Modificações em qualquer prédio existente serão baseadas no princípio de que as necessidades de portadores de limitações físicas de qualquer natureza, seja permanentes ou temporárias, são exatamente as mesmas dos indivíduos sãos. Onde existem instalações para indivíduos normais, estas devem ser usadas também por portadores de deficiências de qualquer natureza. A aplicação do bom-senso pode ser feita em certos aspectos dessas instalações, por exemplo:
⇒ Diminua a declividade das rampas em trilhas naturais, calçadas e outras áreas que requeiram locomoção;
⇒ Faça as trilhas naturais, calçadas e *decks* de piscinas e áreas de passagens similares com largura mínima para duas cadeiras de roda passarem ao mesmo tempo;

⇒ Diminua a altura das cestas de basquete e reduza o tamanho dos aparelhos para crianças de escola elementar. Esta adaptação deve ocorrer mais em função de suas idades cronológicas e níveis funcionais e não por utilizarem cadeiras de roda;

⇒ Utilize luzes atrás das tabelas de basquete que estejam sincronizadas com o cronômetro de jogo e campainha de tempo para atender aos deficientes auditivos.

Esses tipos de recomendações de planejamento vindas dos praticantes são extremamente importantes. Uma variedade de boas práticas funcionais e excelentes adaptações têm sido sugeridas pelos próprios beneficiários.

INSTALAÇÕES PARA EDUCAÇÃO FÍSICA

Muitas escolas elementares, bem como secundárias, fazem provisões para adaptações em educação física com acréscimos a instalações existentes. Educadores são consultados para projetar instalações especiais para adaptação em educação física e a recomendar equipamentos e acessórios para aparelhar essas instalações. Por essa razão, os educadores devem estudar e avaliar cuidadosamente a população escolar para determinar as condições que serão atendidas por meio de programas de educação física adaptados. Dessa forma, instalações, equipamentos e aparelhos mais convenientes serão recomendados para atender as necessidades dos estudantes.

Nem todos os itens de equipamentos e acessórios especiais devem ser adquiridos de uma só vez. Considerando que são as necessidades da população atual que influenciam as decisões com relação às prioridades imediatas, itens adicionais podem ser acrescentados em anos subsequentes, à medida que as necessidades da população se modificam e diferentes tipos de equipamentos e acessórios são requeridos.

INSTALAÇÕES DE RECREAÇÃO

Pela lei dos EUA, instalações para recreação devem ser acessíveis a todas as pessoas, independentemente de serem de propriedade ou alugadas pelo governo norte-americano ou financiadas no todo ou em parte pelo governo.

Alguns exemplos:

⇒ *Recreation Center for the Handicapped – San Francisco, Cal*

Nessa instalação, as portas têm código de cores para facilitar a identificação. Na área de cuidados infantis, o piso é aquecido para as crianças pequenas. Todas as salas ao longo do prédio possuem janelas de alto a baixo. Uma grande piscina possui rampas para cadeiras de roda. O projeto inclui uma pequena piscina rasa (*wading pool*) e área terapêutica com temperatura de 32 graus Célsius.

⇒ *Joseph H. Cole Recreation Center – Washington, D.C.*

Degraus foram eliminados do projeto do edifício, bem como todos os desníveis interiores e exteriores. Outras modificações de projeto incluem pias, interruptores, espelhos e bebedouros baixos, além de diversos aparelhos montados nas paredes. Alavancas são operáveis pelo punho nos bebedouros e amplos toaletes possuem barras de apoio. Todas as portas públicas são codificadas em cores e identificadas em braille. Portas automáticas com ação retardada são utilizadas para dar aos usuários de cadeiras de roda tempo suficiente para atravessá-las. A piscina pode ser acessada por rampa.

Playgrounds

Crianças com problemas especiais necessitam de projetos especiais de *playground*.

PLANEJAMENTO DE INSTALAÇÕES PARA SEGURANÇA E ADMINISTRAÇÃO DE RISCOS

Instalações de esportes e recreação mal planejadas, projetadas ou construídas frequentemente aumentam a exposição dos usuários a condições de risco. Não somente tornam a instalação difícil de manter, operar e gerenciar, mas aumentam significativamente a exposição da organização a litígios.

Uma instalação inadequada pode revelar falta de empenho ou competência por parte da equipe de planejamento do projeto. Não é raro uma instalação para esportes, educação física e recreação ser projetada por um arquiteto que tem pouca ou nenhuma experiência neste tipo de construção. Para pessoas sem apropriado *background* e entendimento das singularidades das instalações de esportes e recreação há muitas chances de erro que conduzem a falhas relacionados a segurança, operação e gerenciamento.

Problemas de projeto, normalmente observados em instalações, incluem áreas de segurança pouco adequadas em torno das quadras e campos, mau planejamento do fluxo de pedestres nas diversas áreas de atividades, controle inadequado de acesso e de segurança, falta de locais convenientes para armazenagem e uso inadequado de materiais de construção. Frequentemente problemas relacionados a projeto são de correção difícil, caros ou impossíveis de reparar após a conclusão da instalação. É essencial que essas instalações sejam planejadas e projetadas por profissionais com conhecimento e experiência relacionados às atividades a serem desenvolvidas.

A fim de se protegerem contra ações legais de negligência, os responsáveis pelos programas de esportes e recreação bem como os gerentes das instalações têm um certo numero de obrigações que devem ser cumpridas. Neste caso, negligência significa falha em agir com a prudência que agiria um gerente cuidadoso em circunstâncias semelhantes. Em geral, os gerentes de instalação são solicitados a implementar seus programas de maneira que não criem riscos ou danos aos usuários, visitantes e funcionários. Um de seus principais deveres legais é o de assegurar aos participantes um ambiente livre de riscos ou danos previsíveis.

Instalações inseguras são uma das principais fontes de demandas legais relacionadas à negligência nas instalações esportivas e de atividades físicas. Espera-se que os gerentes mantenham um ambiente razoavelmente seguro e que observem ao menos os seguintes cinco deveres:

⇒ Manter as instalações com padrões de segurança definidos;
⇒ Inspecionar as instalações a fim de detectar riscos óbvios ou ocultos;
⇒ Remover a fonte de risco ou sinalizar sua presença;
⇒ Conhecer antecipadamente usos e atividades dos visitantes e tomar razoáveis medidas de precaução para sua proteção diante de possíveis situações de risco;
⇒ Conduzir operações nas instalações com razoável cuidado em relação à segurança dos visitantes.

De acordo com Van Der Smissen (1990: 235), "o projeto, a configuração e construção de áreas e instalações podem criar condições de risco ou de segurança, assim como realçar ou depreciar o nível e a qualidade das atividades". Uma instalação bem planejada, projetada e construída facilitará ao gerente da instalação condições mais favoráveis de conduzir seus deveres legais. Os problemas mais comuns de segurança nas instalações esportivas ocorrem por duas razões principais: mau planejamento ou mau gerenciamento.

Ao discutir segurança de instalações, Maloy (2001:105) afirma: "a maioria dos problemas que lidam com litígio se originam mais na manutenção do que no projeto e na construção". Admitindo que isto seja um fato, é importante compreender que há inúmeras coisas que se podem fazer no processo de planejamento que muito contribuirão para que o gerente mantenha e opere as instalações de forma segura. Uma instalação bem planejada torna o processo de gerenciamento mais eficaz. Daí se segue que quanto mais fácil a manutenção de uma instalação, é bem provável que tenha ela sido bem planejada. De acordo com Jewell (1992: III), em seu livro *Public Assembly Facilities*, "segurança pública começa com um bom projeto de arquitetura...". Por essa razão, a maior parte deste capítulo estará focalizando o planejamento e o projeto de instalações seguras.

PLANEJAR INSTALAÇÕES SEGURAS

Para planejar e construir instalações que sejam seguras, eficientes e que suportem bem atividades que provavelmente ocorrerão em cada área, faz-se necessário um completo entendimento dessas atividades. Durante o processo de planejamento, cada espaço individual dentro da instalação deve ser estudado, buscando identificar todas as atividades que ali ocorrerão. Em seguida, determinam-se os requisitos de espaços necessários para cada uma das atividades.

Por exemplo, se for estabelecido que uma sala multiuso abrigará classes em dança aeróbica, artes marciais, ioga e ginástica artística e que poderá ocasionalmente funcionar como espaço de leitura com cadeiras portáteis, etc., as necessidades para todas as atividades devem ser atendidas, mesmo que possa haver conflito entre elas.

Após os requisitos de projeto serem identificados para cada atividade, uma lista máster deve ser desenvolvida para cada área. Esta lista é utilizada para planejar aquela área específica, de modo a reduzir tanto quanto possível o número de falhas de projeto. Erros de planejamento frequentemente criam situações problemáticas dentro das instalações.

SEGURANÇA E CONTROLE DE ACESSO

Ao projetar uma instalação, os seguintes tipos de acessos devem ser observados: (1) controle de acesso à instalação e (2) controle de acesso no interior da instalação.

Uma instalação projetada e equipada com uso de controle por computadores e *staff* bem treinado pode tornar o controle de acesso relativamente fácil de administrar.

Ao projetar uma instalação, é sempre vantajoso planejar apenas um ponto de controle por meio do qual qualquer pessoa entrando ou saindo deve passar. Este ponto de controle é usualmente vigiado durante as horas de funcionamento de modo a assegurar que o ingresso seja pago, a identidade verificada e a permissão de ingresso concedida para os habilitados.

Recentemente muitos programas de *softwares* tornaram-se disponíveis para auxiliar no controle de acesso. Caso sejam emitidos cartões de identidade para associados ou para funcionários – como em clubes, escolas ou espaços corporativos – sistemas com barras de leitura magnética podem ser utilizados para rapidamente verificar a situação das pessoas. Deslizando o cartão por uma leitora eletrônica de cartões, pode-se determinar se o usuário está habilitado a ingressar. Em sistemas concebidos para alto fluxo de tráfego, o computador pode ser diretamente conectado a uma catraca. Se o computador determina que a pessoa está autorizada a ingressar, é enviado um sinal para liberar a catraca e permitir sua entrada.

Tais cuidados não evitam o ingresso de pessoa não autorizada usando a identidade de outra. Para aumentar a segurança, a identificação com foto é desejável para assegurar que o indivíduo portando o cartão é de fato seu legítimo proprietário. Outro sistema de controle de acesso inclui programas de *software* que, após escanear a identidade, exibe a foto do cliente em um monitor. Se um grau mais elevado de segurança é desejável, atualmente alguns sistemas fazem uso de identificação biométrica. Esses sistemas podem "ler" a impressão digital de um cliente, impressão palmar ou da retina, comparando-a com as registradas na memória do computador. O sistema não é concebido somente para admitir membros, mas pode também avaliar a frequência, a adesão aos programas de *fitness*, informar sobre hábitos dos associados, estabelecer níveis adequados de *staff* para garantir os serviços em tempo e em dias apropriados, além de fornecer valiosas informações direcionadas aos esforços de *marketing*.

Outro aspecto de controle de acesso e que vem melhorando com os avanços da tecnologia é a substituição das fechaduras e chaves padronizadas. Atualmente, existem sistemas que instalam uma leitora de cartões em cada porta. Em vez de uma chave, é fornecido um cartão a cada pessoa autorizada que pode ser introduzido em cada uma das leitoras. Um computador central recebe a informação dos cartões e compara com a informação armazenada na memória. O computador verifica se a pessoa a quem foi designado o cartão tem ou não permissão de ingresso por aquela determinada porta, liberando ou negando sua entrada.

Este sistema oferece muitas vantagens. O computador pode ser programado para permitir acesso somente a certas áreas para determinados portadores do cartão. Um funcionário de meio expediente pode ter um cartão que somente funcione para algumas portas, enquanto o gerente da instalação pode estar programado para abrir todas elas como se fosse uma chave mestra.

Da mesma forma, o computador pode ser programado de modo que certos cartões funcionem somente em determinadas horas.

No caso de portas regulares, caso um funcionário perca sua chave, é necessário que se recodifique muitas das fechaduras do prédio. Muitas chaves são emitidas para todos, frequentemente com grande despesa. Com o sistema de cartões, caso alguém perca o cartão de acesso, ele é simplesmente cancelado no computador e um novo cartão é emitido para o usuário. O antigo cartão torna-se então inoperante.

Outro modelo de sistema de cartões de acesso é aquele em que, a cada vez que alguém utiliza o cartão para abrir uma porta, a ação é registrada no computador. Por exemplo, o computador pode registrar não somente que uma porta foi aberta em uma terça-feira à noite às 11h05, qual tipo de cartão foi utilizado e se a pessoa entrou ou saiu.

Essas informações podem ser extremamente valiosas para a segurança da instalação. O sistema pode ser também conectado com o alarme de fogo e automaticamente programado para abrir uma só ou todas as portas quando o alarme é disparado. Embora inicialmente possa ser mais caro instalar um sistema de leitora de cartões do que fechaduras regulares, usualmente o sistema se paga por si só em eficiência, conveniência e custo a longo prazo.

É sempre desejável controlar o acesso a certas áreas no interior da instalação. A maioria dos prédios limita o acesso a áreas tais como salas de equipamentos, áreas de escritórios, salas de máquinas ou de armazenagem. Como uma instalação multiuso tem mais de uma atividade ou evento ocorrendo ao mesmo tempo, pode ser desejável separar diferentes partes do prédio. Por exemplo, num centro de atividade colegial não é raro ter um jogo importante de basquete na arena principal enquanto o restante da instalação é mantido aberto para atividades recreativas. Com bom planejamento, isto pode ser realizado separando-se os espaços por meio do uso de diferentes entradas e saídas, diferentes pisos, portas com fechaduras, passagens e cercas que imediatamente restringem a passagem de uma área para outra, etc. Há dois conceitos básicos para controle de acesso dentro de uma instalação: (1) controle de circulação horizontal e (2) controle de circulação vertical.

O controle de circulação horizontal é o método mais comum de gerenciar o acesso a diferentes partes da instalação quando há necessidade de separar áreas no mesmo andar. No exemplo anterior, quando a instalação completa é utilizada para recreação, um amplo plano de acesso é utilizado. Contudo, quando um jogo de campeonato de basquete está programado, certas portas, passagens e grades podem ser abertas ou fechadas de modo a restringir o acesso de espectadores à arena sem haver necessidade de bloquear o acesso ao restante do prédio.

Às vezes pode ser mais eficiente planejar o controle de acesso por meio de controle de circulação vertical. Por exemplo, pode ser mais desejável numa certa arena ter acesso limitado a um nível mais abaixo. Este nível pode incluir o piso de jogo, vestiários, salas dos técnicos, salas de treinamento e áreas de armazenagem. Limitando o acesso do público a todo andar, torna-se mais fácil dar segurança individualmente a cada uma dessas áreas. Em algumas arenas e estádios, as suítes de luxo estão localizadas em um determinado andar. O acesso a esse andar somente pode ser realizado por certos elevadores, escadas ou portas. Espectadores nas arquibancadas não têm condições de chegar ao nível das suítes, ampliando a segurança e proporcionando uma sensação de exclusividade a seus frequentadores. Se a circulação vertical é necessária para um grande número de pessoas, prover rampas antiderrapantes com bons corrimões ou escadas rolantes usualmente proporciona um modo de acesso mais seguro e mais confortável do que apenas pelo uso de escadas.

ZONAS DE SEGURANÇA

Algumas atividades requerem uma certa quantidade de espaço ao redor da quadra, campo ou equipamento a fim de aumentar a segurança dos participantes. Insuficiente espaço para segurança ou zona de proteção pode apresentar previsíveis riscos de acidentes. Grande número de processos legais têm tido base em reclamações de que um acidente ocorreu como resultado de inadequada segurança ou insuficiente zona de proteção. Áreas de segurança devem ser sempre consideradas, seja para separar duas quadras adjacentes ou para assegurar espaço entre a quadra e a parede ou qualquer outro objeto.

ÁREA INTERNA

Quadras de basquete devem ter 3,0m (preferível) ou 1,8m (mínimo) de espaço em torno da quadra livre de paredes, obstruções ou quadras adjacentes. Qualquer distância menor que 1,80m representa previsível risco de colisão. A área abaixo da cesta é especialmente importante. Se não houver 3,0m de espaço livre entre a linha de fundo e uma parede, forros acolchoados devem ser colocados na parede para diminuir o impacto onde é mais provável que os jogadores colidam, caso percam o controle ao ultrapassar o limite da quadra.

É recomendado que o forro cubra a parede desde o piso até uma altura de 2,10m e se estenda ao longo do fundo da quadra. Quando as paredes laterais são protegidas, normalmente o forro inicia-se 15 a 30cm acima do piso elevando-se de 1,50 a 1,80m e estendendo-se ao longo da linha lateral. Nessas instalações, os jogadores que mergulham para uma bola ou deslizam em direção a uma parede ou aqueles com altura acima de 1,80m não recebem qualquer proteção. É também recomendável que a proteção na parede seja colocada, mesmo que a zona de segurança seja maior do que 3,0m. Neste caso recomenda-se que um mínimo de 4,50m de espaço livre além da linha de fundo seja considerado. Outro problema comum no basquete é o placar. São sempre colocados dentro da área livre lateral de 3,0m e estão sempre desprovidos de forração. Existem modelos com proteção, mas existem poucos em uso especialmente na área escolar.

Espaços de atividades e áreas adjacentes devem ser planejados livres de obstrução, tais como portas, postes, colunas e suportes. Se alguma obstrução não pode ser deslocada ou eliminada da área de atividade ou zona de segurança, deve esta ser forrada. Quaisquer outras saliências que possam causar riscos de segurança no ginásio devem ser evitadas tanto quanto possível. Exemplos comuns incluem bebedouros e extintores de incêndio, os quais devem ser embutidos na parede. Barras horizontais salientes para abertura de portas localizadas em uma área de atividade podem apresentar riscos. Há tipos alternativos de barras embutidas que são comuns em quadras de *squash*. A sala de pesos é outra área onde espaços que exigem segurança são importantes e frequentemente negligenciados. Dispor os equipamentos muito próximos pode representar um sério risco de segurança. A maioria dos equipamentos de pesos deve ser separada por um espaço de 0,90 a 1,0m. Esta medida leva em conta o movimento da máquina ou do exercício. Alguns exercícios requerem movimento horizontal e a zona de segurança deve ser medida entre os limites desse movimento. Um exemplo ocorre com muitas máquinas de extensão de pernas. Quando o movimento é executado, as pernas estendem-se cerca de 60cm para fora da máquina. A zona de segurança deve ser medida a partir da extensão completa. Alguns exercícios exigem mais do que uma zona de segurança de 90cm. Certos exercícios de peso livre como "arranque" e "desenvolvimento" requerem mais espaço devido à quantidade de peso e à relativa dificuldade de controle tipicamente encontrada durante tais exercícios.

Deve-se reconhecer que uma área de atividades como um ginásio pode ser usado ocasionalmente para outros tipos de atividades diferentes. Isto não é tão raro e ocorre quando atividades ao ar livre são eventualmente transferidas para ambientes fechados em função das condições de tempo. Essas atividades devem ser consideradas no planejamento de um ginásio seguro. O ponto principal é que nem todas as atividades utilizarão as tradicionais marcações de quadra para suas práticas. Isto significa que zonas de segurança entre as quadras e as paredes nem sempre são seguras para atividades que desconsideram as marcações no piso. Se tais atividades podem ser identificadas e planejadas antes da construção, ainda existe uma boa oportunidade de proporcionar um ambiente seguro para todos. Do contrário, será mais uma preocupação gerencial futura e um aspecto de risco potencial na instalação, o qual deve ser devidamente avaliado.

AR LIVRE

Campos e quadras ao ar livre apresentam muitos problemas semelhantes. Campos superpostos é uma ocorrência comum e causam significativo risco de segurança caso as atividades ocorram simultaneamente.

Duas atividades adjacentes uma a outra podem ser tão problemáticas do ponto de vista de segurança como aquelas que se superpõem. Não é raro encontrarmos campos de futebol inseridos na parte interna de uma pista de atletismo.

Idealmente, duas áreas de atividades como campo de futebol e pista de atletismo não devem ser combinadas em um único espaço. Na prática, costuma não se dispor de espaço suficiente para construí-las separadamente, sendo então combinadas. Havendo necessidade de tal tipo de combinação, recomenda-se que não existam obstruções na faixa de 4,50m para fora das linhas laterais ou linhas de fundo do campo de futebol. No mínimo, as caixas e pistas de salto em distância e com vara devem ser colocadas do lado externo da pista de corrida. Se arquibancadas forem previstas para abrigar não muitos espectadores, podem ser temporariamente instaladas sobre a pista de corrida e a área de saltos com as devidas precauções para preservar a integridade do piso. A área para o salto em altura, bem como os círculos para arremesso de peso e disco, devem ser localizados a mais de 4,50m de quaisquer das linhas de fundo e sem interferência com a pista.

Balizas de futebol portáteis existentes em campos de treinamento de futebol podem criar situações de risco. Muitas crianças acidentam-se ou se machucam ao subirem ou se pendurarem em balizas não ancoradas ao solo. São estruturas frequentemente pesadas, mal equilibradas e tendem a cair sobre quem nelas se pendura. Tais incidentes podem ser prevenidos caso as balizas estejam permanente ou temporariamente ancoradas por cabos ou correntes para fixação no solo.

FLUXO DE TRÁFEGO DE PEDESTRES

Um vício comum no planejamento de instalações é a falha em planejar adequadamente o fluxo de tráfego de pedestres de uma área para outra. Permitir que pessoas transitem através de uma área de atividade para chegar ao destino desejado pode resultar em situações de risco desnecessárias. Um exemplo muito comum é quando a entrada principal de um vestiário somente é alcançada atravessando o piso do ginásio. O resultado são pessoas entrando e saindo do vestiário enquanto uma atividade está em curso no mesmo espaço.

Outro exemplo de planejamento pobre ocorre com frequência quando pedestres são forçados a caminhar no espaço entre duas quadras adjacentes para alcançar um outro local da instalação. Isto coloca o pedestre em uma situação em que a colisão com um praticante é possível.

Planejar o fluxo de tráfego de pedestres no interior de algumas áreas de atividades é uma importante consideração. Uma sala de pesos pode ser mais sujeita a riscos se as pessoas não tiverem claros e definidos trajetos livres para se moverem por diferentes partes da sala. O projeto e o *layout* da sala de pesos devem levar em conta a movimentação dos usuários, especialmente nos momentos de pico de ocupação. A otimização de trajetos que proporcione fácil acesso às áreas e máquinas mais populares previne excesso de tráfego entre os equipamentos.

ARMAZENAGEM

Uma das maiores reclamações que o gerente da instalação reporta quando indagado sobre problemas relacionados à instalação sob sua responsabilidade é a falta de espaço adequado para armazenagem. O exemplo seguinte é típico do que frequentemente ocorre. Nos primeiros estágios do planejamento uma nova instalação é concebida com pleno espaço para armazenagem. À medida que o projeto se desenvolve e tornam-se claras as estimativas de custos de construção, verifica-se que o orçamento foi subestimado e que, portanto, alguma coisa deve ser cortada. Os espaços de armazenagem são geralmente os primeiros a serem atingidos…

Sem armazenagem adequada, os equipamentos são acondicionados num canto do ginásio, dos saguões ou do *deck* da piscina. Equipamentos impropriamente armazenados são muito mais sujeitos a vandalismo ou furto, sendo, inclusive, um atrativo para crianças que dele fazem uso ou brincam de uma forma para a qual não foram projetados. Equipamentos como colchões, aparelhos de ginástica, redes, balizas de futebol, cadeiras, barreiras de atletismo, mesas, escadas, equipamentos de manutenção, etc. são frequentemente vistos num canto de um ginásio. Uma visão comum é a de camas elásticas deslocadas para junto de uma parede e deixadas sem atendimento. Esta armazenagem imprópria e ausência de supervisão podem conduzir a acidentes graves – até mesmo mortes – o que vem resultando na eliminação de camas elásticas na maioria dos atuais programas de atividades. É essencial que o espaço adequado de armazenagem seja planejado e construído para acesso rápido e proteção contra uso desautorizado.

Falta de espaço de armazenagem para equipamentos ao ar livre também representa um problema. É recomendável prever uma área cercada e protegida com cadeado para itens demasiado volumosos serem transportados e movimentados em locais fechados. A existência de uma área totalmente coberta e protegida para os colchões de salto com vara e salto em altura, barreiras, barracas para juízes e outros equipamentos móveis previne contra intempéries e protege contra vandalismo.

MATERIAIS ADEQUADOS

Muitos fatores devem ser considerados durante a seleção de materiais a serem usados na construção de instalações esportivas ou recreativas.

Dentre esses, destacam-se custo inicial, funcionalidade, durabilidade, expectativa de vida útil, comodidade, custo de manutenção e estética. Outro fator por vezes pouco observado é a segurança. Sem adequada e atenta consideração, o prédio e os materiais de acabamento podem exercer um importante papel na segurança inerente à instalação. As atividades potenciais que podem ter lugar em todos os espaços devem ser amplamente estudadas de modo a assegurar que a instalação tem condições de suportá-las com segurança.

Os materiais do piso devem ser selecionados com grande cuidado. A escolha imprópria da superfície do piso pode apresentar riscos. Um dos mais perigosos exemplos ocorre com frequência em áreas molhadas como vestiários, áreas de chuveiros, salas de treinamento e *decks* de piscinas. O material selecionado para esses pisos deve ser de longa durabilidade, fácil manutenção e antiderrapantes. Frequentemente áreas molhadas são construídas com acabamento liso, tais como concreto liso polido, linóleo ou *terrazzo*. Essas são excelentes superfícies em condições normais, mas podem se tornar extremamente escorregadias quando úmidas ou molhadas. Existem ótimas superfícies para áreas sujeitas à umidade. Uma das melhores superfícies para áreas molhadas é a cerâmica porosa ou *quarry tile*.

As áreas sujeitas à umidade devem ser projetadas com inclinação na direção de um ralo de captação para evitar formação de poças d'água.

As superfícies das paredes também oferecem condições de risco em uma instalação. Um importante fator de risco introduzido em uma instalação é o uso de vidro junto a áreas de atividades. Vidros em portas ou janelas ou na proteção de extintores de incêndio é causa comum de ferimentos. O uso de vidro reforçado em janelas, mesmo protegidas com malhas de arame, é de uso questionável em áreas de atividades. Mesmo que seja necessária considerável força para se quebrar, por vezes isto ocorre e pode ser causa de sérios ferimentos.

Outro problema relativamente comum tem ocorrido com o uso de vidro onde a maioria das pessoas julga não ser propriamente uma área de atividades. A área de troféus na maioria dos clubes é um bom exemplo. Os planejadores por vezes esquecem-se de que o espaço pode ser usado para atividades, seja de uma equipe de atletas realizando um aquecimento durante um dia de tempo chuvoso, seja a prática de coreografias de grupos ou de torcidas organizadas ou ainda correrias comuns entre adolescentes. Vidros de segurança de algum tipo devem ser previstos para tais circunstâncias.

Espelhos em salas de pesos devem ser montados 45cm acima do piso para evitar eventual contato de uma barra de pesos que venha a rolar contra uma parede.

É importante também selecionar materiais apropriados de forro de teto. Painéis acústicos podem ser excelentes em salas de aula e escritórios, mas representam dor de cabeça para a manutenção e até mesmo risco de acidente quando utilizados em áreas de atividades como ginásios.

Painéis acústicos não são feitos para resistir a boladas e frequentemente se danificam quando atingidos.

Os materiais selecionados devem ser escolhidos com cuidado a fim de suportar possíveis acidentes que podem ocorrer em determinadas áreas. Suportes de lâmpadas devem ser adequados às atividades previstas. Em ginásios onde as bolas ou outros objetos podem atingir as lâmpadas, os suportes devem ser próprios para resistir a impactos. A própria lâmpada deve ser protegida por chapa plástica translúcida e tela de arame. Se o impacto for suficientemente forte a ponto de quebrar a lâmpada, os cacos serão contidos pela cobertura plástica e não cairão no solo. Sem essa precaução, os suportes quando atingidos podem provocar chuva de vidro sobre as pessoas na quadra.

SUPERVISÃO

Projetar uma instalação de modo que possa ser supervisionada com eficiência é uma grande vantagem por duas razões. Em primeiro lugar, porque a falta de supervisão apropriada é uma das mais comuns alegações em processos com base em negligência. Um dos motivos é que projeto e *layout* da instalação não são habitualmente considerados como causa principal de supervisão problemática. Isso pode explicar por que algumas instalações são fáceis de supervisionar e outras não. Em segundo lugar, uma instalação mal projetada requer quatro ou cinco membros da equipe para supervisionar as atividades, enquanto um prédio bem projetado com atividades e dimensões similares pode requerer apenas três. Imaginando o custo de um supervisor extra e calculando o número de horas que a instalação funciona a cada ano de vida útil, o resultado representa um ponderável impacto no custo anual da instalação.

Uma instalação bem projetada pode ser supervisionada por um pequeno número de funcionários. Aspectos do projeto que aumentam eficiência na supervisão por um número mínimo de funcionários incluem áreas de atividades próximas entre si e de fácil monitoração.

Vestiários são outras áreas frequentemente mal planejadas do ponto de vista da boa supervisão. Pisos e paredes de concreto e armários metálicos com cantos vivos tornam o vestiário uma área exposta a riscos em instalações destinadas a esportes e recreação. Nas escolas há também grande número de alunos e classes entrando e saindo ao mesmo tempo, tomando banho e trocando de roupa. Isto demanda supervisão mais próxima e ativa.

A maior parte dos vestiários é equipada com armários altos, tornando difícil supervisionar a movimentação. Com frequência, a sala do técnico ou professor está localizada numa posição que não permite uma visão completa de todo o ambiente. Tais considerações devem ser levadas em conta no planejamento e no projeto de vestiários.

Outra inovação que vem tendo cada vez maior aplicação é o sistema de circuito fechado de televisão. Um sistema bem projetado permite que um supervisor em um determinado ponto monitore visualmente várias áreas distintas, tanto internas quanto externas. O supervisor está equipado com um rádio para se manter em constante contato com auxiliares em serviço dentro e fora do prédio. Se problemas são detectados no monitor, o supervisor pode de imediato direcionar um ou mais funcionários para atender aquela situação. Um sistema bem planejado de câmeras permite que uma pequena equipe de supervisão possa cobrir eficazmente toda a instalação.

CONSIDERAÇÕES GERAIS

Todas as instalações devem ser planejadas de acordo com os códigos e leis aplicáveis localmente. Isto inclui todos os códigos de ocupação e segurança, observância das leis e regulamentos de inclusão e acessibilidade para deficientes, proteção contra incêndio, bem como segurança e códigos de saude aplicáveis a situações específicas.

O nível de umidade deve ser controlado em toda a instalação. Umidade excessiva não só reduz o nível de conforto, mas pode também causar corrosão e deterioração dos materiais do prédio. Em certas condições, a alta umidade pode condensar-se sobre os pisos, escadas, corredores de passagem, etc. criando condições perigosas. Níveis de iluminação devem ser suficientes para as atividades. Iluminação inadequada provoca situações de risco, em especial nas áreas onde os participantes devem acompanhar o movimento rápido de objetos como na prática de jogos de raquete (*squash*/tênis).

A sinalização é uma parte importante de um programa de gerenciamento de riscos. Regras, procedimentos e avisos devem ser afixados em locais visíveis e apropriados.

SUMÁRIO

Este texto focaliza basicamente o planejamento e o projeto de instalações para segurança e gerenciamento de riscos. É importante compreender que se trata apenas de um primeiro passo em conduzir um programa de segurança. Uma vez a instalação esteja em funcionamento, é essencial que um programa completo de gerenciamento de risco seja estabelecido e praticado.

Uma das maiores reclamações em litígios relacionadas a esportes e recreação é a de instalações inseguras. Gerentes de esportes, educação física e programas de recreação têm obrigação moral e legal de fazer seus programas livre de riscos tanto quanto possível. Os gerentes devem estar cientes de que instalações inseguras podem aumentar o potencial de risco para os participantes, funcionários e espectadores. Em nossa crescente sociedade litigiosa, danos físicos desnecessários são passíveis de conduzir a ações indenizatórias com exposição e perda de recursos financeiros que deveriam estar supostamente direcionados aos programas.

Instalações bem planejadas são seguras, fáceis de operar, administrar e manter. Muitos fatores que tornam uma instalação segura são de fácil implementação se planejados desde o início. Depois que se lança o concreto e a instalação é inaugurada, torna-se difícil ou quase impossível fazer modificações. O planejamento e o projeto de instalações com preocupação na segurança e gerenciamento de risco podem ajudar a prevenir problemas, dores de cabeça, acidentes e indesejáveis litígios no futuro.

MANUTENÇÃO DE INSTALAÇÕES ESPORTIVAS E DE LAZER

A maioria dos gerentes de manutenção admite que as exigências de manutenção não recebem adequada consideração quando as instalações são projetadas. Mesmo quando algum cuidado é dispensado na análise de futuros problemas relacionados à manutenção, não é raro que durante a construção modificações de projeto venham anular os planos originais. O construtor mais se preocupa em concluir a obra da maneira mais econômica possível do que com problemas de manutenção ou reparos que venham a ocorrer após o prazo de garantia da obra. Além disso, há uma tendência por parte dos arquitetos em priorizar os aspectos estéticos do projeto em detrimento de preocupações com eficiência de custos nas operações da instalação (BEISEL,1998).

Considerando-se que o maior custo das instalações esportivas aparece ao longo de seguidos anos de operação, é necessário que os profissionais de manutenção (em especial o gerente responsável pela manutenção) participem no planejamento da instalação. Esses profissionais devem estar envolvidos até a conclusão do projeto. O gerente de manutenção tem muito a oferecer em termos de planejamento da instalação.

Doravante, as discussões se situarão no âmbito de considerações práticas de operação e manutenção no planejamento do projeto. Este capítulo focaliza alguns requisitos técnicos para as instalações esportivas dentro da perspectiva do gerente de manutenção. A primeira parte refere-se especificamente à manutenção e áreas de suporte; e a segunda contempla aspectos genéricos de manutenção da instalação como um todo.

Propósitos do Tema:
⇒ Fornecer guias para o planejamento de instalações de manutenção no interior da instalação esportiva;
⇒ Conhecer os tipos de manutenção requeridos para uma instalação esportiva/recreativa de atividades múltiplas;
⇒ Entender as exigências de ordem material e características dessas instalações;
⇒ Identificar estratégias a fim de posicionar racionalmente os locais de manutenção dentro da instalação;

⇒ Descrever os cuidados de manutenção a serem considerados no projeto geral das instalações.

I. Considerações Gerais de Projeto para Operações de Manutenção (O&M)
1. Complexo Central de Manutenção
2. Oficinas de Manutenção

II. Armazenagem
1. Armazenagem para Operações de O&M
2. Armazenagem de Equipamentos Esportivos e Reparos
3. Depósitos de Material de Limpeza
4. Lavanderia

III. Cuidados Genéricos na Manutenção de Prédios
1. Padronização de suportes fixos, peças e equipamentos
2. Cuidados logísticos
3. Utilidades
4. Janelas

I. CONSIDERAÇÕES DE PROJETO PARA OPERAÇÕES DE MANUTENÇÃO (O&M)

As instalações de educação física, esportes e recreação devem ser mantidas em boas condições sanitárias e higiênicas. A própria natureza das muitas atividades conduzidas dentro dessas instalações e os variados usos de água em seu interior aumentam a necessidade de permanentes cuidados de conservação. A não ser que os responsáveis pela manutenção disponham de eficientes instalações e equipamentos, as expectativas de um desejável nível sanitário serão bastante reduzidas.

Entre as instalações físicas requeridas pela manutenção e pelo *staff* de operação das instalações esportivas e de recreação, incluem-se as oficinas, depósitos de ferramentas, sobressalentes e suprimentos, além de depósitos para materiais de limpeza, instalações de lavanderia e espaços para escritório de administração e vestiários com armários.

As discussões seguintes abordam sucintamente considerações de projeto para essas áreas específicas de O&M dentro de instalações esportivas multiuso.

1. Complexo Central de Manutenção

Nas instalações destinadas a esportes e recreação, as dimensões e a configuração do complexo de manutenção estão condicionadas a um certo número de fatores, o primeiro dos quais é o tamanho do prédio e a natureza dos programas a serem conduzidos. As necessidades de um centro de *fitness*, por exemplo, diferem consideravelmente daquelas de uma instalação municipal multiuso ou um complexo esportivo universitário. Mesmo entre instalações de dimensões comparáveis, a natureza da organização que as administra terá significativo impacto no tamanho e composição do complexo de manutenção e na forma de como será gerenciado. Por exemplo, a educação física, os esportes intercolegiais e as instalações de recreação de uma importante universidade podem ser bastante similares às de um complexo esportivo nacional ou de um estádio municipal.

Contudo, no caso de uma universidade, haverá tipicamente menos espaço cedido a operações e manutenção (O&M) junto às instalações esportivas porque é provável que, em algum lugar no *campus*, deverá existir um prédio central de operações responsável pelas atividades de manutenção pesada de toda a universidade. Assim, junto das instalações esportivas haverá pelo menos um pequeno espaço de trabalho com depósito para ferramentas e peças sobressalentes.

Instalações esportivas de acesso público, como centros cívicos municipais ou um complexo esportivo nacional, tipicamente adotam operações autônomas para atividades de O&M. Em lugar de uma pequena área de trabalho para reparos locais, uma instalação esportiva de acesso público exigirá amplos espaços de trabalho com muito maior variedade de equipamentos, depósitos para ferramentas e peças de reposição. Não obstante, as instalações de O&M de todos os tipos possuem um certo número de elementos em comum.

Uma abordagem para a alocação de espaço administrativo e de suporte para O&M operativos é descrito por Bronzan (1974). Em grandes instalações, um escritório central de manutenção deve ser planejado para incluir toalete, chuveiro, lavatório e vestiário com armários individuais. Esta unidade deve ter uma área para descanso e refeições, equipada com pia, água quente e fria, fogão de micro-ondas e um pequeno refrigerador.

Não há dúvida de que é apropriada uma área de descanso e vestiário mobiliado para o *staff* e real a necessidade de um escritório separado para O&M. A área para o escritório administrativo em uma típica instalação universitária deve ter cerca de oito metros quadrados. É importante notar que este espaço de escritório é o mínimo e ele deverá crescer à medida que aumenta a complexidade e a dimensão das operações O&M. A área administrativa deve possuir espaço para acomodar escrivaninha, armário de arquivos e equipamentos de comunicação. Com a atual tecnologia, o escritório administrativo deve ter um computador em rede com impressora, periféricos, etc. Tradicionalmente, o escritório do supervisor de O&M localiza-se fisicamente na oficina ou no depósito de materiais. Contudo, devido ao avanço dos equipamentos de comunicação e eficientes ferramentas de gestão, a presença física do supervisor na área da oficina já não é mais uma necessidade (DE BOOIJ, 1993).

Em função da coordenação requerida entre os diferentes administradores que gerenciam as instalações esportivas, a sala do supervisor de manutenção deve estar localizada na mesma área das salas dos administradores. Contudo, não importa onde a sala do supervisor de manutenção esteja fisicamente localizada, esta e a dos outros administradores devem estar conectadas para comunicações e equipadas com micros em rede.

Não há sentido em ter a sala do gerente de manutenção informatizada se as outras áreas operacionais não o forem. Assim, cada um dos mais importantes componentes do complexo de O&M como as oficinas, os depósitos de armazenagem de peças e suprimentos e o escritório de administração devem estar igualmente informatizados e dispor de espaço para acomodar computadores e equipamentos de comunicação.

À exceção da sala do gerente de manutenção, como descrita acima, idealmente as demais salas e as oficinas deverão estar agrupadas em uma das áreas de serviço do prédio. Características gerais da área de O&M incluem acesso direto e fácil ao exterior do prédio, preferencialmente por meio da plataforma de carga, de modo a facilitar o manejo das entregas que normalmente chegam por caminhões. A área de recepção da plataforma deve ser suficientemente espaçosa para movimentação fácil de *pallets* e contêineres, permitindo a seleção e separação dos materiais recebidos antes de enviá-los para armazenagem.

O depósito de armazenagem e a oficina devem estar próximos. Isto reduzirá o tempo gasto na busca de peças e suprimentos a serem utilizados. Além de fácil acesso ao exterior, o complexo de manutenção deve ser igualmente acessível por corredores largos, planos e em linha reta para facilitar o deslocamento de cargas volumosas.

O acesso ao complexo central, suas várias oficinas e áreas de armazenagem deve ser por portas duplas. O elevador de serviço deve estar próximo para facilitar as operações logísticas, com altura de três metros e o mais largo possível.

Enquanto é desejável fácil acesso ao complexo de manutenção, a área deve ser protegida contra ingresso não autorizado. Considerando que em uma típica instalação esportiva um grande número de participantes e espectadores transitam pelo prédio, seu ingresso nas áreas de serviço – intencional ou não – é algo que deve ser evitado.

2. Oficinas de Manutenção

Dentre as preocupações de um gerente de manutenção durante a fase do projeto da instalação, destacam-se as áreas de trabalho e de suporte que serão utilizadas pelas equipes de manutenção. As dimensões e localização das áreas de trabalho terão impacto significativo na qualidade dos serviços. Pode-se até argumentar ser a oficina a parte mais importante de todas as instalações do complexo de manutenção.

A oficina deve estar situada contra uma parede externa do prédio na área de serviços que permita a instalação de um exaustor para expelir vapores tóxicos e odores indesejáveis. Preferivelmente, deve localizar-se imediatamente ao lado da plataforma de carga e descarga e com acesso ao interior do prédio. O piso deve ser de concreto e os ralos de material anticorrosivo. A área deve ser suficientemente espaçosa para permitir livre movimento entre peças de equipamento de grande porte trazidas para reparos.

Na área da oficina, as paredes devem ser mais espessas para evitar a propagação de ruído para o exterior e recomenda-se acabamento com tinta resistente a manchas e de fácil limpeza. A oficina e o depósito devem estar próximos entre si para que haja menos tempo gasto na procura de peças ou sobressalentes necessários para os serviços de reparo.

O complexo de manutenção deve ser acessível via corredores largos e pisos planos. As portas entre o espaço de serviço e a área do depósito devem estar em linha reta de modo que não haja necessidade de se fazer curvas com cargas volumosas. Uma espaçosa bancada de trabalho, equipada com morsas e equipamentos elétricos, como esmeris e perfuradoras, deve estar disponível.

A área deve ser iluminada por lâmpadas fluorescentes na faixa de 100 lúmens, colocadas em posição elevada. Prever e prover suficiente número de tomadas, em especial na parede da bancada de trabalho e próximo às ferramentas elétricas, e planejar espaço suficiente para equipamentos como cortadores de tubos e certos tipos de ferramentas para trabalhos em madeira.

A oficina de manutenção deve ser bem ventilada e possuir ar-condicionado. Nas oficinas e nas áreas centrais de depósito devem ser instalados exaustores que operem automaticamente, liberando para o exterior substâncias voláteis (tintas, solventes, produtos de limpeza).

Outra área objeto de consideração é a sala de ferramentas. Deve haver um espaço protegido e reservado para ferramentas, equipamentos e itens especiais de alto valor com acesso controlado. Enquanto os funcionários da manutenção frequentemente têm um conjunto de ferramentas sob sua responsabilidade, como aquelas contidas em uma caixa de ferramentas, outras ferramentas especiais requeridas para a manutenção do prédio incluem equipamentos de solda, além de uma variedade de aparelhos de medições elétricas como voltímetros, amperímetros e ferramentas elétricas. São itens de valor elevado, devendo ter seu acesso controlado.

II. ARMAZENAGEM

A armazenagem situa-se naquela zona cinzenta entre as preocupações estritamente de O&M e aquelas relacionadas aos programas e atividades esportivas.

Por um lado, espaços de armazenagem são necessários para ferramentas, peças sobressalentes e itens de consumo como suprimentos de limpeza e de uso mais frequente como papel higiênico, papel toalha e sabonete líquido para atender as atividades de O&M. Por outro lado, suficiente espaço de armazenagem é necessário para suportar programas de atividades no interior do prédio, tais como as requeridas para equipamentos esportivos, uniformes e atividades de apoio.

Os administradores e supervisores de manutenção admitem que uma das maiores falhas de planejamento é a de não se prever espaço suficiente para armazenagem. Como resultado, os programas são afetados e os usuários acabam não desfrutando os benefícios esperados. Assim, é útil considerar em conjunto todas as exigências de armazenagem, tanto para operações O&M quanto para programas de atividades esportivas e de lazer.

1. Armazenagem para Operações de O&M

Uma grande variedade de peças de reposição e itens de consumo é necessária para manter um prédio funcionando de forma apropriada. Exemplos de peças de reposição requeridas para um complexo esportivo vão desde lâmpadas, filtros e correias de ventilador de sistemas de climatização até módulos de reposição para placares. Os materiais de consumo incluem uma ampla variedade de materiais, desde equipamentos de lubrificação, produtos químicos como cloro para a piscina, materiais de limpeza para serviços de manutenção e itens de higiene para toaletes e vestiários. São também necessários depósitos de segurança para ferramentas e espaço para armazenagem de materiais de manutenção pesados como andaimes ou elevadores hidráulicos.

Há um certo número de considerações que determinam o tamanho e a localização dos depósitos de armazenagem para atender as operações O&M. Uma delas é se a operação O&M é do tipo autônoma; outra é se os depósitos de materiais funcionam na base de "estoque aberto" ou "estoque fechado" e quanto do inventário está disperso por outros locais de armazenagem da instalação como depósitos de material de limpeza, por exemplo.

Se a natureza da organização é tal que as instalações esportivas são de operação autônoma, o espaço requerido para armazenagem de equipamentos e suprimentos relacionado a O&M será certamente maior. Um espaço amplo deve ser previsto para grandes quantidades de ferramentas e suprimentos e para equipamentos volumosos como andaimes. Se as instalações esportivas são, por exemplo, parte de uma operação O&M centralizada de um *campus* universitário, é provável que as ferramentas e equipamentos de maior valor como gruas e andaimes sejam armazenados em alguma outra área de localização central.

Outra consideração é que se os suprimentos são controlados tanto na base de "estoque aberto" quanto na de "estoque fechado, os itens de grande consumo e pequeno valor como pregos, porcas, tijolos, tintas e lubrificantes são frequentemente designados como de "estoque aberto". O pessoal de manutenção pode obtê-los diretamente dos recipientes de peças e sem formulários de requisição, não havendo controle sobre quem os acessa ou em qual serviço será utilizado. Tais itens podem ser armazenados na área da oficina, por exemplo, o que aumentará a eficiência das operações O&M. Porém, à medida que tal arranjo dispensa a necessidade de espaço separado para a armazenagem e presença de um funcionário responsável, há risco de eventuais pequenos furtos.

Talvez o melhor uso de uma situação "estoque fechado" seja nas operações em que a manutenção é centralizada como num grande *campus* universitário. Como explicado anteriormente, é provável que um complexo central de O&M atenda a todo o *campus* com suficiente volume e materiais de valor suficiente para justificar um sistema "estoque fechado" dentro do complexo de manutenção. Assim, a instalação esportiva, vista como uma operação periférica, terá provavelmente uma área de oficina menor com conjunto de ferramentas e depósito tipo "estoque aberto" com itens de baixo custo.

Uma instalação esportiva autônoma como um estádio municipal ou um complexo esportivo nacional possivelmente adotará um sistema "inventário fechado" ou um sistema combinado "estoque aberto" e "estoque fechado". Pelo fato de as ferramentas de alto valor e peças de reposição requeridas para operações O&M serem guardadas no complexo central de manutenção, há necessidade de controle de acesso e definição de responsabilidades; ou seja, um sistema de inventário estabelecido e designação de um funcionário responsável. Contudo, em termos de eficácia operacional, faz sentido para esse sistema de operação alocar nas oficinas alguns itens como parafusos e porcas comuns, procurando distribuir os equipamentos e itens de limpeza pelos depósitos de limpeza e conservação que, nesse caso, deverão ser significativamente maiores.

Em termos de características físicas de áreas de armazenagem e depósitos de suprimentos, estes devem situar-se próximo às áreas que irão atender. Por exemplo, as ferramentas e peças de reposição devem estar próximas à área da oficina em espaços determinados pelos critérios acima discutidos.

Os depósitos de suprimento requerem controle de temperatura e umidade, pois alguns itens de inventário frequentemente demandam exigências específicas de armazenagem. Os pisos devem ser de concreto rígido, com superfície antiderrapante e de fácil limpeza. O depósito deve ser bem iluminado com lâmpadas localizadas entra as fileiras de prateleiras para facilitar a identificação das peças do inventário descrita em etiquetas ou cartões afixados nas prateleiras.

Para limitar o acesso à armazenagem, deve haver uma janela de distribuição com dispositivo simples de segurança no caso de o funcionário se afastar na busca de determinado item. Próximo à janela de distribuição deverá haver espaço suficiente para uma mesa e um arquivo.

A entrada de acesso ao depósito de material deve ser planejada para acomodar grandes peças de equipamento e maquinários. A menos que seja indicado de outra forma, a porta de acesso deve ter largura de 1,55m e altura de 2,20m.

As prateleiras são essenciais para armazenagem de itens de suprimento. Devem ser metálicas e ajustáveis, com profundidade entre 0,45 e 0,60m e entre 0,90 e 1,20m de largura. A primeira prateleira deve se situar a, pelo menos, 0,15m acima do piso e o topo a não menos de 0,30m do teto. As prateleiras devem ter dimensões padronizadas.

2. Armazenagem de equipamentos esportivos e reparos

Na maioria das instalações esportivas, a armazenagem e as áreas de trabalho para as atividades esportivas e equipamentos das equipes é separada das usualmente utilizadas para as instalações físicas gerais de O&M. Contudo, a maior parte das descrições físicas dos espaços requeridos e dos itens contidos nos depósitos de armazenagem utilizados como sobressalentes e suprimentos nas operações de O&M são também aplicáveis nas áreas de armazenagem para esportes e programas de atividades. Deve-se observar que os times profissionais e a maioria dos programas das faculdades possuem gerentes profissionais de equipamentos cuja responsabilidade inclui o controle do inventário e o serviço dos uniformes, acessórios e equipamentos das equipes. Da mesma forma que um profissional de manutenção deve ser incluído no processo de planejamento para revisar o programa de instalações sob uma perspectiva de O&M, assim também o gerente de equipamento deve ser consultado quanto à armazenagem dos materiais, equipamentos esportivos e áreas de reparos.

É recomendável que os espaços disponibilizados para a armazenagem de equipamentos esportivos inclua uma pequena área para facilitar os reparos de equipamentos relacionados ao programa. Uma bem equipada área de trabalho pode resultar em considerável economia. Nessas condições, as operações esportivas tendem a funcionar num alto nível de eficiência.

Exemplos de equipamentos que devem ser guardados em uma oficina desse tipo incluem uma pequena mesa de trabalho, equipada de forma similar à da instalação principal acima descrita. Alguns dos equipamentos podem variar porque a natureza do trabalho a ser realizado é bem distinta. Exemplos de equipamentos que devem ser incluídos nesta área de trabalho são máquinas de encordoar raquetes e máquinas de costura para uniformes. Alem disso, normalmente a lavanderia deve estar localizada dentro ou próximo à instalação-base do gerente de equipamento.

Como os funcionários da manutenção são frequentemente solicitados a posicionar e remover equipamentos utilizados em várias atividades esportivas, as características e localização dos depósitos de equipamentos situados no prédio são de particular interesse do gerente de manutenção. Geralmente, um depósito de guarda de equipamentos deve estar adjacente a cada uma das mais importantes áreas de atividade do prédio. Cada uma dessas unidades de armazenagem deve ser designada para acomodar equipamentos que se antecipa a serem utilizados em uma determinada área, como estruturas hidráulicas de tabelas de basquete e outros acessórios e materiais para jogos no ginásio principal, além de cabos de raias e cabos de advertência em piscinas (partida falsa e indicadores de virada no nado de costas), equipamentos de ginástica e colchões, onde necessário. Em todos os casos, considerações de projeto devem incluir portas, sem esquadrias ou soleiras, de tamanho suficiente para dar passagem a volumosos equipamentos em percursos em linha reta para facilitar o transporte.

3. Depósitos de material de limpeza e conservação

Os depósitos de material de limpeza e conservação representam o elemento-chave para todo o trabalho de limpeza e conservação rotineira do prédio. Se os serviços se originam de um espaço desorganizado e sujo, é provável que o esforço de conservação seja afetado de forma correspondente. Muitos dos danos em equipamentos de limpeza ocorrem nesses quartos. Um exemplo disso é a forma como baldes com panos molhados são trazidos para os depósitos e não são esvaziados de imediato; ou ainda instrumentos de varrição que não são devidamente limpos após o uso.

Importante é que todo o esforço deve ser feito para planejar depósitos de limpeza que facilitem o trabalho de conservação do prédio (WALKER, 1990).

Na determinação do número de depósitos, certo número de variáveis deve ser considerado, tais como:

⇒ número de pisos no interior da instalação;
⇒ tipos de acabamento dos pisos a serem conservados;
⇒ uso previsto das áreas a serem conservadas;
⇒ número de toaletes na instalação.

Deve ser previsto um mínimo de seis metros quadrados de área de depósito para cada 950 metros quadrados de área de piso na instalação. O depósito deve ser projetado com uma área livre onde o equipamento possa ser montado e verificado. Os carrinhos de transporte de material devem estar posicionados adequadamente antes do início dos trabalhos. Cada depósito de serviço deve possuir um tanque com dreno tipo *pop-up* (comando por haste) e torneiras com dispositivo de controle de temperatura. Tanques no piso são preferíveis a tanques na parede. Prateleiras e painéis devem ser montados em cada depósito de limpeza para facilitar a armazenagem dos suprimentos e ferramentas (FLYNN; 1985, 1983). Painéis com ganchos devem ser previstos de modo que panos úmidos ou molhados não fiquem em contato direto com as paredes. Finalmente, o depósito de limpeza deve ter um bom nível de iluminação (no mínimo 50 lúmens), de modo que os materiais possam ser bem limpos após o trabalho e antes de serem guardados.

O acima mencionado representa um guia geral de dimensões requeridas para limpeza e conservação de um depósito. A regra geral é a de que o depósito deve ter suficiente espaço relativo e específico à área a ser servida. Áreas com grande volume de atividades demandarão mais espaço para acomodar os suprimentos e equipamento (BRONZAN, 1987).

Em complemento, áreas atendidas na base de um programa de sete dias na semana requerem entre 35 e 40% mais material do que aquelas submetidas a um programa de limpeza de apenas cinco dias por semana.

Como exemplo de como deveriam ser as dimensões de um depósito de material de limpeza – que em parte é determinado pela área a ser servida – considere-se a área livre do piso necessária para armazenar equipamentos para manutenção de pisos. Um depósito localizado próximo a um corredor revestido em piso cerâmico requer grande espaço para a máquina elétrica de limpeza (*power scrubbing*), enquanto na vizinhança de um complexo de escritórios acarpetados pode-se pensar em uma área apenas suficiente para acomodar um aspirador do tipo comercial. Depósitos de limpeza podem ser também alocados dentro ou próximo a conjuntos de toaletes e vestiários por uma série de razões. Primeiro, porque este local pode fornecer água e esgoto para o tanque de limpeza de esfregões e panos de chão, reduzindo custo efetivo do ponto de vista do projeto e da construção. A segunda razão é a de que toaletes e vestiários são submetidos a serviços de limpeza e fornecimento de suprimentos de higiene com maior frequência, representando economia de horas de trabalho caso equipamentos e materiais de limpeza estejam armazenados em áreas próximas. Finalmente, esta localização facilita armazenagem de produtos de limpeza, itens de consumo e estoque de material de higiene (sabão para mãos, papel higiênico, papel toalha).

Outro exemplo é o atendimento de áreas de alto volume de tráfego. Um pequeno depósito deve estar localizado próximo à entrada do prédio para a guarda de suprimentos de manutenção, ferramentas e máquinas (FLYNN; 1985, 1993). Todos os que entram e saem do prédio o farão por meio de uma ou mais entradas designadas, o que resulta em excessivo tráfego de pedestres por esses acessos. Os primeiros quatro metros na direção do interior do prédio denominam-se "área de tráfego", que funciona exatamente como o nome sugere: limita-se à área que mais concentra poeira, terra, óleo proveniente do estacionamento e água de chuva. Assim, um bem concebido plano de manutenção exigirá maior atenção neste local para evitar que resíduos dos calçados se acumulem em seu percurso. Para facilitar, deve ser previsto um pequeno depósito de limpeza tão próximo quanto possível.

4. Lavanderia

Na maioria das instalações de educação física, esportes e recreação (EUA) torna-se mais eficiente estabelecer lavanderias operadas por pessoal próprio do que contratar fora serviços de limpeza de uniformes e toalhas. Como a operação da lavanderia se relaciona mais com o pessoal de manutenção, é mais provável que suas instalações estejam situadas dentro das áreas de apoio de manutenção do prédio, sendo apropriado estabelecer guias de planejamento para sua operação da mesma forma que para o restante das operações de O&M. Tanto quanto possível,a instalação da lavanderia deve estar fisicamente localizada na área térrea do prédio e contra um muro externo para facilitar a ventilação e a secagem. Recomendam-se pisos de concreto antiderrapantes, os quais devem ser sólidos e impermeáveis. Os pisos devem ser inclinados em direção a ralos que conduzam a drenos não corrosivos. A inclinação deve ser de 3cm por metro linear. A regularidade do piso é importante para impedir a formação de indesejáveis poças d'água. O material do piso deve se estender até as paredes por pelo menos 30 centímetros de altura e os cantos devem ser arredondados. A espessura do piso deve adequar-se às recomendações dos fabricantes dos equipamentos. De todo o modo, o piso deve suportar o peso e a vibração dos equipamentos.

Da mesma forma que em outras áreas de serviços, a lavanderia deve possuir portas duplas, sem soleira ou ressalto de modo a facilitar a instalação dos equipamentos durante a construção e os subsequentes deslocamentos das carretas e suprimentos diversos para dentro e para fora da área de operação. Como a lavanderia é um local muito ruidoso, as paredes e teto devem ter boa absorção acústica e resistência à umidade. O acabamento deve ser de fácil limpeza e resistente a manchas.

Enquanto o espaço requerido para a lavanderia depende das dimensões dos equipamentos e da carga de trabalho prevista, deve estar incluído no planejamento área suficiente para depósito de suprimentos e mesas. Lizarraga (1991) sugere algumas orientações ao mencionar que as dimensões da lavanderia devem ser determinadas pelo volume de serviço. A capacidade dos equipamentos é determinada em quilos. Para obter o número e a dimensão das máquinas necessárias, compare a quantidade prevista diária de artigos a ser lavada multiplicada por seus respectivos pesos *versus* a capacidade em quilos das máquinas consideradas, o que dará o número de cargas que elas podem processar por dia. A maioria processa duas cargas por hora. Instalações com muitos tipos de classificação de peças (náilon, uniformes de jogo ou toalhas de tecido misto) devem optar por duas ou mais máquinas. Secadoras devem ser combinadas com as lavadoras e são normalmente de grande capacidade. Por exemplo, uma secadora para 25 quilos.

Uma vez que o número e os tipos de máquinas estejam definidos, suas dimensões podem ser facilmente obtidas dos fornecedores.

As máquinas devem ser montadas a um mínimo de 60cm das paredes e a não menos de 40cm entre elas. Em geral, espaço suficiente deve ser deixado em sua volta para circulação e para os serviços de manutenção programados. A combinação do espaço requerido para realizar o trabalho e a área de armazenagem determinarão as dimensões necessárias para a lavanderia.

Assim como para todos equipamentos, o acesso às utilidades deve ser considerado no planejamento. Enquanto água quente e fria, lixo e eletricidade são itens óbvios, considerar a possibilidade de uso de secadoras a gás, em geral mais econômicas (EUA). Neste caso, recomenda-se um sistema separado para fornecimento de gás.

A área da lavanderia deve ter boa ventilação e circulação em complemento a exaustores destinados a expelir os vapores gerados pelos equipamentos.

É altamente recomendável a instalação de microprocessadores programáveis nos equipamentos da lavanderia. Recomenda-se também um sistema de suprimento de detergente líquido, o qual deve dispor de injeção automática e pré-programada de produtos químicos.

III. PREOCUPAÇÕES GENÉRICAS NA MANUTENÇÃO DE PRÉDIOS

Enquanto as discussões anteriores concentraram-se nos parâmetros de projeto especificamente requeridos para a função de O&M, do ponto de vista da manutenção devem ser considerados os aspectos do projeto das instalações como um todo. Na realidade, são pontos não específicos os que podem influir significativamente nos custos de operação. Muitas dessas considerações são bastante simples. Contudo, e devido à sua grande simplicidade, são habitualmente negligenciadas pelo fato de que considerações mais óbvias de projeto costumam chamar mais a atenção do arquiteto e do comitê de planejamento.

1. Padronização de peças e equipamentos

Agora fica claro que a grande variedade de acabamentos, acessórios e equipamentos em uma instalação multiesportiva é fonte permanente de preocupação. Da mesma forma, a necessidade de controlar o inventário de itens de reposição e material de consumo para o trabalho de manutenção representa uma grande responsabilidade. Contudo, ao se fazer um esforço consciente durante a fase do projeto no sentido de padronizar os suportes fixos e equipamentos que exijam manutenção, o custo em adquirir e armazenar peças e utensílios destinados à conservação do prédio pode ser significativamente reduzido.

Tais reduções são obtidas de duas formas: a primeira resulta da economia direta obtida por meio do menor número de itens sobressalentes. A padronização das peças de acabamento e suportes fixos facilita ao gerente de manutenção diminuir significativamente o número de itens existente no inventário, o que resulta em menores custos de manutenção. Se os suportes das lâmpadas forem de um mesmo tipo, o número e a variedade de encaixes e tubos fluorescentes disponíveis podem ser consideravelmente menores do que se houver uma grande variedade de suportes diferentes distribuída pelo prédio. A padronização também previne o custo da mão de obra desperdiçado ao se transportar lâmpadas a serem substituídas em diferentes locais. A chance de tal ocorrer é maior se houver grande variedade de suportes de fixação.

A segunda redução é mais indireta, não obstante de maior impacto. Um inventário menor requer menos espaço para armazenar e é bem mais fácil de administrar e controlar, reduzindo custos e perdas por inadequado manejo ou eventuais pequenos roubos. Esforços conjugados podem ser efetuados em varias áreas com o propósito de padronizar itens gerais do prédio, incluindo suportes de lâmpadas e interruptores, fusíveis e caixas de circuitos, peças de banheiros, acessórios de vestiários, ferragens de portas, cadeados, chaves e equipamentos móveis.

2. Cuidados logísticos

Custos operacionais podem ser também minimizados, levando-se em consideração as necessidades do *staff* em operações logísticas. Por operações logísticas compreende-se a movimentação dos acessórios, equipamentos e materiais dentro das instalações.

O que distingue uma instalação esportiva de outros tipos de instalações é a natureza do equipamento que se encontra em seu recinto. Uma máquina de pesos multifuncional é por sua natureza uma pesada e volumosa peça de equipamento prevista para se movimentar sem desmontar. Aparelhos de ginástica e colchões, tatames de lutas e tabelas móveis de basquete são outros exemplos de equipamentos com configurações não usuais e que são deslocados no interior da instalação. O conhecimento das características desses acessórios e equipamentos torna-se importante durante a fase de projeto da instalação. Como já comentado anteriormente, as portas entre os espaços de atividades esportivas devem estar em linha. As portas de entrada de carga ou acesso principal vindo do exterior devem ser duplas e suficientemente altas para facilitar a movimentação dos equipamentos. Outra consideração de projeto de um ponto de vista puramente operacional inclui o uso de rampas entre os eventuais desníveis de ginásios. Outra abordagem é a de assegurar-se que os elevadores de frete ou de serviço possuam dimensões suficientes – inclusive altura – para facilitar a movimentação do equipamento entre os pisos. Da mesma forma, deve-se projetar escadas largas o suficiente para o transporte de itens volumosos como caixas de suprimentos ou mobílias.

Finalmente, na fase de projeto deve ser considerado que todas as áreas de atividades que terão lugar dentro da instalação, como pontos de alimentação ou concessões no interior do prédio, irão demandar a movimentação de produtos para o interior e de lixo para o exterior, o que deve ser realizado por meio de passagens de serviço.

3. Utilidades (água & eletricidade)

Em complemento ao acesso aos painéis de controle e sistemas de operação para as manutenções de rotina, a inteligente instalação de tomadas elétricas para equipamentos de limpeza e torneiras para mangueiras pode, efetivamente, reduzir horas de serviço no esforço de manutenção.

A maior parte dos equipamentos para limpeza de pisos requer tomadas, sejam máquinas elétricas com escovas (*power scrubbers*) ou aspiradores de pó. Por essa razão, a localização das tomadas exige atenção, especialmente em corredores, saguões e áreas de atividades. Tomadas mal localizadas podem causar consideráveis despesas de operação, tanto para trabalho (necessidade de movimentar cabos de extensão) quanto para suprimento (necessidade de adquirir excessivo número de cabos de extensão). Da mesma forma, a necessidade de tomadas exteriores não deve ser negligenciada. Por exemplo, certos tipos de equipamentos para limpeza de janelas requerem acesso a tomadas de força, bem como muitos outros tipos de equipamentos de manutenção como sopradores de ar sobre grama aparada (*blowers*).

Torneiras no exterior dos edifícios devem ser tratadas da mesma forma que as tomadas elétricas no seu interior. Mangueiras de água são normalmente utilizadas para lavar calçadas e janelas externas. Assim, o número e a localização das torneiras exige cuidadosa atenção na fase de projeto da instalação.

4. Janelas

O importante tópico de janelas merece especial atenção. As dimensões e localização das janelas não podem ser deixadas ao acaso, por preferências pessoais ou meramente tradições de uso. Considerações sobre o relacionamento entre iluminação, cores, seleção de materiais, acústica e controle climático não podem ser ignorados.

O uso generoso de janelas tem estado em voga nas últimas décadas, ao menos em parte, devido ao agradável efeito visual desejado pelo arquiteto. Mas o uso excessivo do vidro em uma instalação esportiva pode fazer surgir uma série de problemas, inclusive altos custos operacionais por perdas ou ganhos de calor, além de elevados custos de limpeza.

O vidro é um isolante pobre que gera calor interior durante os meses de verão com consequente aumento dos custos com ar-condicionado. Durante o inverno o processo se inverte. Uma grande área de vidro resulta em significativa perda de calor com similares custos operacionais. De forma idêntica, uma grande área de vidro tende a aumentar os custos de manutenção porque as manchas e a poeira são mais aparentes. Qualquer pessoa que em sua residência possua amplas portas de vidro pode observar quanta atenção se requer quando certas condições climáticas tornam visíveis riscos e manchas de dedos. Em edifícios comerciais, bem como em instalações esportivas, o grau de limpeza requerido depende de muitas variáveis que prevalecem no ambiente local (chuvas, poeira e poluição) e do esforço de manutenção que se esteja disposto a despender (pouco, médio ou muito empenho).

Dois métodos básicos são utilizados para limpeza dos vidros: "sobre o telhado" ou "a partir do chão". Em ambos os casos é necessário equipamento especial para qualquer estrutura acima de um pavimento.

O custo desses sistemas podem variar de irrisórios US$ 15,00 de uma mangueira de jardim, de US$ 500,00 para um compressor a jato de água com haste prolongada ou até um complexo sistema de andaimes de US$ 50.000,00 para operações de limpeza a grande altura.

Nas instalações esportivas, se janelas forem incorporadas ao projeto, devem ter no mínimo 1/16 da área do piso. Em acréscimo, recomenda-se que sejam projetadas mais próximas do teto que do solo. Para um ginásio multiúso, designado para acomodar voleibol e handebol de nível internacional, a área total mínima de janelas de vidro deve ser aproximadamente de 66 metros quadrados, localizadas entre 7 e 12 metros a partir do nível do piso. Nessas circunstâncias, devem ser considerados durante a fase de projeto a acessibilidade e o custo de mão de obra relacionado à sua manutenção e boa aparência.

SUMÁRIO

É impossível a construção de um prédio inteiramente livre de manutenção. Os elementos de uma edificação se deterioram de diversas formas, dependendo dos componentes, da qualidade, da localização, do grau de exposição às intempéries e uso. Nesse aspecto, o projeto original, as especificações e a construção de uma instalação destinada à educação física, esportes e recreação são de crucial importância para seu futuro desempenho e para as operações de manutenção (O&M). Razão pela qual deve-se buscar a assessoria de especialistas em manutenção durante o desenvolvimento do projeto. Lamentavelmente, isto raramente ocorre (ROBERTS, 1996).

Um conceito bastante equivocado por parte de muitos administradores é de que o planejamento para operações e manutenção (O&M) deve ser iniciado na conclusão da obra e quando são abertos os portões para início de funcionamento da instalação. Contudo, essa abordagem não reconhece a importância do planejamento de manutenção durante o processo de aquisição ou construção da instalação e o fato de que as despesas para cuidar de forma apropriada da instalação e de seus equipamentos representam a maior parte dos custos totais de seu ciclo de vida. Conclusão: planejamento deficiente de O&M resulta em despesas mais elevadas para a instalação, reduzindo a parcela de fundos disponíveis para conduzir programas e atividades para as quais a instalação foi originalmente construída. Torna-se claro que operações O&M devem ser seriamente consideradas durante o processo de planejamento da nova instalação.

PELO MUNDO

AUSTRÁLIA

Ministério dos Esportes e Recreação – MSR

PLANEJAMENTO DE INSTALAÇÕESO

A existência de instalações de esportes pode melhorar significativamente a qualidade de vida da população. As atividades mantidas dentro de instalações de esportes e recreação encorajam a participação, promovem a saúde e bem-estar e estimulam o senso de comunidade.

Contudo, planejar uma instalação de esportes ou de recreação é uma envolvente e às vezes difícil tarefa. Fazer a "coisa certa" pode consumir tempo e demanda um conjunto de experiências, muitas das quais podem ser encontradas na própria comunidade.

O presente documento fornece uma visão do processo de planejamento para uma instalação de esporte ou recreação. Explora os benefícios da instalação compartilhada, os princípios básicos de provimento, fontes de fundos de capital e identifica vários recursos do planejamento de instalações.

Inclui:
⇒ Planejamento de Recreação;
⇒ Avaliação das Necessidades;
⇒ Projeto;
⇒ Consultores do Projeto;
⇒ Princípios Básicos para a Provisão da Instalação;
⇒ Fundos de Capital;
⇒ Recursos do MSR (Ministério de Esportes e Recreação).

A função preliminar de um plano de esporte ou recreação é a preparação de um plano estratégico. Um plano de recreação estratégico identifica instalações existentes e serviços, as amplas necessidades de recreação da comunidade e a ação requerida para atingir as necessidades identificadas. O plano descreve as prioridades para instalações e serviços para esportes e recreação, assegurando que a provisão é adequada e justificada.

A preparação de um plano de recreação identifica um conjunto de necessidades de desenvolvimento. Se o plano de recreação conclui pela construção de uma instalação específica de esporte ou recreação, dá-se início ao processo de planejamento.

O Processo de Planejamento da Instalação

PLANO DE RECREAÇÃO →
- Valores corporativos
- Consulta à comunidade
- Formulação de políticas
- Recomendações e estratégias

AVALIAÇÃO DAS NECESSIDADES →
- Metas e objetivos
- Revisar as provisões existentes
- Consultar a comunidade
- Determinar as necessidades
- Desenvolver a proposta

DECISÃO →
- Abandonar proposta
- Melhorar instalação existente ou
- Desenvolver nova instalação

ESTUDO DE VIABILIDADE →
- Análise de mercado
- Minuta de plano gerencial
- Conceito do projeto
- Viabilidade financeira

DECISÃO →
- Implementar, corrigir, adiar, escalonar o desenvolvimento ou abandonar a proposta

PROJETO →
- Plano de gerenciamento do projeto
- Resumo do projeto
- Equipe de projeto
- Projeto esquemático
- Desenvolvimento do projeto
- Documentação

CONSTRUÇÃO →
- Construção e entrega

AVALIAÇÃO →
- Operação da instalação
- Avaliação do projeto
- Análise pós-construção

PROPOSTA

PROJETO

Avaliação das Necessidades

O primeiro passo no processo é proceder com a avaliação das necessidades específicas da instalação. Esse exercício verificará se a nova instalação é realmente necessária ou se a necessidade pode ser satisfeita de alguma outra maneira. Determinará também a dimensão e a combinação mais apropriada dos elementos componentes da instalação. Os elementos básicos para uma avaliação das necessidades específicas de uma instalação são:

⇒ Identificação das necessidades atuais e tendências futuras
⇒ Análise dos indicadores sociais
⇒ Revisão das instalações e serviços existentes
⇒ Avaliação de instalações e serviços oferecidos em comunidades similares
⇒ Pesquisa sobre as necessidades e expectativas da comunidade

A avaliação das necessidades deve envolver ampla consulta. Discussões devem ocorrer com membros da comunidade, importantes agências e grupos, autoridades governamentais locais, clubes esportivos, associações e outros promotores de serviços de esportes e recreação. Uma vez que a informação é reunida e analisada, a avaliação das necessidades pode concluir por recomendar ou abandonar a proposta, aperfeiçoar/integrar instalações existentes ou desenvolver uma nova instalação.

O planejamento de instalações esportivas e de recreação busca encontrar a adaptação ótima às diversas utilizações.

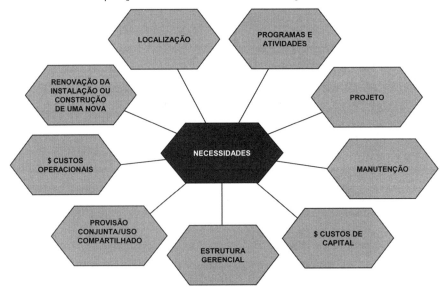

Estudo de viabilidade

Se a avaliação de necessidades recomendar o desenvolvimento de uma nova instalação, o próximo passo é submeter a um estudo de viabilidade. O estudo de viabilidade refinará o conceito da instalação e testará esse conceito a fim de determinar se a instalação funcionará tanto prática como financeiramente. Os elementos-chave para um estudo de viabilidade são:

⇒ Esboço do plano de gestão;
⇒ Resumo do Projeto (*design brief*);
⇒ Análise das opções de localização;
⇒ Busca de alternativas técnicas;
⇒ Orçamentos;
⇒ Análise da viabilidade social e econômica.

Posteriores consultas à comunidade devem ocorrer durante o estudo de viabilidade a fim de determinar demandas específicas relacionadas a dimensões, uso, acesso, funcionalidade e capacidade financeira.

Uma vez concluído, o estudo de viabilidade deve possibilitar uma decisão objetiva em relação à alocação de recursos à instalação proposta. Ou seja, seguir em frente, modificar, adiar, desenvolver em etapas ou abortar o projeto.

Projeto

Se o estudo de viabilidade recomenda construir uma instalação, inicia-se a fase de projeto. Neste momento finaliza-se o plano de gerenciamento, é desenvolvido o resumo do projeto e designado um consultor e uma equipe de projeto.

O plano de gerenciamento descreve como a instalação será utilizada pela comunidade e/ou grupos de usuários, devendo incluir os seguintes componentes básicos:

⇒ Os programas e serviços a serem oferecidos e como serão promovidos;
⇒ A estrutura gerencial proposta;
⇒ A estratégia de manutenção da instalação;
⇒ O orçamento anual da operação da instalação, detalhando as projeções de receitas e despesas.

O plano de gerenciamento é então usado para o desenvolvimento do resumo do projeto (*design brief*), ou seja, os requisitos funcionais dos grupos de usuários potenciais e as atividades programadas são traduzidos num conjunto de especificações de projeto. O resumo completo é critico, caso se pretenda que as expectativas do cliente e da comunidade sejam alcançadas. Os elementos básicos do resumo do projeto são:

⇒ Detalhes do local e esclarecimento de quaisquer objeções;
⇒ Diagrama esquemático ou, no mínimo, uma listagem de requisitos específicos;
⇒ Padrão de acabamento;
⇒ Orçamento do projeto/limite de custos;
⇒ Datas-chave para o início e término da construção.

Os requisitos do resumo do projeto são incorporados em desenhos preparados pelo consultor ou consultores de projeto. Submete-se a uma detalhada análise de custos e são obtidas todas as aprovações estatutárias, finalizando com a preparação de toda a documentação contratual.

Consultores de projeto

A equipe de projeto consiste de consultores de projetos envolvidos no desenvolvimento do projeto da instalação. No caso de projetos menores não há necessidade de designar consultores de projeto. Contudo, para projetos de médio e grande portes os seguintes profissionais são normalmente incluídos na equipe de projeto, são convidados proponentes e designado um construtor.

⇒ Arquiteto;
⇒ Engenheiro de Estruturas;
⇒ Engenheiro Mecânico e Elétrico;
⇒ Planejadores de Custos/Supervisores de Controle de Materiais;
⇒ Arquiteto Paisagista (se necessário);
⇒ Consultor em Acústica (se necessário).

Para projetos maiores, convém considerar a contratação de um gerente de projeto profissional. Este gerente será encarregado de gerenciar as atividades da equipe profissional de projeto e posteriormente a construção.

Não sendo indicado um gerente de projeto, geralmente caberá ao arquiteto coordenar todos os outros profissionais envolvidos.

Provisão Conjunta/Uso Compartilhado da Instalação

Há muitos benefícios a serem obtidos por meio da provisão e uso compartilhado de instalações de esportes e recreação, tais como:

⇒ Menos duplicidade e maximização do uso da instalação e seus serviços;
⇒ Criação de um núcleo comunitário – um ponto focal de atividade comunitária;
⇒ Custos de capital divididos;
⇒ Redução de custos operacionais;
⇒ Aumento do sentido de propriedade da comunidade;
⇒ Acesso a um maior leque de serviços e capacitações;
⇒ Redução de vandalismo.

Sócios Potenciais para Instalações de Esportes e Recreação

As bases da disponibilidade e uso compartilhado visam ampliar o acesso, maximizar a utilização e racionalizar os custos, a fim de tirar o melhor proveito possível da instalação. Contudo, para que a instalação compartilhada tenha sucesso, todos os interessados precisam refletir sobre suas verdadeiras necessidades de acesso e uso, assegurando que existe real oportunidade de compatibilidade antes que o plano avance para a fase de projeto.

O acordo de gerenciamento para o uso compartilhado deve ser amplo e definir localização, aporte financeiro, gerenciamento e uso. Contudo, para o compartilhamento ser um sucesso, é preciso flexibilidade em sua aplicação, confiança e comunicação aberta e espírito de cooperação.

No local apropriado, a provisão conjunta e o uso compartilhado de instalações de esportes e recreação podem resultar na solução ideal para o esporte, clube, escola ou comunidade. Essas opções devem ser exploradas amplamente com as Secretarias de Educação, Associações Esportivas Estaduais, organizações comerciais, conselhos comunitários e grupos locais de esportes e recreação, antes que se inicie qualquer ação para ampliar ou construir uma nova instalação.

Princípios básicos para a provisão de instalações

O Ministério de Esportes e Recreação desenvolveu quatro princípios básicos para a provisão de instalações. Juntos eles fornecem um modelo para os provedores de instalações de esportes e recreação.

1. Planejamento

⇒ Assegure-se de que a instalação proposta suporta o plano estratégico da organização.

⇒ Assegure-se de que a instalação proposta é justificável.

⇒ Assegure-se de que a instalação proposta é viável.

⇒ Coordene o planejamento com outros provedores de instalações.

⇒ Mantenha consulta pública durante o processo de planejamento da instalação.

2. Gestão

⇒ Maximize o acesso e o alvo de oportunidades para atendimento de ampla faixa de necessidades/setores de idade/capacidades físicas.

⇒ Desenvolva um plano de gerenciamento que reflita as estratégias operacionais e as prioridades do projeto.

3. Projeto

⇒ Desenvolva um resumo do projeto que reflita as necessidades dos usuários potenciais e da equipe de administração.

⇒ Projete a instalação de forma prática, flexível, multifuncional, eficiente em energia e com baixa manutenção.

⇒ Integre a instalação com as construções adjacentes e com o ambiente local.

4. Viabilidade Financeira

⇒ Obtenha fundos de capital de variadas fontes.

⇒ Acesse a viabilidade financeira de curto e longo prazos *versus* o propósito da instalação, sua filosofia de operação e a projeção de custos operacionais.

⇒ Detalhe a manutenção da instalação por meio de um plano de gerenciamento dos ativos.

Fundos de Capital

Fundos de capital para instalações de esportes e recreação podem ser obtidos das seguintes fontes:

⇒ **Ministério dos Esportes e Recreação**

O governo local e grupos comunitários podem obter até 1/3 em contribuições para aprimorar ou construir uma nova instalação para esportes e recreação. Contate seu escritório local do MSR (Ministério dos Esportes e Recreação) para discutir o projeto e determinar a qualificação para o recurso.

⇒ **Comissão de Loterias**

Os fundos podem estar disponíveis para centros de usos múltiplos que incluam salões de reuniões, quadras polivalentes, instalações para cuidados infantis, acessos para portadores de necessidades especiais, instalações para grupos de jovens ou grupos femininos. Entre em contato com o escritório de Fundo Comunitário da Comissão de Loterias.

⇒ **Autoridades Governamentais Locais**

A disponibilidade de fundos varia de conselho a conselho. A contribuição é requerida pelo grupo solicitante em dinheiro ou em participação (isto é, na forma de trabalho voluntário). Contate a administração de seu governo local.

⇒ **Departamento de Educação da WA (Western Austrália)**

Fundos podem estar disponíveis para instalações de uso compartilhado onde o projeto é uma *joint venture* entre a autoridade governamental local e o Departamento de Educação. Contate o setor de instalações do Departamento de Educação e também o escritório regional do MSR.

⇒ O Setor Privado

Interesses privados tais como igrejas, companhias de mineração, empreendedores e importantes empregadores na comunidade podem contribuir com fundos para instalações públicas de recreação.

⇒ **Comunidade Local**

Fundos comunitários podem ser obtidos por meio de:
- → Contribuições de grupos de usuários potenciais;
- → Ações de levantamento de fundos;
- → Trabalhos voluntários;
- → Doação de materiais e serviços;
- → Patrocínios.

Recursos do MSR

O Ministério dos Esportes e Recreação dispõe de um conjunto de textos sobre planejamento de instalações:

⇒ **Guia de planejamento de Instalações**
- → Como... Designar e Gerenciar uma Consultoria de Projeto.
- → Como... Desenvolver um Plano de Gerenciamento.
- → Como... Preparar um Resumo de Projeto.
- → Como... Preparar um Estudo de Viabilidade.
- → Como... Preparar uma Análise de Necessidades.
- → Como... Preparar uma Consulta à Comunidade.
- → Focalizar em... Iluminação Interna.
- → Focalizar em... Iluminação Externa.
- → Focalizar em... Pisos Internos.
- → Focalizar em... Superfícies Externas.
- → Focalizar em... Aquecimento de Piscinas.
- → Dimensões Esportivas para Áreas de Jogos.

OBSERVAÇÃO

O presente documento é um sumário dos assuntos relacionados com o planejamento para instalações de esportes e recreação. Seu conteúdo não deve ser usado como substituto ao aconselhamento profissional.

LEITURA COMPLEMENTAR

⇒ *Getting it right. A Guiding to a Planning and Developing Sport and Recreation Facilities.* Department of Tourism, Sport and Racing (Queensland) and Hillary Comission for Sport, Fitness and Leisure (New Zealand), 1994.

⇒ *Establishing and Managing Sport and Recreation Facilities.* Department of Tourism, Sport and Racing (Queensland), 1995.

⇒ Recreation and Sport Planning and Design: A Guidelines Manual. DALY, J. *Recreation, Sport and Racing* (South Australia), 1995.

⇒ *Community Recreation Centres: A Planning and Design Manual.* Department of Sport and Recreation (Victoria), 1988.

⇒ Key Issues in the Planning and Design of Major Indoor Leisure Facilities. MARRIOT, K.; LACEY, P. *Leisure Industry Information Bulletins 2.1 Sport and Recreation* (Victoria), 1995.

FRANÇA

Ministério da Juventude e dos Esportes

MISSÃO TÉCNICA DE EQUIPAMENTOS

A PARCERIA ESTADO/COLETIVIDADES LOCAIS

As leis de descentralização (1980) deram às coletividades territoriais a plena direção política e financeira para suas escolhas e realizações em matéria de instalações esportivas e socioeducativas, sem definir, porém, de forma precisa, as competências dos diversos níveis da administração. Por outro lado, as regiões e departamentos investem cada vez mais no esporte por razões de imagem, de notoriedade, de desenvolvimento econômico, de qualidade de vida e de redução de disparidades. Essas leis determinaram o fim de um período de intervenção massiva e direta do estado, o qual de tutor passou a parceiro. A partir de reflexão prospectiva, apoiando-se num esforço de pesquisa e avaliação, o estado deve agora informar, ajudar, motivar, coordenar e, por vezes, arbitrar. Mais ajudar a fazer do que fazer.

O responsável pelas obras, *maître d'oeuvrage*[1], além de suas responsabilidades diretas na prática esportiva junto às escolas e após diligente análise da situação (evolução previsível das necessidades e recursos disponíveis), deve ser capaz de definir uma política para o esporte no quadro de suas opções.

O estado deve participar plenamente no estímulo à descentralização, de modo que todas as potencialidades possam se expressar e que as coletividades locais assumam suas novas responsabilidades nas melhores condições possíveis. Daí supor que as sinergias sejam favorecidas e que a experiência ou experiências de cada um sejam benéficas a todos.

Uma condição imprescindível é a perfeita circulação da informação. O estado tem uma responsabilidade particular, devendo contribuir para a coleta, tratamento e difusão das informações, promovendo também uma política de qualidade, favorecendo a inovação, defendendo os consumidores (num amplo sentido), preocupando-se com a sustentabilidade e com o equilíbrio econômico.

---

1   *Maître d'oeuvrage*: pessoa física ou autoridade que decide fazer executar a obra, escolher entre as soluções propostas e assegurar ou fazer assegurar o financiamento. Fonte: *Dictionaire Tecnique du Bâtiment e de Traveaux Publiques* – Edition Eyrolles.

Atribuições dos *maîtres d'oeuvrage*:
→ Conduzir uma política ativa de construção levando em conta os problemas prioritários de modernização do patrimônio;
→ Construir instalações adaptadas às necessidades da população e melhorar a qualidade do serviço fornecido;
→ Administrar os encargos financeiros;
→ Assegurar o pleno emprego;
→ Maximizar a recuperação econômica, etc.

As soluções passam notadamente por um arranjo territorial harmonioso e uma certa coerência na distribuição das instalações (especialmente de alto nível) e, portanto, por:
→ Elaboração de políticas comunitárias locais, departamentais e regionais;
→ Cooperação intercomunitária local;
→ Boa integração urbana, graças a uma localização, um programa e uma concepção criativa com outras funções da cidade e dos locais de formação, de trabalho, de moradia, de comércio, de lazer, etc.;
→ Supervisão dos prédios e dos documentos de urbanismo (plano de ocupação do solo, esquemas diretores), tendo em vista os equipamentos de esportes, de juventude e de educação popular a médio prazo.

Para atender esses objetivos espera-se do *maître d'oeuvrage*:
→ O desenvolvimento de estudos de prospecção, planejamento, programação, viabilidade técnico-econômica, avaliação de políticas, serviços oferecidos e gestões
→ A utilização de métodos modernos de aprimoramento da qualidade, de preparação de cadernos de encargos de *performance* (fixando objetivos e exigências sem definir os meios), de previsão de custo global, de manutenção preventiva e melhorias programadas, de gerenciamento, etc. Deve também recorrer a competências reais, sejam elas internas ou externas.

O estado deve também cumprir um papel regulador ligado aos imperativos de solidariedade nacional e de otimização do uso de fundos públicos nacionais. Ele deve, assim, empenhar-se em favorecer uma certa harmonia no arranjo racional do território com um mínimo de coerência na distribuição das instalações esportivas, notadamente no que se refere a esportes de alto nível, meio rural e áreas carentes. Da mesma forma, ele deve estar livre para elaborar e aplicar regulamentações de interesse geral em aspectos como segurança, higiene, controle de energia e meio ambiente

Finalmente, o estado tem responsabilidade direta junto aos jovens, durante e fora das horas escolares, na geração de empregos e no esporte de alto nível que envolva o nome do País.

As responsabilidades financeiras

A descentralização faz do estado um parceiro com responsabilidades importantes no âmbito das instalações.

Ainda que os aportes de dotações globais transfiram às coletividades locais a essência das responsabilidades financeiras, o estado intervém hoje em casos específicos da seguinte forma:

1. Do orçamento do ministério da juventude e dos esportes para:
   ⇒ As operações nacionais (categoria 1);
   ⇒ As experimentações;
   ⇒ O setor associativo, especialmente no domínio socioeducativo.

2. Do fundo nacional para o desenvolvimento do esporte e destinado prioritariamente às operações de interesse nacional;

3. Da segunda parte da dotação global de instalações, particularmente no meio rural:

4. De outros fundos.

As ligações entre atividades e técnicas

Os aportes do Ministério da Juventude e dos Esportes, sejam serviços centralizados ou externos, devem contribuir para estabelecer a indispensável ligação entre as atividades e as técnicas.

Tendo em vista esse setor bastante particular, em contínua evolução, (cada vez mais complexo e necessitando de uma abordagem diversificada que se relacione com a programação, concepção, realização ou gestão), cabe aos *maîtres d'oeuvrage* atender ao Estado na base de apoio global, sob a forma de informação, documentação, métodos, referências e muitas vezes com aconselhamento e assistência técnica.

Seis princípios

Para responder às expectativas dos *maîtres d'ouvrage*, uma política foi definida e na qual as palavras-chave são "qualidade" e "responsabilidade". Ela repousa sobre os seis seguintes princípios:

1. O direito de cada um praticar atividades esportivas e socioeducativas que representem um grande papel social e que tenham caráter de serviço público;

2. A prioridade para clientelas tradicionais, escolares, clubes/associações e maior número de equipamentos ao ar livre disponíveis para todos, notadamente para os que procuram atividades de lazer;

3. A responsabilidade das coletividades locais e territoriais: mesmo que seja admitida uma colaboração junto ao setor privado, este não tem a vocação de substituir os poderes públicos;

4. A otimização no uso dos fundos públicos nacionais e a busca de uma rentabilidade social máxima;

5. A necessidade, por meio de pesquisa, de fazer progredir o conhecimento e de propor soluções modernas, tanto no plano das infraestruturas quanto no que se refere a aspectos organizacionais;

6. A prioridade do aspecto humano, considerando que os equipamentos, por si só, não podem resolver todos os problemas. Daí o imperativo básico no sentido de melhorar a qualificação de todos os agentes responsáveis e intervenientes.

O papel da administração central

Cinco prioridades foram fixadas para a administração central. Elas são colocadas em prática e em estreita colaboração pelas direções e pela missão técnica de equipamento.

⇒ A assistência técnica

A assistência técnica tem por objetivo assessorar os *maîtres d'ouvrage* e gestores, estimulando-os a expor seus problemas, mantendo suas operações em bases sólidas e apoiando suas decisões.

A assistência técnica constitui-se em aconselhamento (sem engajamento), disponibilidade de informações, acompanhamento e oferta de recursos. Intervir de forma pontual revela a sua natureza mais complementar do que aquelas conduzidas pela engenharia (pública ou privada), que normalmente são encarregadas de elaborar projetos e preparar documentos. A assistência técnica é conduzida em conjunto com os serviços externos. Para os solos esportivos, a assistência é assegurada por pontos de apoio (laboratórios do ministério dos equipamentos) e conduzidos pela missão técnica de equipamento, a qual intervém igualmente como escritório de estudos para a concepção, controle, discussões e recepção dos trabalhos.

⇒ **A pesquisa e experimentação**

A pesquisa e os estudos com base no interesse geral são mais frequentemente conduzidos em associação com as competências externas a partir de casos reais e de onde são tirados grandes ensinamentos. Elas se referem a um amplo conjunto de aspectos, mas colocam de forma prioritária a reflexão que precede a decisão, a programação, a definição de uma política e a avaliação de sua eficácia.

⇒ **A formação**

A cada ano, estágios são propostos ao pessoal do Ministério da Juventude e dos Esportes. Eles são abertos a diversos participantes (coletividades locais, movimentos esportivos, associações, planejadores, empreendedores) a fim de favorecer os contatos e enriquecer os debates.

Por outro lado, as intervenções são efetuadas no quadro das seções organizadas pelos serviços externos ou pelos numerosos organismos que têm a formação como vocação, notadamente o centro nacional de função pública territorial (CNFTP), as unidades de formação e de pesquisa (STAPS), a escola nacional de pontes e aterros (ENPC), TECOMAH (Centro da Câmara de Comércio e da Indústria de Paris).

⇒ **A informação e sensibilização dos responsáveis**

A informação e principalmente veiculada pelas publicações geradas pelas pesquisas.

A fim de sensibilizar os responsáveis para a importância e especificidade das instalações esportivas, uma exposição móvel composta de dezenas de painéis leves e flexíveis é realizada apresentando a problemática dos equipamentos. Ela está à disposição dos serviços externos, bem como aos participantes (cf. Instruction n° 89-271 jeunesse et sports de 29 de novembro de 1989).

⇒ **As outras implicações**

A administração central é também diretamente envolvida em:

→ Normatização dos equipamentos;

→ Suporte à engenharia e aos empreendimentos pela promoção das qualificações;

→ Ligação com os representantes das coletividades locais e de outros departamentos ministeriais;

→ Assistência técnica para as infraestruturas necessárias às grandes realizações;

→ Regulamentação técnica;

→ Operações de interesse nacional, tais como no controle de energia;

→ Relações internacionais para se beneficiar da experiência estrangeira ou fornecer assistência técnica aos países que a solicitem e possam favorecer as exportações;

→ Conhecimento e avaliação das ações administradas no domínio dos equipamentos pelo Ministério da Juventude e dos Esportes e pelas coletividades locais e territoriais;

→ Na reflexão prospectiva.

O papel dos serviços externos

Com a descentralização, certas prerrogativas dos serviços externos foram extintas, a saber:

1. Aprovação técnica de todos os projetos de instalações das coletividades locais;

2. Necessidade das comunidades estarem inscritas em um programa e subvencionadas para que pudessem construir;

3. Autorização prévia para a supressão de instalações (salvo para aquelas de caráter privado e com o benefício de menos de 20% de subvenção).

Por conseguinte, os programas industriais padronizados chegaram a termo, o procedimento de aprovações de projetos-tipo e de planos e programas-tipo foram suprimidos.

O papel dos serviços externos evoluiu, mas não permaneceu menos essencial:

⇒ Ligação com a política ministerial;

⇒ Informação e aconselhamento às coletividades locais e territoriais;

⇒ Presença próxima ao conjunto de parceiros: coletividades locais e territoriais, movimentos associativos, ambientes de ensino, pesquisa, engenharia, empreendimentos, outros serviços externos do Estado, etc., a fim de sensibilizá-los, informá-los e fazê-los se relacionar;

⇒ Controle nos acordos e instrução de documentação referente a operações subvencionadas;

⇒ Informação e alerta por parte da administração central;

⇒ Recenseamento dos equipamentos (Lei de 18 de julho de 1984) e exploração de resultados, estudo de evolução e pesquisa prospectiva.

Os serviços externos não devem aparecer somente como representantes do poder central com a responsabilidade de controle. Eles devem participar plenamente na expansão local, desenvolvendo ações originais e ajudando a colocar em prática os instrumentos adaptáveis. É conveniente insistir nos seguintes pontos:

⇒ **Assistência técnica:** Reconhecida essencialmente como uma ajuda para a decisão, é um primeiro aconselhamento e um estímulo ao desenvolvimento de políticas de médio prazo. É muito importante uma estreita colaboração entre os conselhos regionais e gerais.

⇒ **Mobilização de energias e de meios:** A ação dos serviços externos pode ser decisiva para uma boa avaliação estimativa do setor de equipamentos esportivos e socioeducativos pelas coletividades locais (a primeira parte da dotação global de equipamento as deixa, contrariamente às subvenções específicas, com total liberdade na escolha de seus investimentos), pelos departamentos e regiões e dentro do quadro da décima segunda parte da dotação global de equipamento. A ação dos serviços externos pode também facilitar o acesso a financiamentos complementares (diversos fundos nacionais/europeus e ações nacionais).

Além disso, é desejável desenvolver colaboração com todos os outros organismos que conheçam equipamentos esportivos e socioeducativos e que disponham de competências suscetíveis de serem úteis: serviços externos do estado, universidades, centros de estudos técnicos de equipamentos, estruturas profissionais (arquitetos, escritórios de estudos, empresas), etc.

As oportunidades oferecidas pelos diferentes procedimentos administrativos devem ser utilizadas. É conveniente que, em especial, estejam sempre presentes na elaboração de documentos de urbanismo.

⇒ A ação em relação a todas as partes envolvidas, visando à formação de verdadeiros parceiros, concentrando ações comunitárias e gerando entendimento mútuo quanto às preocupações legítimas das coletividades locais e daquelas do movimento esportivo e das associações;

⇒ A promoção da qualidade e das competências por via das qualificações OPQRSL (Organismo Profissional e Qualificação em Matéria de Realizações de Esporte e Lazer), das normas AFNOR – *Association Française de Normalisation* (imperativo para os mercados de estado e das coletividades locais) e de estudos prévios por implicação em pesquisa e formação locais, bem como para a colocação, em ligação com a administração central e parceiros locais, de operações desconcentradas de formação;

⇒ A função da observação essencial ao êxito da descentralização: os serviços externos devem convergir para o entendimento global das realidades e a mobilização e circulação de informações, especialmente por meio de fichas departamentais e regionais. Essa observação deve ser base de uma proveitosa análise da situação, de sua evolução e de indispensável reflexão prospectiva;

⇒ Uma estreita colaboração entre a administração central e os serviços externos.

O Ministério da Juventude e dos Esportes não pode ser eficaz sem que sua administração central e seus serviços externos ajudem-se mutuamente e se comuniquem regularmente. Em particular, a missão técnica de equipamento necessita do concurso ativo de serviços externos para perceber as realidades e tirar partido dos aportes locais.

É importante que sejam transmitidas aos serviços externos todas as informações suscetíveis de despertar interesse geral ou de alimentar a reflexão nacional sobre: política e financiamento de regiões, departamentos e coletividades locais, parque de instalações (estado e mercado), estudos, pesquisas, inovações, experimentações, realizações exemplares, conferências, publicações, etc.

GESTÃO E EXPLORAÇÃO DE INSTALAÇÕES ESPORTIVAS E DE LAZER

Generalidades
⇒ Gestão técnica centralizada
⇒ Informações e sistemas de alerta
⇒ Gerenciamento em tempo real

Gestão de menor custo
⇒ Custos anuais de funcionamento: > 10% do gasto do investimento atualizado
⇒ Disponibilidade de informações financeiras de qualidade, completas e por natureza de atividade
⇒ Análise dos números (estatísticas) interpretados com base nas particularidades locais

Componentes de um cálculo de exploração
⇒ Pessoal
⇒ Fluidos de consumo
⇒ Despesas diversas
(Os dois primeiros representam 85% das despesas de funcionamento da instalação)

Compatibilidade analítica
⇒ Custo preciso do serviço a ser prestado
⇒ Conducente a estreito relacionamento com o pessoal
⇒ Concilia concepção global e implementação prática de modo progressivo
⇒ Evita sofisticação, selecionando apenas informações úteis

As planilhas
⇒ Instrumentos objetivos de esclarecimento
⇒ Instrumentos de ajuda à gestão
⇒ Custo por usuário
⇒ Custo "por hora" de funcionamento

Números-chave de auxílio à gestão
⇒ Gastos com pessoal: 45 a 55% do orçamento
⇒ Gastos com fluidos de consumo: 17 a 35% do orçamento

Manutenção
⇒ "Mais em conservação, menos em reparos"
⇒ Intervenções diversas
⇒ Intervenções especializadas

⇒ Polivalência

⇒ Opção entre mobilidade e postos fixos

⇒ Gestão de estoques

⇒ Limpeza e vigilância

Economia de energia

⇒ Controle de consumo

⇒ Firme determinação de economizar

O serviço dos esportes

⇒ Aplicar a política esportiva municipal

⇒ Informar ao público sobre as atividades oferecidas

⇒ Assegurar pleno uso das instalações

⇒ Administrar o orçamento

⇒ Coordenar as ações das associações esportivas da comunidade

⇒ Avaliar a satisfação dos usuários

⇒ Representar a comunidade na programação e concepção das instalações

A animação

⇒ A satisfação do serviço prestado

⇒ Ação direta no pleno uso e nas receitas

A comunicação

⇒ Suportes municipais; anúncios luminosos, faixas, cartazes e painéis

⇒ Suportes locais: imprensa, rádio e televisão

⇒ Comunicados direcionados à comunidade empresarial

Gestão de preço: um risco financeiro e político

⇒ A definição do preço de um serviço

⇒ "Preço verdadeiro" e "custo verdadeiro"

A formação necessária

⇒ O Ministério da Juventude e dos Esportes

⇒ A Missão Técnica de Instalações

⇒ As Universidades

⇒ CNFTP – Centro Nacional da Função Pública Territorial

⇒ ENPC – A Escola Nacional de Ponts e Chausse

⇒ Especializações em diversos cursos

Generalidades

A qualidade e o custo de exploração são hoje a maior preocupação das coletividades locais. Elas dependem prioritariamente de seu pessoal e de sua organização, mas também da concepção do estabelecimento. É útil, por exemplo, que o estabelecimento possua uma gestão técnica centralizada com um quadro ou planilha que reúna informações e sistemas de alerta que permitam visão global de funcionamento e gerenciamento em tempo real.

Uma gestão a menor custo

As restrições orçamentárias obrigam as coletividades a realizar ajustes progressivos sobre os preços. Estes ajustes não podem se justificar, a menos que correspondam ao valor, qualidade, capacidade de convivência e grau de acolhimento da instalação.

Numa perspectiva de gestão comunitária de menor custo, as instalações ocupam uma posição-chave porque constituem, elas próprias, a unidade fundamental de gestão e de avaliação dos serviços oferecidos aos usuários.

Os custos anuais de funcionamento demandados por uma instalação frequentemente ultrapassam 10% do gasto do investimento atualizado. Assim, torna-se prioritário conhecer os custos ligados às instalações, a fim de permitir aos responsáveis elaborar ferramentas de gestão de exploração e de animação (ação de recrear) eficazes.

As instalações pequenas ou grandes apresentam com frequência duas características:
⇒ Diversidade de públicos envolvidos e, portanto, de financiamentos potenciais (associações, escolas, indivíduos);
⇒ Multiplicidade de serviços oferecidos e de atividades propostas.

Estas características têm consequência direta sobre a gestão da instalação, ou seja, a distribuição compartilhada de informações financeiras entre os diversos atores e eventual diluição de responsabilidades. Tais situações podem eventualmente resultar em ocultação de custos ou, com mais frequência, seu conhecimento um tanto parcial.

Para o bom gerenciamento é indispensável disponibilidade de informações financeiras de qualidade, as quais devem ser:

⇒ Completas, graças à existência de um documento único traçando o conjunto dos custos de funcionamento por um ou vários períodos;

⇒ Tratadas segundo ótica de gestão, salientando os custos de funcionamento por natureza de atividade;

⇒ Apresentadas de forma simples e facilmente acessível aos que dela irão tomar conhecimento, aos gestores como ferramenta de gestão e aos dirigentes como instrumento de avaliação.

A informação financeira deve servir de suporte para o diálogo entre todos.

⇒ **Os custos**

A fim de evitar dúvidas, algumas definições são necessárias:

→ Exploração: Valora despesas e serviços técnicos/ação de fazer funcionar visando ao lucro;

→ Funcionamento: Forma de funcionar/custos de pessoal;

→ Gestão: Administrar/conduzir/administração e custos administrativos.

→ Custos: Conjunto de encargos financeiros;

→ Encargos: Equivalente monetário de um consumo de recursos (meios materiais e humanos);

→ Despesas: liberação de recursos monetários.

Os números "falam". Utilizados com total objetividade são excelentes instrumentos de trabalho.

Se não há metodologia estatística, torna-se inútil procurar detalhes. Porém, nada impede que se proceda a análises por etapas e se levante um conjunto de informações que permitam análises comparativas. Com efeito, tomadas numa primeira abordagem e sem levar em conta as particularidades locais, elas podem gerar interpretações um tanto prematuras ou até mesmo falsas. Em função das diferenças que podem ser relevantes, devem os gestores se interrogar sobre as razões dos desvios.

Os estudos comparativos visam sistematicamente à análise e as análises orientam o direcionamento.

Componentes de um cálculo de exploração

O primeiro nível de informação, sem o qual não se pode verdadeiramente falar de gestão e nem mesmo de controle de custos, compreende os seguintes gastos:

- ⇒ Encargos de Pessoal;
- ⇒ Fluidos de consumo (água, eletricidade);
- ⇒ Despesas diversas (produtos de entretenimento, farmacêuticos, tratamento de água, aquisição de pequenos materiais, telefone, etc.).

Mencionamos aqui despesas diretas (sem computar despesas com taxas e impostos municipais). Os dois primeiros itens correspondem em torno de 85% das despesas de funcionamento de uma instalação.

O segundo nível corresponde a uma conta mais completa que permite comparações maiores e mais precisas, levando-se em conta os seguintes elementos:

- ⇒ Pessoal permanente (administração, animação, entretenimento);
- ⇒ Pessoal temporário;
- ⇒ Produtos específicos para áreas da instalação (espaços gramados, piscina, etc);
- ⇒ Produtos de entretenimento (acessórios, equipamentos, etc.);
- ⇒ Aquecimento;
- ⇒ Eletricidade, não incluindo aquecimento;
- ⇒ Água;
- ⇒ Telefone;
- ⇒ Aquisição de pequenos itens;
- ⇒ Outras mobílias;
- ⇒ Seguros;
- ⇒ Empresas de entretenimento contratadas;
- ⇒ Entretenimento em regime direto (serviços municipais, sem inclusão das equipes de serviços ao esporte);
- ⇒ Outras prestações de serviços: análises…;
- ⇒ Despesas financeiras.

Essas informações devem ser prestadas pelo serviço gestor não apenas globalmente, mas referenciando-se também a cada uma das instalações.

Acompanhada de uma planilha, a conta de exploração permite um controle completo dos orçamentos de operação.

O terceiro nível utilizará o máximo refinamento de contabilidade analítica, notadamente sobre a coleta de informações referentes a custos indiretos.

Organização da exploração e do controle de custos

O conhecimento do custo da prestação do serviço é indispensável para tornar claras as decisões. Isto é evidente para o Prefeito e sua assessoria, frequentemente desafiados a fazer escolhas entre diversos tipos de serviços a oferecer à população, mas não deixa também de ser verdade para o responsável pela gestão de um serviço.

⇒ As Compatibilidades Gerais M11 e M12 (Regulamentos)

Não permitem determinar os custos. Obrigatórias e submetidas a regras, elas possuem outro objetivo: informar e prestar contas a terceiros e aos responsáveis pela aplicação de fundos públicos.

⇒ A compatibilidade analítica

A compatibilidade analítica, ao contrário, é um método que consiste em reunir de forma lógica e racional os diversos encargos inerentes ao orçamento, a fim de prever um custo tão preciso quanto possível de cada serviço a ser prestado.

A compatibilidade analítica (instrumento flexível) deve ser adaptada às características da coletividade e aos diferentes serviços em questão, considerando sua dimensão, estrutura e organização:

→ Deve conduzir a um estreito relacionamento com o pessoal. O conhecimento dos custos dá a cada responsável meios de agir sobre aquilo que é de sua responsabilidade.

→ Concilia uma concepção global a uma ação prática progressiva.

→ Evita sofisticação excessiva. Quanto mais complicado um sistema, mais difícil seu controle e mais elevados seus custos. Daí a necessidade de selecionar apenas informações úteis.

As planilhas

⇒ Instrumentos objetivos de esclarecimento

O tratamento financeiro e estatístico do conjunto de informações permite ao serviço gestor vincular os custos à frequência de usuários e aos resultados reais, bem como melhor selecionar a distribuição das subvenções conferidas às associações, levando em conta os anseios da coletividade em termos de esportes, de resultados, de formação de jovens e de inserção social.

⇒ Instrumentos de auxílio à gestão

A planilha de gestão é um instrumento de gestão de curto prazo, elaborado, a partir de uma definição clara de responsabilidades. É constituído por um conjunto de indicadores e de representações numéricas das variáveis significativas para a gestão, bem como de uma organização que explicita de forma rápida os pontos-chave da gestão (por exemplo: controle de objetivos mensais de frequência, de despesas, de tesouraria, etc.) Os dados permitem estabelecer comparações e promover análises. Tudo o que ocorre no contexto local deve ser cotejado em relação às médias e às situações mais favoráveis ou menos favoráveis.

Números-chave de auxílio à gestão

Alguns números-chave de auxílio à gestão:

⇒ Gastos com pessoal: 45% a 55% do orçamento;
⇒ Gastos com fluidos de consumo (água, eletricidade, diversas energias de aquecimento): 17% a 35% do orçamento.

O valor médio dessas despesas representam cerca de 75% do orçamento de funcionamento.

⇒ Custo por usuário

É a relação mais justa, mais completa e mais significativa. Calcula-se globalmente. Ela vincula o controle das despesas com o uso pleno das instalações. Uma análise mais acurada por tipo de clientela pode ser pródiga em informações.

O custo por usuário restabelece a verdade em relação às instalações mais "dispendiosas". Uma cidade de 140.000 habitantes analisou o custo médio por passagem de cada usuário em 1988 da seguinte forma:

→ piscina: 13,40 F = 2,0 Euros
→ ginásio: 11,40 F =1,70 Euros
→ campos esportivos: 18 F = 2,7 Euros
→ rinque de patinação: 12,70 F = 1,9 Euros

1 Euro = 6,55 Francos
1 Franco = 0,15 Euros

Podemos constatar que o custo "passagem" da piscina é equivalente ao de outras instalações e inferior ao de campos esportivos.

Esta relação admite que, para certas instalações geradoras de receitas e naquelas onde o serviço é importante e de maior custo, não se deve buscar como base de comparação apenas o "custo" – que poderá ser eventualmente desvantajoso – mas o "custo-receita". A análise demonstrará que para certas instalações o serviço de fato onera, mas pode ser também gerador de maior lucro.

⇒ **Custo "por hora" de funcionamento com e sem pessoal**
O custo de funcionamento é mais ligado às horas em que a instalação permanece aberta do que propriamente ao número real de usuários. Pode-se, dessa forma, calcular o custo de aquecimento, de eletricidade, etc.
Um melhor conhecimento da utilização real das instalações constitui uma ferramenta muito importante no apoio à decisão, particularmente no que diz respeito à distribuição dos horários atribuídos a cada ano aos usuários. Um custo por hora aparentemente favorável pode evidenciar-se dispendioso em caso de subutilização. A valoração da disponibilidade da instalação baseada num custo horário médio conduz, para cada tipo de atividade desenvolvida, a noção de custo completo. O custo completo é o montante total dos encargos diretos e indiretos gerados por uma atividade.

Manutenção

A noção de manutenção preventiva programada é de fundamental importância; "Mais em conservação, menos em reparos".

A conservação das instalações caracteriza-se por intervenções que são de grande diversidade, se bem que especializadas, e exigindo ampla polivalência.

⇒ **Intervenções diversas**: conservação de quadras, ginásios, piscinas, rinques de patinação, salas polivalentes, centros de acolhimento de jovens;

⇒ **Intervenções especializadas**: intervenções que necessitam qualificação especializada (solos, tratamento da água de piscinas, geração de frio – instalações cênicas – restauração…);

⇒ **Polivalência**: para responder ao elevado número de pequenas intervenções, cada próprio estatal justifica a presença de agentes técnicos especializados aptos a atuar sobre a diversidade de problemas.

⇒ Organização

Deve-se criar uma equipe técnica no âmbito de serviços aos esportes ou depender totalmente dos serviços técnicos?

Um dos principais objetivos é criar uma organização que produza o máximo de eficiência.

⇒ **Opção entre mobilidade e postos fixos**

Uma análise técnica do patrimônio ajuda a escolher entre uma equipe técnica móvel ou outra designada em postos fixos, ou ainda uma combinação entre ambas.

A decisão de destinar pessoal em postos fixos não se pode visualizar a não ser para equipamentos pesados e que necessitem conhecimentos técnicos particulares (rinques de patinação, piscinas, arenas poliesportivas, etc).

A manutenção efetuada por uma equipe técnica móvel é a solução prioritária. Dispondo de um veículo preparado como oficina, essa equipe é constituída por agentes polivalentes que demonstram iniciativa e adaptação às situações mais diversas. Eles devem se completar dentro de suas respectivas competências, porque a competência tem, ela própria, seus limites. Uma parte dessa equipe pode reforçar pontualmente um ou mais agentes designados a postos fixos nos equipamentos pesados.

A eficácia dessa equipe técnica móvel não é somente devida à qualificação dos técnicos e aos meios de que dispõem, mas também à programação de suas intervenções e, portanto, à organização do trabalho.

A primeira dificuldade consiste em planejar os tempos das diferentes ações. Tal pressupõe um levantamento completo dos elementos técnicos de cada instalação e o estabelecimento de uma ficha técnica, do mesmo modo que a colocação em prática de um sistema que identifique as necessidades e que seja capaz de fixar, *a priori*, os tempos de intervenção.

⇒ **Gestão de estoques**

A segunda dificuldade é a de estabelecer uma boa gestão de estoques para o suprimento eficaz das equipes técnicas de manutenção. É necessário determinar uma boa resposta técnica, definir os materiais a empregar e providenciar seu fornecimento. Na ficha técnica deve constar:

→ O local e descrição dos trabalhos;

→ As provisões e materiais necessários;

→ O tempo decorrido do início ao término da intervenção, materiais empregados e eventuais observações.

Para que não venha a ser considerada uma dificuldade administrativa adicional, esta ficha deve ser apresentada aos técnicos como instrumento indispensável à boa gestão da instalação.

Ela é uma ligação indispensável entre a equipe na ponta, seu chefe direto, a gerência e a direção do serviço.

Ela facilita a contabilização do custo de manutenção dos materiais nas diferentes instalações.

Graças à manutenção, a qualidade do serviço (em particular higiene e segurança) será preservada.

⇒ **Limpeza e vigilância**

Essas duas funções são tratadas de forma diferente, segundo a importância da instalação.

A limpeza é efetuada fora do horário de plena atividade. A demanda por empresas de serviço noturno vem sendo crescente. Os estabelecimentos importantes necessitam de pessoal em tempo integral. Para instalações leves, do tipo ginásio, as soluções menos dispendiosas incluem alívio das horas de vigilância e colocação em prática de uma política de responsabilização dos usuários.

Durante anos os problemas de vigilância e limpeza têm sido considerados como menores. Hoje em dia, fazem parte das principais preocupações dos responsáveis pelos serviços. A noção de guarda estática vem evoluindo no sentido de uma vigilância dinâmica. Durante os períodos de não ocupação da instalação, a polivalência pode induzir os agentes a executar pequenas tarefas de conservação e limpeza.

Uma manutenção eficaz enseja o respeito do serviço pelos usuários que se sentem, eles próprios, mais respeitados.

Quanto maior a frequência, menor a degradação.

⇒ **Alguns números indicativos**

Uma enquete realizada em 1989, contendo os custos diretos (despesas ligadas diretamente à instalação) de 45 coletividades, permitiu isolar os resultados abaixo reproduzidos a título indicativo.

→ *Piscinas "clássicas"*

Esta enquete colocou em evidência resultados bastante diversos. Com efeito, observa-se uma variação de 1 a 3 para os custos de gestão por usuário, e de 3 a 3,6 para custos residuais por usuário. Os gastos com pessoal se elevam de 45% a 65% e os de fluidos (água, energia) de 17% a 35%.

Uma melhor apreciação da qualidade da gestão demanda uma análise mais acurada, cruzamento de relações e análise de resultados à luz da política estabelecida pela municipalidade. Ver Tabela 2.1 adiante.

→ *Ginásios*

A duração média de utilização de um ginásio é de 4.839 horas (contra 4.142 para uma piscina):

1 Euro = 6,65 Francos

1 Franco = 0,15 Euros

- Custo horário mínimo: 50 F = 7,5 Euros
- Custo horário máximo: 170 F = 25,5 Euros
- Custo horário médio: 55 a 60 F = 8,25 a 9,0 Euros

O custo médio por usuário é de 10,10 F = 1,5 Euros

→ *Terrenos de grandes jogos*

Os custos médios de manutenção anual são:

- Terreno gramado para jogos de *status*: 149.000 F = 22,3 Euros
- Terreno gramado para treinamento: 190.000 f = 28,5 Euros
- Terreno estabilizado: 108.000 f = 16,2 Euros
- Gramado sintético: irrisório

A duração média semanal de utilização é:

- Terreno gramado para jogos de *status*: de 3 a 6 horas
- Terreno gramado para treinamento: de 10 a 25 horas
- Terreno estabilizado: de 10 a 45 horas
- Gramado sintético: uso contínuo e ilimitado

→ *Quadras de tênis ao ar livre*

Da enquete se conclui, em particular, a preferência por quadras de tênis de saibro com sistema de iluminação.

Tabela 2.1: Custos diretos indicativos de piscinas cobertas e externas.

	Piscinas cobertas	Piscinas ao ar livre
Pessoal empregado (referenciado à superfície da água)		
Mínimo	1 por 52m²	1 por 142m²
Máximo	1 por 22m²	1 por 50m²
Médio	1 por 33m²	1 por 80m²
Usuários acolhidos anualmente (referenciados a m² da superfície da água)		
Mínimo	154	62
Máximo	368	110
Médio	290	83
Número de horas em funcionamento		
Mínimo	3.384	624
Máximo	4.500	1.200
Médio	4.142	901

Economia de energia

⇒ O controle de consumo

É necessário, mesmo nos períodos de preços estabilizados, controlar o consumo de energia; economizando sempre e visando a melhorar a qualidade do serviço.

É frequente que uma piscina ou um ginásio consumam 60% menos energia do que uma outra piscina ou ginásio de tamanho equivalente e em regiões com idênticas condições climáticas. É o caso dos responsáveis se questionarem a respeito.

⇒ O empenho em economizar

Deve ser manifestado em todos os níveis com as técnicas disponíveis. É necessário, porém, escolher aquelas que convêm ao problema específico da coletividade e da instalação.

O mais importante é designar um único responsável ou "homem-energia" que irá conduzir uma ação praticamente contínua.

Para gerar a energia com economia, deve-se quantificar, comparar e analisar, segundo o princípio de que "sem dados estatísticos não há análise possível; sem análise, não há verdadeira economia".

⇒ As relações de custo

Calcular um balanço visando a um estudo comparativo supõe a escolha de uma "unidade comum".

No domínio do controle de custos, mantém-se a unidade Franco; para a análise técnica, a unidade kWh, e para a água, o m³.

As relações mais utilizadas são o custo por m² de superfície, o custo por m³ de volume e o custo por hora de utilização.

O serviço dos esportes

O serviço dos esportes é um "instrumento de sucesso" por sua capacidade de assumir as seguintes missões:

⇒ Aplicar a política esportiva municipal;
⇒ Informar ao público sobre as possibilidades oferecidas;
⇒ Assegurar o pleno uso das instalações;
⇒ Administrar o orçamento;
⇒ Preservar o patrimônio, promovendo uma utilização racional e assegurando manutenção permanente;
⇒ Coordenar as ações das diferentes associações esportivas da comunidade;
⇒ Avaliar a satisfação dos usuários;
⇒ Representar a comunidade por ocasião da programação e da concepção das instalações.

A animação

⇒ A noção do "serviço prestado"

A instalação não tem sentido de existir a não ser pelo serviço que presta. Uma enquete nas piscinas revelou que os usuários consideram que não há o que se comentar sobre segurança e higiene porque elas devem ser absolutas, mas que a animação deve ser desenvolvida em toda sua amplitude. A animação comporta uma variedade de ações diversificadas que convergem na direção de um só propósito: o de se viver plenamente dentro da cidade.

A animação tem incidência direta no pleno uso e nas receitas.

Deve-se responder às demandas expressas ou subjacentes a todos os componentes da população, desde mulheres grávidas (hidroginástica ou não), passando por bebês, crianças em idade pré-escolar ou escolar, adolescentes, adultos e aposentados.

A animação familiar é frequentemente mal compreendida. É um conceito amplo que vai desde considerar, para uma mesma atividade, a totalidade ou parte dos membros de uma família, passando pela organização de inúmeras atividades que permitam aos membros de uma família desfrutarem juntos atividades no mesmo local e no mesmo horário. É uma obrigação que visa ao bem das famílias que correm o risco de perder motivação diante da dispersão que às vezes lhe são impostas.

A animação voltada para as crianças (2/6 anos) é raramente desenvolvida pelas associações que, com frequência, não têm estrutura e sequer objetivos adaptados a este fim.

As atividades físicas para pais/crianças permitem recuperar numerosos adultos e torná-los praticantes assíduos. É desejável organizar pontualmente atividades entre as gerações. Não falamos de atividades familiares, mas de atividades não regulares no curso das quais se juntam crianças e adultos, aposentados ou não, significando impacto importante na comunidade.

⇒ Os eventos

Os eventos pontuais estimulam a integração da população, permitindo assim que melhor se conheçam entre si, divulgando para o grande público o dinamismo da cidade, as atividades que ela organiza e os equipamentos de que dispõe.

Os eventos que envolvem todos os níveis da população podem gerar impactos econômicos.

De fato, essa manifestação de dinamismo tem efeito atrativo sobre as empresas que preferem se instalar nas comunidades mais ativas.

⇒ O planejamento

Uma das dificuldades é conceber planos de ocupação das instalações entre escolares, associações, comitês empresariais e público. A definição da política municipal irá contribuir para a resposta.

No que se refere a instalações geradoras de receitas (rinques de patinação, piscinas), a regra dos três terços parece ser uma resposta racional: um terço de escolares, um terço de associações, um terço de público.

Os serviços oferecidos aos usuários necessitam a mais ampla faixa horária de funcionamento. O fechamento das instalações durante as férias escolares, a disponibilidade de uso dessas instalações condicionada ao vínculo com determinada associação, a prática de atividades sem esse vínculo ou condicionada a uma obrigação mínima de treinamento são em grande parte os motivos de ruptura entre o mundo esportivo e os grupos não organizados. Portanto, devem estes se concentrar naquilo que possa induzir parte das associações a se debruçarem sobre o problema e contribuir, por exemplo, com a criação de grupos de lazer no âmbito de suas instituições.

A comunicação

É indispensável conduzir uma política de comunicação ativa e global.

A promoção de um serviço, de uma instalação ou de uma ação pode apoiar-se sobre três instrumentos clássicos:

⇒ Suportes municipais: anúncios luminosos, cartazes, avisos, painéis de informações;
⇒ Suportes locais: a imprensa, o rádio, a televisão;
⇒ Relatórios enviados a empresas.

É também possível organizarem-se eventos de repercussão midiática.

Um dos elementos essenciais, embora um tanto subestimado, é uma boa sinalização na cidade, nos serviços e nas instalações.

No plano de comunicações, pode-se estimar em menos de 5% os serviços de esportes que desenvolvem uma ação consequente. A maior parte do tempo os orçamentos de comunicação, desde que existam, representam cerca de 0,2 a 0,3% do orçamento do serviço de esportes, enquanto, em média, as coletividades lhes contemplam apenas 0,5 a 1,5% do orçamento global.

Administração de preço: um risco financeiro e político

⇒ Determinação do preço de um serviço

Uma ação importante, porém difícil, é a fixação do preço de um serviço. A análise dos custos é um dos elementos a considerar, mas não suficiente para a tomada de decisão. É necessário levar em conta:

→ A noção do serviço público (continuidade, igualdade dos cidadãos);
→ O quadro jurídico da gestão dos serviços públicos locais;
→ As práticas orçamentárias e contábeis.

A tarifa deve, em boa parte, refletir as políticas da coletividade local.
Numerosas questões se colocam; entre outras:

→ Quanto custa o serviço que mais se aproxima dos objetivos propostos?

→ Quem deve pagar a diferença entre o serviço mínimo e o serviço máximo?

→ A equidade em relação a preço: trata-se de uma tarifa única para todos ou de tarifas diferenciadas, levando em conta a situação financeira de cada um?

As coletividades devem integrar na sua política tarifária considerações ao mesmo tempo sociais, comerciais e conjunturais.

⇒ Administração direta ou a gestão delegada

Quando se realiza um estudo tarifário, frequentemente se contrapõe gestão direta e gestão delegada, a qual é frequentemente apresentada como a mais vantajosa, à medida que a exploração é confiada a uma empresa que recebe o pagamento dos serviços diretamente dos usuários. Mas há nuances, porque na gestão direta é possível definir objetivos bastante precisos e quais os usuários a conquistar, criando-se uma gestão autônoma. Por outro lado, a gestão delegada sem controle tarifário pode tornar-se incompatível com os objetivos econômicos e sociais da coletividade que delega.

⇒ Sociedade de Economia Mista (SEM)

A SEM representa uma via interessante. Permite o benefício das vantagens da empresa (flexibilidade, amortização, recuperação de imposto, aporte de fundos) e manter controle direto da coletividade (acionista majoritário).

⇒ Racionalizar o rumo

As práticas orçamentárias e contábeis das coletividades territoriais são pouco favoráveis a um encaminhamento racional em matéria tarifária. A contabilidade pública segue uma orientação voltada para "despesas", enquanto a definição de uma tarifa adaptada necessita racionalizar sobre o "custo do serviço prestado". A contabilidade pública diferencia investimento e funcionamento, enquanto a tarifa deve considerar tanto um quanto outro.

⇒ Evolução das racionalizações

A partir dos estudos dos programas, a consideração de custos provisionais é estreitamente associada aos objetivos de qualidade, não somente sobre a parte do investimento da instalação, mas também sobre seu nível de funcionamento.

Por meio da etapa de análise do valor mercadológico, aborda-se o conceito de preço. A gratuidade total pode ter efeito desvalorizador sobre o serviço prestado e desestímulo para os gestores que podem eventualmente se sentir menos obrigados a considerar os usuários como clientes a serem satisfeitos.

→ Um "preço verdadeiro". É um preço que reflete o valor que os usuários atribuem a um serviço para o qual se declaram estarem dispostos a pagar em um certo momento. Pode ser mais bem ajustado graças à comunicação, cabendo aos gestores empreender um estudo para conhecê-lo (enquetes, entrevistas);

→ Um "custo verdadeiro". É uma avaliação honesta e precisa do consumo de recursos necessários a uma atividade.

⇒ Conveniência em administrar preços e fazer escolhas prioritárias

A coletividade deve apresentar um plano de tarifa para cada projeto e listar os públicos beneficiários de modo a analisar o montante dos custos gerados por cada público. É necessário racionalizar por etapas, a fim de estudar os elementos de uma decisão complexa.

A política de conhecimento dos custos deve ser enfatizada, porque permite apropriar um custo a uma atividade, bem como estudar os relatórios de custo/atividade e de qualidade/custo.

Uma comunicação tarifária permite desenvolver um intercâmbio com os usuários, objetivando a compreensão e a aceitação dos princípios tarifários acordados com a coletividade.

Fundamentada na informação dos usuários, a comunicação tarifária apresenta os elementos constitutivos do custo e as vantagens oferecidas em contrapartida ao preço.

⇒ As receitas

As receitas provêm, em grande parte, de direitos de acesso pagos pelos usuários: acesso de indivíduos ou grupos e locação da instalação.

O aumento das receitas não se pode buscar a não ser por meio do incremento de tarifas, porque existe uma interação importante entre qualidade e demanda. Serviços anexos como de saúde e estética corporal, bares, restaurantes, lojas, butiques, espaços publicitários, etc. podem se tornar rentáveis complementos.

Uma formação necessária

A importância da missão assumida pelos responsáveis por instalações, a soma dos valores dos investimentos aplicados, a diversidade, a complexidade e a especificidade das ações a serem administradas, demanda quadros dotados de uma formação inicial eficaz com preocupação de continuidade, a qual é particularmente necessária por levar em conta a evolução rápida das atividades, dos métodos de trabalho e das técnicas.

Os riscos inerentes à formação são consideráveis. Repercutem sobre o controle de custos com incidência direta sobre os orçamentos comunitários.

⇒ **O Ministério da Juventude e dos Esportes**
Organiza as formações especializadas que conduzem à concessão de licenças de Educador Esportivo e de Animadores para atividades voltadas à juventude.

⇒ **A Missão Técnica de Instalações**
Organiza estágios destinados prioritariamente ao pessoal do Ministério da Juventude e dos Esportes, mas são igualmente abertos a todos.

⇒ **As Universidades**
Ensino mais generalizado com especializações profissionais. A Universidade de Paris – Dauphine oferece cursos de Gestão Esportiva.
As unidades de Formação e Pesquisa em Ciências e Técnicas de Atividades Físicas e Esportivas (UFR – STAPS). Propõem formação relacionada a quadros esportivos e de gestão.

⇒ **Para as coletividades territoriais**
→ O CNFPT – Centro Nacional da Função Pública Territorial – organiza numerosos estágios;
→ A Escola Nacional de Ponts e Chausse (ENPC);

→ A ENPC organiza, em colaboração com a Missão Técnica de Instalações, os estágios relacionados às instalações e estabelecimentos esportivos e socioeducativos.

→ Formações especializadas são também oferecidas:
- A concepção e manutenção de solos esportivos pelo Laboratório Central de Solos Esportivos (MTE), TECOMAH (Centro de Formação da Câmara de Comércio e da Indústria de Paris) e por certos liceus agrícolas: Albi (81), Douai (59) e centros de formação profissional para adultos: Brie-Comte-Robert (77), Charleville – Mezières (08);
- Os terrenos de golfe pelos liceus agrícolas; Dax (40), Dunkerque (59), Évreux (27), Neuvie d'Ussel (19), Niort (79), e pelo TECOMAH, a Câmara de Agricultura de Annecy;
- Os temas sobre piscinas pelos liceus de Bains-le-Bains (88), Grasse (06) e Pierrelatte (26);
- Os rinques de patinação pelo CD Patinoires em Pontcharra (38).

RECENSEAMENTO DE INSTALAÇÕES

Existe uma classificação de instalações esportivas que tem evoluído ao longo do tempo. Após o término da Segunda Guerra Mundial, as instalações têm sido objeto de constante preocupação. O primeiro planejamento de instalações esportivas foi elaborado com a lei-programa n° 61-806, de 28 de julho de 1961.

De uma maneira geral, é desejável instalar os estabelecimentos esportivos em ambientes naturais verdes e de passeios públicos. Na prática, a concentração das unidades esportivas é limitada pela dificuldade de se encontrar nas proximidades dos centros vitais da comunidade, particularmente das escolas, terrenos suficientemente amplos para receber todos os elementos que compõem o conjunto completo de esportes e de atividades ao ar livre. Tendo em vista este importante limitador, as unidades esportivas são normalmente separadas.

1. Classificação das instalações

As instalações esportivas têm como vocação receber público. Neste contexto, é importante distinguir diversos tipos de instalações esportivas a partir da regulamentação estabelecida; de um lado sobre a segurança contra incêndio e pânico relativa a recintos esportivos, de outro sobre a segurança relativa aos estabelecimentos que acolhem público. Outras classificações podem ser igualmente consideradas.

A) Classificação regulamentar

Os recintos esportivos

Conforme o título 1°, seção 12, artigo 1 do decreto n° 93.711 de 27 de março de 1993 modificado, os recintos esportivos são constituídos de "ERP [estabelecimentos que recebem público] [...] cujo acesso é suscetível de ser permanentemente controlado e que comportam tribunas fixas, bem como aqueles nos quais podem ser instaladas tribunas provisórias".

Os estabelecimentos que admitem público

O artigo r.123-2 do código de obras e de habitação esclarece com precisão o que se entende por estabelecimento que acolhe público. Significa o conjunto de equipamentos e instalações esportivas que incluem as tradicionais (estádios, ginásios, piscinas, pistas de patinação...), mas também podem estar incluídos dentro desta definição os clubes privados, as piscinas de hotel, bem como certos equipamentos de caráter empresarial. Somente as instalações esportivas de uso familiar ou de copropriedade (especialmente piscinas) estão excluídas. Os estabelecimentos que admitem o público têm dupla classificação. De um lado, são divididos segundo o tipo de exploração, principalmente em torno de cinco grupos, cada um deles identificado com uma sigla; de outro lado, segundo o número máximo de pessoas que podem ser admitidas no recinto. Os estabelecimentos estão separados em cinco categorias, subdivididas em dois grupos (da primeira à quarta categoria e a quinta categoria).

Os cinco tipos de instalações esportivas

→ *CTS – Coberturas, tendas e estruturas de uso esportivo*
Este grupo é composto de estabelecimentos fechados e itinerantes possuindo uma cobertura flexível que pode ter diferentes usos, dentre os quais atividades esportivas, onde o público admissível é superior ou igual a 500 pessoas.

→ *L – Salas polivalentes de uso desportivo*
A este grupo pertencem mais especificamente as salas polivalentes não consideradas de "dominante" esportiva.

→ *PA – estabelecimentos ao ar livre de uso esportivo*
Este grupo compreende as instalações, principalmente os campos esportivos, os estádios, as pistas de patinação, as piscinas e nos quais o efetivo do público é superior a 300 pessoas.

→ *SG – estruturas infláveis de uso esportivo*
Este grupo engloba as instalações situadas sob cobertura de tecido mantida sob pressão de ar como certas quadras de tênis e piscinas cobertas.

→ *X – estabelecimentos esportivos cobertos*
Este grupo se refere a salas multiesportivas, as salas EPS (sigla em francês para educação física esportiva), as salas especializadas, os rinques de patinação, os picadeiros, as piscinas (cobertas transformáveis ou mistas), as salas polivalentes de predominância esportiva (com a condição de que sua área de atividade seja inferior a 1.200m² e altura do teto superior a 6,50 metros, na qual o efetivo de pessoas admissíveis seja superior ou igual a 100 pessoas no subsolo, 100 pessoas em andares, galerias ou outros pisos elevados, somando o total de 200 pessoas).

As cinco categorias de instalações esportivas
→ 1ª categoria – estabelecimentos que recebem mais de 1.500 pessoas.
→ 2ª categoria – estabelecimentos que recebem de 701 a 1.500 pessoas.
→ 3ª categoria – estabelecimentos que recebem de 301 a 700 pessoas.
→ 4ª categoria – estabelecimentos que recebem entre 300 pessoas e um limite mínimo fixado por tipo de exploração.
→ 5ª categoria – estabelecimentos que recebem um número de pessoas inferior ao limite mínimo fixado.

Os espaços, sítios e itinerários relativos aos esportes da natureza
A Lei nº 2000-627 de 6 de julho de 2000 consagra em seus artigos 50-1 e 50-2 uma nova categoria de instalações esportivas: os espaços, sítios e itinerários relativos aos esportes de natureza. Em geral, trata-se de terrenos objeto de iniciativas particulares. O surgimento de tal categoria leva em conta, ao lado de esportes tradicionais com características competitivas, o desenvolvimento de uma prática de atividades em plena natureza (caminhadas, mergulho submarino, prancha à vela, escaladas).

As bases ao ar livre
As bases ao ar livre são espaços livres, ativos e abertos ao conjunto da população. São instalações que oferecem a seus usuários a possibilidade

de expressões as mais variadas e que permitem descontração, prática de atividades esportivas e culturais ao ar livre e dentro de um ambiente natural isento de barulho (circular do ministério da juventude e dos esportes nº 75-79a de 21 de março de 1975). As atividades que ali se praticam não necessitam de instalações importantes. Elas são vantajosamente condicionadas pelas possibilidades locais que se apresentam no domínio das águas, das rochas, dos caminhos e da espeleologia.

B) Outras classificações

Não existem classificações definitivamente estabelecidas e totalmente imutáveis. A primeira delas foi proposta pela lei de programas de 1961.

Centros multiesportivos

→ Estádios multiesportivos – os estádios multiesportivos são dedicados ao atletismo, ao futebol e ao rúgbi. Comportam uma pista de 400 metros circunscrita a um campo de futebol ou de rúgbi;

→ Terrenos de competição – os terrenos de competição são destinados ao futebol e ao rúgbi;

→ Terrenos de treinamento;

→ Basquete ou vôlei;

→ Tênis;

→ Salas de esporte;

→ Ginásios;

→ Tanques de 50 metros – os tanque de natação são instalações ao ar livre que operam apenas no verão e dotadas de sistema de aquecimento de água;

→ Tanques de 25 metros;

→ Centros náuticos;

→ Piscinas de 50 metros – as piscinas são instalações cobertas e aquecidas que permitem utilização permanente;

→ Piscinas de 25 metros – a profundidade varia de 0,90 a 2,35m;

→ Tanques de aprendizagem – um tanque de aprendizagem instalado separadamente.

Fonte: Lei de Programas nº 61-806 de 28 de julho de 1961.

Após 1961, a classificação evolui periodicamente. Atualmente o Ministério da Juventude e dos Esportes baseia-se numa tipologia relativamente flexível.

Tipologia mantida pelo Ministério da Juventude dos Esportes

Instalações externas
→ Estádios (campo e pista de atletismo);
→ Campos de grandes jogos;
→ Campos de pequenos jogos;
→ Quadras de tênis;
→ Piscinas;
→ Outros equipamentos (dentre os quais equipamentos de proximidade);
→ Sítios naturais organizados.

Instalações cobertas
→ Salas poliesportivas;
→ Salas especializadas;
→ Quadras de tênis;
→ Piscinas;
→ Outros equipamentos.

Fonte: Documento Interno – Ministério da Juventude e dos Esportes.

C) Recenseamento

A partir do recenseamento das instalações esportivas, é possível estabelecer um quadro do parque de instalações existentes, identificar as necessidades e estabelecer um programa de instalações a ser realizado.

Tabela 2.2: O parque dos equipamentos esportivos na França em 1985.

Tipos de equipamentos	Número
Instalações esportivas cobertas	2.314
Salas de esportes (ginásios simples)	655
Salas de competições de 1.056m² e acima	3.145
Ginásio C de 800m²	1.541
Ginásio B de 600m²	1.012
Ginásio A de 300m²	1.699
Ginásio A de 230m²	220
Quadras de tênis cobertas	2.022
Salas especializadas: esgrima	1.575
Salas especializadas: judô	168
Salas especializadas: boxe	450

Tipos de equipamentos	Número
Salas especializadas: halterofilismo e musculação	5.279
Outras salas: dança, ioga, sala polivalente ou não especializada	20.080
Total:	**31.493**

Tabela 2.3: Situação do parque de instalações esportivas na França.

Instalação	Número
Salas de atividades físicas e esportivas	22.000 (*)
das quais ginásios e arenas esportivas	15.000
Terrenos de grandes jogos, com ou sem pista de atletismo	30.000
dos quais com vestiários	75%
e com arquibancadas	25%
Piscinas	4.300 (**)
das quais externas	2.500
Pistas de patinação	148 (***)
das quais pistas "regulamentares"	102
Quadras de tênis	34.000
das quais quadras cobertas	6.500

(*) mais de 50% com mais de 20 anos
(**) a maior parte com mais de 20 anos
(***) 70% com mais de 20 anos
Fonte: AIRES – 1997.

O recenseamento das instalações foi mantido em dia até 1985. Um inventário comunitário menos preciso foi realizado em 1988. Somente em 1998 uma nova estimativa foi realizada com base em enquete conduzida pelo CERTU – Centro de Estudos sobre a Rede, os Transportes, o Urbanismo e as Construções Públicas, e reconhecida pela associação AIRES. Esta enquete foi realizada na perspectiva de operação nacional de modernização do patrimônio esportivo (OPMOD), concluindo-se que deve ser efetuado um importante trabalho de conformação às normas e de reabilitação das instalações. Em termos de reabilitação o programa atinge proporções importantes. A reabilitação se explica pelo fato de que uma grande parte do parque esportivo francês de instalações esportivas data dos anos 1960-1970. Este parque é antigo e se deprecia às vezes de forma prematura devido a problemas de ordem econômica. Uma certa padronização das instalações permitida pela adoção de processos de industrialização foi implementada durante os anos 70 a fim de cobrir rapidamente a falta de equipamentos. A reabilitação se explica pela diversificação das práticas e pela evolução das necessidades e motivações dos praticantes. Por seu lado, o Ministério da Juventude e dos Esportes tem mobilizado seus serviços a fim de disponibilizar um estado permanente e atualizado do parque de instalações esportivas da França. Além disso, face à distorção de informações, o ministério, em colaboração com o INSEE, busca determinar uma nomenclatura precisa que terá, entre outros, o mérito de homogeneizar os dados e facilitar as comparações.

2. Localização das instalações

As instalações esportivas são localizadas em um dado território que não é neutro tanto do ponto de vista da oferta quanto do ponto de vista da demanda. Assim, o parque de instalações influencia a prática esportiva e, inversamente, a prática esportiva tem impacto sobre a realização ou reabilitação das instalações. O aumento da demanda por instalações segue, passo a passo, o desenvolvimento das práticas. As demandas são múltiplas e cada vez mais numerosas. Contudo, a reação de oferta de instalações é mais lenta, tanto do ponto de vista de custo quanto das justificativas práticas. À medida que as instalações são financiadas pelas coletividades territoriais, sua realização é submetida à contenção orçamentária. A localização vai levar em conta diversos parâmetros, entre os quais o sítio de implantação das instalações esportivas em si, bem como a determinação do nível pertinente de instalações sobre um determinado território. A implantação de uma instalação esportiva se realiza em um dos quatro tipos de espaço identificados: o centro da cidade, o bairro, a área rural periférica e a área rural profunda.

a) O local de implantação

O local de implantação da instalação está submetido à disponibilidade de espaço sobre o qual se exerce uma competição de uso. A reserva predial resolve a questão da disputa de uso do solo por levar em consideração a estruturação do espaço urbano. A competição pelo uso do solo nasce da confrontação das atividades econômicas, dos serviços públicos e do *habitat* individual ou coletivo. Não existe uma ordem na localização das atividades em torno do centro da cidade. No centro são implantadas as atividades e infraestruturas para os que podem pagar caro o metro quadrado e que necessitam de pouco espaço. Conforme haja afastamento do centro, encontram-se atividades e infraestruturas que não dispõem de meios para pagar caro o metro quadrado ou que exigem muito espaço. A estruturação dos espaços urbanos se organiza a partir da escolha e decisões de ordem política que buscam conciliar os interesses individuais e os interesses coletivos. Para um certo número de serviços públicos, os usuários devem se deslocar para se beneficiar. A escolha da localização de uma instalação esportiva repousa sobre o desejo de minimizar a soma das distâncias percorridas pelo conjunto de usuários. Duas alternativas contraditórias emergem. A escolha do local de implantação da instalação esportiva responde tanto ao critério da densidade de população quanto àquele da acessibilidade. O critério da densidade insere-se numa lógica de eficácia, por favorecer as zonas de forte concentração de usuários. É certo que o efeito perverso deste tipo de escolha conduz a uma discriminação, privilegiando a implantação de instalações esportivas que favorecem as zonas de alta densidade de usuários em detrimento daqueles usuários que habitam determinadas zonas pouco ou mal servidas por motivo de sua distância. Em oposição, o critério de acessibilidade insere-se numa lógica de igualdade, visando a permitir a todo usuário, qualquer que seja o local de sua residência, poder se beneficiar de uma instalação homogênea em qualidade e quantidade.

b) O nível de instalação

Uma das vocações de uma instalação esportiva é a de satisfazer as necessidades dos usuários. As grades que exprimem as superfícies a instalar permitem comparar o parque existente à norma estabelecida. As grades estabelecem uma hierarquia espacial em matéria de dotação em instalações esportivas. A cada extrato de população corresponde um nível de instalação. As primeiras grades foram realizadas em 1961 e se conhece apenas uma atualização realizada em 1974. Esta última estabelece a superfície total dos terrenos reservados a receber instalações esportivas e socioeducativas.

Tabela 2.4: Unidade urbana.

Quantidade e superfície necessária (exclui instalações cobertas)	Unidade urbana	Cidade (hab.)
1 unid. em torno de 9 hectares em pelo menos 2 locais	grande conjunto	de 20.000 a 50.000
2 unid. em torno de 6 hectares em 2 locais	distrito	de 10.000 a 20.000
3 unid. em torno de 4 hectares	bairro	de 5.000 a 10.000
8 unid. de 2 a 3 hectares	local (vizinhança)	de 2.000 a 5.000

Fonte: Lei de programa nº 61-806 de 28 de julho de 1961, relativa a equipamento esportivo e socioeducativo.

Tabela 2.5: Grade global de urbanismo.

Número de habitantes	m²/habitante	
	Sala de EPS e piscina	Campos esportivos
100.000	1,6	5,8
50.000	1,8	6,3
20.000	2,1	7,3
10.000	2,4	8,4
5.000	2,9	9,8
2.000	2,95	10,3
1.000	0,8	11,3

Fonte: circular nº 74-146b de 15 de maio de 1974.

As grades não são explicitamente utilizadas. Contudo, elas sempre servem implicitamente de referência na programação e realização de instalações esportivas.

Tabela 2.6: Inventário das instalações esportivas na França, 1985.

Salas de esportes	2.314
Salas de competição	665
Ginásios	7.878
Quadras de tênis cobertas	6.047
Quadras de tênis externas	25.758
Salas especializadas	7.472

Centros de equitação	910
Velódromos	70
Campos de grandes jogos	19.952
Campos de pequenos jogos	29.610
Pistas de atletismo	3.135
Piscinas cobertas	756
Piscinas conversíveis ou mistas	751
Piscinas externas	1.992
Rinques de patinação cobertos	100

Fonte: SEJS, 1985.

Tabela 2.7: Recenseamento com base em cifras temporárias não definitivas publicado em janeiro de 2006.

45.536	campos de grandes jogos
42.369	quadras de tênis
28.940	campos de Boules (boulodromes) (1)
19.015	campos externos de pequenos jogos coletivos
16.144	salas de esportes
15.903	salas ou campos especializados
15.457	áreas para educação físicas e esportes
14.703	salas não especializadas
9.951	instalações equestres
7.409	equipamentos de atividades para a saúde
6.455	salas de artes marciais
6.436	piscinas de natação
4.974	estandes de tiro
2.661	parques de esqueite e ciclismo "free style"
2.652	paredes e frontões (2)
2.140	estruturas artificiais de escaladas
1.918	espaços para *parcour* (3)
1.817	*playgrounds*
1.609	campos de golfe

(1) Boules (em francês AFI: [bul]) é um termo genérico usado para definir o conjunto de três modalidades disputadas nos Jogos Mundiais: Boule Lyonnaise,

Petanca e Raffa. A diferença principal entre as provas é a bola, menor para a Boule Lyonnaise, maior para a petanca e sintética para a raffa.

(2) Um Frontão (Basco: *frontois* ou *pilotaleku*, Francês: *fronton*, Espanhol: *frontón*) é uma quadra com parede única ou dupla usada como área de jogo de pelota basca.

(3) *Parcour* ou *Parkour* (por vezes abreviado como PK) ou *l'art du déplacement* (em português: arte do deslocamento) é uma atividade cujo princípio é mover-se de um ponto a outro o mais rápido e eficientemente possível, usando principalmente as habilidades do corpo humano.

Criado para ajudar a superar obstáculos de qualquer natureza no ambiente circundante – desde galhos e pedras até grades e paredes de concreto – e pode ser praticado em áreas rurais e urbanas. Homens que praticam *parkour* são reconhecidos como *traceur*, e mulheres como *traceuses*.

AS PRÁTICAS ESPORTIVAS E SOCIOEDUCATIVAS NOS BAIRROS DESFAVORECIDOS

Objetivo: inserção social dos jovens

Locais esportivos informais

Nos bairros estudados, a característica dominante é a ausência quase total de equipamentos locais (ou de proximidade), nos quais os habitantes possam ter livre acesso à prática esportiva. As áreas disponíveis reduzem-se a espaços informais junto aos prédios. Os raros equipamentos existentes estão abertos exclusivamente à população escolar e às associações esportivas que se caracterizam mais como apêndices de clubes multiesportivos da cidade do que como associações de bairro, cuja debilidade se constitui em um verdadeiro problema. Com efeito, a despeito da disponibilidade de subvenções em favor da via associativa, a participação dos habitantes nas associações de bairro está longe do esperado, quando é justamente sobre essa via associativa que se deve apoiar o desenvolvimento das atividades esportivas e socioeducativas, cujo objetivo é o da inserção social de jovens adolescentes oriundos de ambientes menos favorecidos.

Os equipamentos esportivos e socioeducativos
nas zonas de *habitat* social

A realização de equipamentos esportivos locais não se vem constituindo, de um modo geral, em um dos objetivos prioritários entre as diversas ações de estímulo à vida social do bairro. Alguns grupos apresentam projetos de equipamentos esportivos ou socioeducativos ambiciosos cuja vocação ultrapassa a escala do bairro, outros agem caso a caso conforme as oportunidades. A operação lançada pelo Ministério da Juventude e dos Esportes para os bairros constitui um fator suscetível de estimular grupos sem um projeto esportivo a integrarem dentro de seus programas alguns equipamentos não previstos inicialmente.

Uma duvidosa razão aventada para justificar a ausência de projeto de equipamentos esportivos locais dentro de um bairro consiste em argumentar que tais equipamentos correm o risco de provocar efeitos perversos ao reforçar o confinamento dos jovens, os quais não mais se interessarão em buscar integração com os habitantes de outros bairros (*sic*).

Ao contrário, a criação desses equipamentos responde a dois objetivos complementares e que implicam duas vias diferentes: de um lado, o desejável desencravamento do bairro e, de outro, a socialização dos jovens por meio de práticas esportivas e socioeducativas. Esses dois objetivos visam a favorecer a integração e a revalorização do bairro no seio da comunidade.

Os equipamentos esportivos e a integração
dos bairros desfavorecidos

Nesta perspectiva, a política de equipamentos (administrativos, comerciais ou de lazer) surge como uma das estratégias em que os atores responsáveis pelo acolhimento social (municipalidades, *maîtres d'oeuvre*[2]) desenvolvem com respeito à classe média, supostamente mais exigente em relação ao seu ambiente.

A integração dos bairros se apoia, pois, na sua ocupação social, nas realizações do tipo urbano (recomposição das vias de acesso ao bairro, oferta de transportes) e nas realizações de caráter sociocultural

---

2   *Maître d'oeuvre*: pessoa a quem o *maître d'ouvrage* confia a concepção, o estudo, a direção dos trabalhos e, eventualmente, a coordenação das especializações técnicas. Fonte: *Dictionare Tecnique du Bâtiment e de Traveaux Publiques* – Edition Eyrolles.

ou esportivo capazes de atrair habitantes de outras áreas, até mesmo do exterior. Isto supõe o estabelecimento de um programa de estímulos concebidos não para a escala do bairro, mas para a escala da cidade.

A integração aqui significa a mudança da percepção do bairro para os habitantes do exterior, ou seja, de que é preciso fugir ao estigma, não pela via da banalização da imagem de fazer um bairro idêntico a outro, mas pela sua substituição por suportes mais valiosos e significativos.

O desejo de reservar um horário para a prática livre não está ausente do projeto, mas essa prática se choca com um modo de gestão particularmente rígido. O problema consiste em encontrar a forma de integrar a prática livre dentro dessa estrutura ainda pouco flexível.

As instalações esportivas locais são adaptadas à especificidade dos praticantes locais não organizados e como um dos elementos suscetíveis de favorecer a passagem da prática espontânea para a prática institucional. Neste sentido, equipamentos abertos à prática livre e os complexos esportivos reservados às organizações se completam para formar uma estrutura harmônica, devendo permitir, por sua vez, a integração do bairro e o desenvolvimento da via associativa em torno das atividades esportivas e socioculturais.

Os equipamentos esportivos socioeducativos e a socialização dos jovens

Para os incentivadores e responsáveis por organizações esportivas, a adesão ao clube ou associação apresenta duas vantagens:

⇒ A iniciação à matriz técnica necessária para passar da fase do estado de jogo àquela da pesquisa da *performance*, sendo esta assegurada por instituições tais como escolas de esportes e clubes;

⇒ As virtudes educativas atribuídas à prática esportiva. Essas virtudes permitem a integração social em contraposição à marginalização e consequente riscos ao indivíduo.

A iniciação das crianças e pré-adolescentes à prática esportiva não deve perder de vista que a urgência de hoje se refere particularmente aos adolescentes. Alguns se encontram em situação escolar crítica e sem perspectivas de emprego imediato. Este aspecto da socialização dos jovens constitui a segunda vantagem da prática esportiva nos bairros desfavorecidos.

Os problemas vividos pelos jovens desses bairros são bem conhecidos: ócio, pequena delinquência, toxicomania, inação. Os equipamentos esportivos e socioeducativos não são por si próprios supostos de trazer uma resposta a esses males, mas contribuem na disposição de um conjunto visando a ganhar a participação dos jovens adolescentes (e pós-adolescentes) na vida do bairro pelas associações. A capacidade atribuída ao esporte em canalizar a violência e desenvolver as relações de camaradagem, de solidariedade, bem como do sentido do esforço e da autossuperação, deverá favorecer a socialização e a integração dos jovens marginalizados.

A socialização consiste em proporcionar a esses jovens o desenvolvimento de formas de expressão não mais dominadas pela violência real ou virtual ressentidas dentro de si e de se darem as mãos a fim de melhor se inserirem.

São, sobretudo, as equipes de prevenção à delinquência e algumas associações que assumem o papel da socialização. Suas intervenções compreendem duas ações: de um lado, a prática de uma atividade esportiva ou socioeducativa e, de outro, a ajuda na realização de um determinado projeto.

Os motivadores de equipe estão convencidos de que a inserção ou socialização passa pela manutenção dos jovens dentro do sistema escolar. O abandono prematuro da escola aumenta os riscos da exclusão, daí sua vontade de privilegiar o público ainda escolarizado, para o qual eles direcionam seu apoio em termos de suporte escolar.

Independentemente da manutenção dentro do sistema escolar, os educadores e motivadores esportivos de associações de prevenção à delinquência funcionam como um elo entre os grupos esportivos informais e os clubes esportivos organizados da cidade. Não se trata de criar uma estrutura permanente suplementar, mas um espaço pontual cujo objetivo é conduzir ao clube esportivo aqueles jovens que manifestam aptidões para determinados esportes. A ação direcionada aos jovens é vista como uma abordagem global. O trabalho escolar e as atividades extraescolares concorrem para um único propósito: maximizar as chances de sucesso ou de inserção social.

Para outros educadores e motivadores de rua, a socialização por meio do esporte consistiria em alargar o espaço sociocultural, interessando por exemplo o teatro ou o estímulo a descobrir culturas diferentes, ou ainda desenvolver a prática esportiva de outras atividades suscetíveis de estimular os jovens a tomar iniciativa ou formular projetos onde eles próprios assumiriam a realização.

À exceção do futebol que se encontra em toda parte, as atividades em favor da socialização dos jovens são bastante diversificadas. Fica claro, contudo, que elas são predominantemente esportivas porque até o presente não se logrou encontrar atividades alternativas tão atraentes quanto a prática do esporte.

Novas modalidades de organização de oferta de instalações e de prática têm surgido e tomadas em parte do modelo esportivo organizado, mas também dos modelos de motivação e de trabalho social (prevenção da delinquência). Elas associam os animadores esportivos das instituições tradicionais aos agentes e assistentes sociais.

INSTALAÇÕES ESPORTIVAS NA FRANÇA

As causas da inadequação

A concepção padronizada de instalações esportivas

Uma das principais razões geralmente apresentadas para explicar a fraca diversidade do parque francês de instalações esportivas é o contexto econômico no qual este parque foi em grande parte realizado, particularmente nas décadas de 60 e 70 e a ação centralizadora do Estado naquele período. As instalações francesas, quando comparadas às de outros países, notadamente os nórdicos e anglo-saxões acumularam no período a realização "em série" de instalações de base industrial, apoiadas em um número limitado de projetos-tipo. Contudo, a despeito da descentralização ocorrida após o início dos anos 80, o parque de instalações esportivas francesas continua pouco diversificado.

O "pensamento único" em matéria de instalações esportivas

Ao que parece, a definição da função e a concepção das instalações desportivas têm estado submetidas a uma espécie de "pensamento único", o qual impõe um número limitado de tipos de instalações, o que vem restringindo sua concepção, conformando-as aos gabaritos impostos pelas federações e às inúmeras exigências técnicas, regulamentares e normativas. Convêm pesquisar as razões desse "pensamento único".

A concepção reducionista do Esporte

A inadequação do parque francês se apoia igualmente na ideia segundo a qual uma instalação concebida para competição será, *ipso facto*, adaptável a outras finalidades e modalidades de práticas (educação física, treinamento, lazer…). Esta concepção, sempre ilustrada pelo adágio de "quem pode mais pode menos", induz a uma série de equívocos.

A confusão entre esporte de alto nível, de um lado, e espetáculo de alto nível (manifestação que atrai público numeroso) de outro, considera as dimensões do espaço esportivo e a capacidade das tribunas como os principais critérios de adaptação visando ao espetáculo de alto nível e, em contrapartida, ignora os espaços que devem estar anexos e são necessários ao treinamento para se atingir ou se manter o alto nível.

A confusão entre treinamento e competição faz imaginar que o treinamento necessita de um espaço cujas dimensões sejam iguais ou ligeiramente inferiores às exigidas pelas federações para a realização das competições.

A confusão entre prática esportiva não competitiva "informal", de uma parte, e de outra parte, a prática "radical" (atividades de lazer livres e sem regras rígidas), induz à ideia segundo a qual as atividades que não necessitem de espaços "normais" podem ser praticadas "não importa onde".

No que se refere a esportes ditos "de lazer", convém frisar que estes já sofrem, há muito tempo, julgamentos de valor negativos, os quais têm repercussão sobre o *status* dos espaços a eles destinados. Assim, um esporte de competição é muitas vezes associado ao esforço ou serviço de uma equipe, de um clube, de uma cidade ou de um país. Atribui-se à competição um papel integrador e produtor de identidade coletiva. Já as atividades esportivas de lazer não passam apenas de ações individuais egoístas e de prazer. As conotações respectivamente da competição e do lazer parecem ser de um lado o ascetismo e o altruísmo, e do outro o hedonismo e o egoísmo. Em consequência, muitos são aqueles que consideram que as atividades de lazer não devem ser objeto e nem devem fazer parte da rede de instalações de serviços públicos e que seu ônus deve ser atribuído a seus praticantes ou aficionados. Esta dicotomia entre o esporte de competição e as atividades físicas e esportivas de lazer não são em absoluto aceitáveis. Com efeito, a prática quase diária da corrida, da natação e/ou da musculação não se constituiria ela própria em saudável atividade de lazer, mesmo sem finalidade de *performance* em competição, mas para o bem-estar do cidadão em busca uma boa forma física?

A análise restritiva das práticas

Frequentemente, a análise das práticas esportivas limita-se à observação dos "continentes" mais aparentes da prática esportiva (competição, educação física, lazer...), ignorando seu "conteúdo" e sua "estrutura" (métodos de preparação, métodos pedagógicos, modalidades de práticas...). Da mesma forma, a avaliação do número de praticantes se reduz muitas vezes ao recenseamento dos licenciados civis (professores, monitores, técnicos) e dos escolares, omitindo a estimativa do número de praticantes não organizados e, indo além, o número de esportistas em potencial.

Conclusão

A concepção dos espaços de esportes é, pois, diretamente ligada à concepção do próprio esporte. Assim, para compreender as razões da inadequação qualitativa do parque francês de instalações, convém pesquisar quais foram os diferentes idealizadores das instalações esportivas na França, qual seu papel e quais eram seus objetivos.

AIRES

Association pour l'information et la recherche sur les équipements de sport e de loisirs

Associação para a informação e pesquisa sobre projetos e construções de instalações de esportes e lazer.

Aires dirige-se a todos aqueles que se preocupam com instalações, estruturas e materiais esportivos:

⇒ Municípios, estruturas intermunicipais, departamentos e regiões;
⇒ Especialistas em programas, arquitetos e engenheiros;
⇒ Construtores de instalações e fabricantes de equipamentos;
⇒ Federações esportivas e associações de esportes escolares;
⇒ Administradores, pesquisadores, professores, patrocinadores, investidores, etc.

Aires oferece um centro de intercâmbio de informações, de reflexão, de vigilância e de propostas. A atividade se organiza em torno de três polos:

⇒ Informações: atuais (por *e-mail*) e informações personalizadas;
⇒ Reuniões: exposições-debate; grupos de reflexão;
⇒ Ações de interesse geral.

Aires reúne uma centena de membros entre os quais figuram grandes redes setoriais. Sua representatividade e vocação direcionadas ao interesse geral foram reconhecidas pelo ministério dos esportes com o qual Aires está ligado por um amplo conjunto de objetivos desde sua criação em 1995.

Eixos de trabalho e reflexão

1. Modernização do patrimônio esportivo existente. Promoção de um guia de reflexão prévia e de ideias junto às regiões, departamentos, estruturas intermunicipais e municípios numa operação coordenada entre os agentes responsáveis.
2. Estruturação do território e planejamento das instalações esportivas. Reflexão sobre a organização dos atores, as metodologias, as ferramentas de conhecimento do patrimônio e sua utilização (recenseamento, observações). Vigilância junto às organizações intervenientes, seguida de aplicação do esquema de serviços coletivos do esporte.
3. Orientações aplicáveis às instalações esportivas. Informações aos membros sobre as regulamentações do estado, as normas francesas e internacionais e os critérios de homologação das federações esportivas.
4. Exportação de *know-how* e de produtos franceses: em parceria com o Centro Francês de Comércio Exterior, facilitar aos membros o conhecimento dos mercados estrangeiros e de procedimentos de ajuda à exportação, contribuindo para a promoção de ofertas francesas.
5. Serviço de acesso rápido à informação: favorecer o acesso aos serviços de informação e a troca de experiências por meio de um dispositivo informatizado.
6. Adaptação das instalações a diferentes tipos de demanda: EPS – educação física e esportes, competição e lazer. Estar atento sobre os trabalhos conduzidos neste domínio e colher experiências.

7. Instalações esportivas e desenvolvimento sustentável: início de uma reflexão e absorção de experiências via abordagem social, econômica e ambiental das diversas instalações esportivas, avaliando sua planificação, programação, concepção e exploração.
8. Alta qualidade ambiental. Vigilância. Adaptação às instalações e equipamentos esportivos. Promoção.

Produções da Aires

→ **O guia** – "A modernização dos Equipamentos e Instalações Esportivas" é em grande parte válido para novas instalações. A partir de uma reflexão sobre a nova distribuição de instalações esportivas, o guia propõe um método de reflexão prévia com grades de questionamento para as opções e quadros anexos práticos (lista de textos regulamentares; normas e contatos; bibliografia e anuários profissionais).

→ **Relatórios** – Em especial sobre normas aplicáveis às instalações esportivas e à gestão delegada.

→ **Notas** – Sobre "planejamento, observações e recenseamentos", "instalações esportivas e desenvolvimento sustentável", "um serviço de acesso fácil à informação".

→ **Artigos** – Em especial "uma nova abordagem sobre instalações esportivas".

Aires conduz suas ações graças ao empenho de seus membros e apoio de seus parceiros (Ministério dos Esportes, Ademe – Agência Ambiental e de Controle de Energia, Caixa de Depósitos e Consignações, Ministério dos Equipamentos, Comitê Olímpico Francês, Centro Nacional da Função Pública Territorial, Caixa Nacional de Crédito Agrícola, Crédito Local da França, Fifas – Federação das Indústrias do Esporte e Lazer, Dexia, Fncesel – Federação Nacional dos Construtores de Instalações Esportivas e de Lazer, Qualisport – Qualificação Profissional em Realizações de Esporte e Lazer).

CANADÁ

Ministério da Cultura, Recreação e do Esporte

GUIAS PARA O PLANEJAMENTO E DESENVOLVIMENTO DE INSTALAÇÕES PÚBLICAS DE ESPORTES E LAZER

Prefácio

Introdução

Seção 1: o processo de planejamento
⇒ Abordagem do planejamento
⇒ Elementos comuns no planejamento de áreas de esporte e recreação
⇒ Análise preliminar
⇒ Antecedentes ou análise de inventário
⇒ Avaliação dos sistemas atuais
⇒ Formulação de metas e objetivos
⇒ Desenvolvimento de estratégias alternativas
⇒ Seleção da estratégia preferencial
⇒ Estabelecimento de padrões básicos, guias de planejamento e políticas
⇒ Recomendações para a ação
⇒ O plano de esportes e lazer
⇒ O envolvimento da comunidade
⇒ Racionalização do envolvimento comunitário
⇒ A armadilha da participação comunitária apenas formal e superficial

Seção 2: padrões para sistemas municipais de esportes e lazer
⇒ Tipos de espaços ao ar livre em um sistema de esportes e lazer
⇒ Padrões para áreas ao ar livre
⇒ A combinação parque-escola
⇒ Padrões para instalações de esporte e lazer
⇒ Dimensões para áreas selecionadas
⇒ Espaço para estacionamento

PREFÁCIO

Este manual foi preparado para aqueles que planejam, constroem e desenvolvem instalações para esporte e lazer. Está organizado para acesso rápido à informação e é escrito em termos práticos. Fornece guias para o planejamento dessas instalações, bem como para definição de sua localização e uso.

Padrões podem ser considerados como guias para o planejamento. Nenhum plano ou padrão pode ser aplicado igualmente a todas as comunidades. Eles devem ser adaptados às necessidades, valores e interesses e à capacidade financeira existente não só para construir, mas também para gerenciar e conservar a instalação com sustentação. Embora esses padrões não sejam unanimemente aceitos, eles representam um consenso de opiniões expressas por competentes especialistas da área.

O planejamento, projeto, construção e desenvolvimento de instalações públicas para esportes e lazer são agora preocupação das autoridades nos níveis estadual, municipal e governamental. O assunto deve ser também preocupação do cidadão. Trata-se de algo particularmente urgente devido à crescente demanda e custos dessas instalações, especialmente em nível operacional.

Não obstante a tendência deste guia em focalizar grandes comunidades urbanas, a informação pode ser usada com sucesso por aqueles que participam em comitês de pequenos municípios, desde que sejam feitos ajustes de adaptação às condições locais.

Espera-se que a ampla distribuição deste manual encoraje a participação do cidadão no planejamento e no desenvolvimento de instalações esportivas e de lazer em sua própria comunidade.

INTRODUÇÃO

A responsabilidade em prover instalações para esportes e recreação está concentrada principalmente nas mãos das autoridades municipais. Para efetivamente cumprir essa responsabilidade, os administradores públicos e membros de comitês devem estar plenamente a par das mudanças nos interesses esportivos e de lazer dentro da comunidade, de novos métodos de lidar com as mudanças, bem como com o crescente aumento de conhecimento oriundo de pesquisas, estudos especiais e relatórios. Este manual foi preparado considerando todos esses aspectos.

O manual serve como ferramenta para ajudar as autoridades na tarefa de estabelecer padrões e planejar instalações públicas para esportes e lazer. O material deve ser interpretado como guia de orientação para planejar novas instalações, rever investimentos já realizados e avaliar práticas correntes. Por exemplo: o interesse das pessoas e o volume de participação irão variar entre uma comunidade de elevada densidade populacional e uma predominantemente composta por residências unifamiliares; variará entre uma região de baixa renda de uma área central e a de um subúrbio de operários. De grande significado é a dimensão do município. Por exemplo, o padrão de uma arena aqui citada é de 20.000 espectadores. Este padrão é inaceitável para uma cidade de 5.000 habitantes que tenha decidido que precisa e detém os recursos necessários para construir, manter e operar esse tipo de instalação.

Por meio desse manual, a expressão "instalação para esporte e lazer" inclui todos os tipos de prédios, espaços ao ar livre e áreas de parque. A expressão "autoridade em esporte e lazer" inclui todos os tipos de comitês, diretorias, comissões ou autoridades que operam instalações públicas.

Para auxiliar no uso deste manual, o conteúdo é dividido em seis sessões:

1. O processo de planejamento

   Esse material é colocado em primeiro lugar porque deve preceder a construção ou desenvolvimento da instalação.

2. Padrões para a instalação

   Estão agrupados para fácil acesso, mesmo que estejam mencionados em outras sessões.

3. Tabelas

   Esses itens gráficos, tais como tipos de áreas livres, padrões para instalações e dimensões das instalações foram agrupados e incluídos nesta sessão para maior praticidade.

4. Áreas especiais e instalações

   Quatro casos especiais: (a) *playgrounds*, (b) instalações em áreas de alta densidade, (c) escolas comunitárias e (d) adaptação para portadores de necessidades especiais são estudados nesta seção.

5. Implementação dos planos

   São apresentadas sugestões para a aquisição de terrenos, planejamento local e oferta de serviços de consultoria.

SEÇÃO 1. O PROCESSO DE PLANEJAMENTO

A crescente ênfase no lazer tem criado demandas para a construção de maior número e melhores instalações. Toda autoridade, quando confrontada com decisões sobre número, tipo e localização de projetos de instalações reconhece a importância de um plano cuidadoso. Este plano é um documento que identifica as instalações e serviços desejados e estabelece um curso de ação a seguir que atenderá a esses requisitos. Face à crescente elevação dos custos de terrenos e de construção, a autoridade não pode se permitir cometer erros.

Cada município, pequeno ou grande, necessita de um plano de esportes e lazer. É parte do plano geral da municipalidade. Dessa forma, não só tem aceitação, por meio de conselho para o estabelecimento de políticas, como também tem suporte legal via ato de planejamento, o qual determina que nenhuma ação pública será tomada de forma contrária àquelas políticas.

Em acréscimo, a afirmação pode ser usada de modo que o desenvolvimento ou redesenvolvimento garantirá a existência de parques, áreas livres, ou *cash-in-lieu* (compensação financeira) para essa área.

O incentivo para a obtenção de recursos adicionais em terras não deve se constituir na única motivação para o planejamento porque facilita:

⇒ Decisões sobre a necessidade de futuros financiamentos, acréscimo em recursos humanos e aquisição de terrenos;
⇒ Coordenação de todos os programas de lazer e esportes, isto é, públicos, privados e comerciais;
⇒ Comunicação com os cidadãos para determinar suas expectativas, encorajando seu envolvimento e participação;
⇒ Reconhecimento do potencial de lazer e esportes dentro da comunidade, ensejando um maior número de oportunidades;
⇒ Cooperação entre as autoridades, investidores locais, instituições, agências privadas e organizações comunitárias;
⇒ Melhoria nas experiências de lazer e esportes;
⇒ Instalações usadas em plena capacidade.

Seguir esse processo de planejamento não é tarefa fácil, mas é importante. Não há atalhos. O processo fornece a chave para entender quais são as necessidades da instalação; quando, como e para quem deverão elas ser construídas e desenvolvidas e onde devem ser localizadas. Uma vez que o plano esteja preparado, será relativamente fácil revisá-lo e atualizá-lo.

Abordagens para o planejamento

O planejamento para instalações de esportes e lazer envolve muito mais do que aplicar padrões recomendados. Requer, de fato, o desenvolvimento de um conjunto de padrões que são sensíveis às exigências de cada comunidade específica. Nenhuma abordagem é eficaz para todas as comunidades. A abordagem depende das dimensões, do estágio de desenvolvimento, dos recursos disponíveis (financeiros, de pessoal e de tempo), da filosofia e sofisticação da autoridade responsável pelo planejamento e pelo ambiente político da comunidade.

Existem cinco abordagens que podem ser utilizadas:
⇒ Planejamento de prédios e estruturas, tais como piscinas, arenas ou quadras de tênis a curto prazo;
⇒ Planejamento de parques ou áreas livres conforme as necessidades correntes;
⇒ A combinação de ambas acima a curto prazo;
⇒ Plano abrangente para instalações, o qual inclui orçamento, previsão, necessidades de pessoal, custos operacionais, todos previstos para acima de cinco, dez ou vinte anos;
⇒ Planejamento integrado ou de sistemas: uma abordagem múltipla que requer a integração de serviços fornecidos por todos os departamentos da cidade, qual sejam, obras, habitação, planejamento e esportes & lazer.

Planejamento de sistemas, um procedimento complexo e difícil que requer o envolvimento e a cooperação de todos os departamentos municipais. Cada departamento deve considerar a função de todos os outros departamentos e de como eles se inter-relacionam.

Não importa a abordagem escolhida, alguns princípios comuns de instalações para esportes e lazer devem ser seguidos:
1. Todas as pessoas devem ter acesso às atividades e instalações, a despeito de seu interesse, idade, sexo, orientação sexual, renda, grau de instrução, condições de moradia ou limitação física de qualquer natureza.

2. Esporte e lazer públicos devem estar integrados com outras oportunidades da mesma natureza, a fim de se evitar duplicação e estimular inovações.
3. Esporte e lazer públicos devem estar integrados com outros serviços públicos como educação, saúde, água, energia e sistemas viários.
4. As instalações devem estar adaptadas para desenvolvimentos futuros.
5. Instalações e programas devem ser financeiramente viáveis em todos os estágios de desenvolvimento; a operação e manutenção representam um fardo financeiro para a municipalidade maior do que o capital inicial investido. Alem disso, mais instalações exigem mais gastos com pessoal.
6. Os cidadãos devem estar envolvidos no processo de planejamento ao longo de todos os estágios.
7. O planejamento deve ser um processo contínuo, envolvendo constante avaliação das recomendações.
8. Os planos locais, regionais e estaduais devem estar integrados.

Elementos comuns no planejamento de esportes e lazer

As abordagens para o planejamento de instalações desportivas e recreativas podem variar, mas não os componentes do processo. Os títulos podem diferir, mas a intenção geral de cada fase tem aceitação comum. A sequência desses componentes não é padronizada e pode variar.

Os oito passos seguintes estão envolvidos no planejamento de instalações:

Análise preliminar

Rever todas as informações pertinentes para:

⇒ Evitar duplicação de estudos ou relatórios já realizados e utilizá-los de forma vantajosa;
⇒ Assegurar que os planos são compatíveis com outros serviços municipais;
→ Identificar potenciais obstáculos e limitações ao plano.

As informações revistas podem ser obtidas em órgãos, tais como secretarias estaduais ou municipais de esportes e lazer, secretarias municipais ou estaduais de planejamento urbano e devem incluir:

⇒ Políticas estabelecidas pelas autoridades competentes, departamentos de planejamento, planos oficiais e/ou regulamentos regionais.
⇒ Recursos financeiros, verbas estaduais e orçamentos operacionais como encontrados em planos similares de outras municipalidades.
⇒ Todos os estudos e pesquisas, como dados censitários e tendências de crescimento populacional proveniente de estudos anteriores e relatórios da região.
⇒ Disponibilidade de recursos hídricos e de energia.
⇒ Informações gerais sobre a comunidade, ou seja, nível de emprego, características étnicas e estruturas locais.
⇒ Opiniões políticas manifestadas por conselheiros, autoridades e funcionários graduados.

Análise do inventário

O inventário pode abranger desde uma ampla visão até os mínimos detalhes de um setor específico. Há o perigo de se coletar um número excessivo de informações. Assim sendo, entenda porque uma informação é necessária e como será usada antes de iniciar sua busca.

Há quatro tipos básicos de inventários:
⇒ Características físicas, como clima, solos, plantas, vegetação, fauna, geologia, topografia e hidrologia ajudarão a identificar áreas que poderão vir a ser desenvolvidas como espaços abertos ou parques ou mesmo considerar que devam ser mantidas tais como estão (pântanos, brejos) ou no caso em que se constituam em *habitats* naturais; se esta informação não estiver disponível, recomenda-se a contratação de ecologista ou especialista em meio ambiente.
⇒ Características sociais, como distribuição e densidade populacional, perfis de idade e sexo, tipos de moradias, bases culturais e econômicas, preferências da comunidade e no aspecto lazer; todos esses fatores contribuem para a compreensão do uso potencial das instalações e do nível de utilização das instalações atuais. Esta informação demográfica está normalmente disponível no sistema escolar. Dados bibliográficos podem ser adquiridos por meio de relatórios de pesquisas, levantamentos locais, pesquisas domésticas, conferências comunitárias e *workshops*.

⇒ As instalações existentes devem ser listadas e descritas em termos de tipo, propriedade, disponibilidade para uso, localização, dimensões, estado ou condições de uso de quem a utiliza, qual a natureza e origem dos usuários e capacidade de estacionamento. Estas informações indicarão o nível de serviços no âmbito comunitário.

⇒ Potenciais oportunidades de lazer indicarão as possibilidades para futuro desenvolvimento e devem incluir acesso a terras não desenvolvidas nos limites do município (terrenos baldios, áreas de conservação), em lugares normalmente utilizados para alguns outros propósitos (escolas, instituições, estacionamentos, ruas, passagens, terraços) e de áreas não acessíveis ao público (cursos d'água, linhas férreas abandonadas, clubes privados, edifícios, instalações industriais). Esses devem ser mapeados e sua localização indicada em relação à população e às atuais instalações.

Avaliação dos atuais sistemas

Uma vez compiladas as informações e delineadas as oportunidades existentes com as preferências comunitárias, é necessário fazer o levantamento dos níveis atuais de utilização. Isto pode ser feito de diversas maneiras. As combinações das seguintes técnicas demonstrarão o quadro de forma mais precisa:

⇒ Análise das estatísticas dos programas – nível de frequência, taxas de participação, comentários gerados pelos operadores (*staff*), incluindo voluntários, programadores e líderes de tempo não integral.

⇒ Reveja a aplicação de guias e padrões adotados no passado para indicar a exatidão e efetividade das políticas anteriores.

⇒ Considere as solicitações de grupos comunitários interessados e associações locais.

⇒ Estimule a opinião dos cidadãos por meio de reuniões comunitárias, representantes de grupos interessados e organizações comunitárias.

⇒ A avaliação dependerá das informações obtidas dessas fontes e devem indicar as necessidades que não estão sendo atendidas, bem como alegadas razões de deficiências.

Formulação de metas e objetivos

Em algum ponto no processo de planejamento a autoridade deve alcançar um entendimento de suas próprias possibilidades, seus recursos e amplo conhecimento das preocupações da comunidade. Baseado nesse entendimento, a autoridade pode expressar seu desejo de propiciar amplas oportunidades de esportes e lazer.

Essas aspirações podem ser traduzidas como metas e fornecem:
⇒ Uma direção geral para o programa, ou seja, como o plano será utilizado.
⇒ Os padrões a serem definidos, ou seja, o número, as dimensões e a localização geral das instalações.
⇒ Um *rationale* para as políticas estabelecidas, ou seja, o porquê da preparação do plano.
⇒ Uma base de recomendação para desenvolvimento futuro, ou seja, como ele se relaciona com outros planos, tais como um plano diretor geral e o orçamento da municipalidade. Para serem eficazes, essas metas desenvolvidas pelas altas autoridades devem se relacionar com:
⇒ As preocupações manifestadas pelos cidadãos e políticos;
⇒ As atuais limitações políticas, econômicas e ambientais;
⇒ As tendências futuras e as condições evidentes da comunidade.

Uma boa maneira para que o grupo que prepara o plano formule as metas é a de nomear um observador enquanto o grupo lida diretamente com as propostas que estão sendo consideradas para o plano. Discussões sobre as anotações feitas pelo observador acerca das políticas incluídas nessas propostas ajudarão a esclarecer o plano e a estabelecer metas a serem atingidas.

As metas devem ser amplas e bem qualificadas em termos de custo e consequências.

Os objetivos são mais explícitos do que as metas e devem:
⇒ Atender o espírito e o propósito das metas estabelecidas;
⇒ Serem específicos;
⇒ Sugerir meios de atender as metas;
⇒ Serem razoáveis e viáveis em termos de tempo e custos.

Esta parte do programa é uma declaração formal da gerência e pode ser formulada pelo *staff* ou com assistência direta dos cidadãos interessados.

Desenvolvimento de estratégias alternativas

Técnicas variadas podem ser utilizadas para seleção de estratégias alternativas para se atingir as metas e os objetivos estabelecidos. Três das quais são:

⇒ Fóruns comunitários – informações pertinentes, incluindo limitações financeiras, são apresentadas aos grupos comunitários que irão gerar ideias merecedoras de consideração.

⇒ Discussões de *staff* – sessões *brainstorms* são úteis para criar novas ideias; lista as possíveis alternativas sugeridas e discute as implicações de cada uma delas.

⇒ Questionários e estudos – incorporando informações coletadas a partir de entrevistas com moradores da comunidade.

Seleção de alternativas preferenciais

Selecionar uma alternativa revendo todas as sugestões em termos de:

⇒ Viabilidade financeira;

⇒ Limitações de tempo;

⇒ Relacionamento com as metas e os objetivos estabelecidos;

⇒ Impacto geral nos serviços da comunidade, tráfego, desenvolvimento habitacional e empreendimentos privados;

⇒ Atendimento das preferências da comunidade;

⇒ Impacto ambiental.

Isto pode ser realizado com ajuda e direção do *staff* profissional por meio de grupos comunitários, ou por meio de um comitê de planejamento.

Estabelecimento de padrões, guias e políticas

Dentro do quadro das metodologias ou estratégias selecionadas, guias específicos de planejamento e padrões podem ser então estabelecidos. Estes poderão ser incorporados dentro das políticas gerais do planejamento para direcionar o desenvolvimento por um período de tempo específico.

Os padrões podem ser estabelecidos em termos específicos quanto ao tipo de desenvolvimento que ocorrerá e em que grau ele será conduzido.

Os padrões devem ser expressos quantitativamente ou em termos de objetivos quantificáveis, tais como taxas de ocupação (como 800.000m^2

de área livre por mil habitantes). De qualquer modo, os padrões devem refletir as preferências e necessidades da comunidade; devem ser razoavelmente alcançáveis e revistos regularmente. Embora esses padrões direcionem e ofereçam meios de avaliação, eles devem ser tratados como guias flexíveis.

Os padrões utilizados por outras comunidades podem ser de ajuda no planejamento – departamentos de esportes e lazer, iniciando a tarefa pela primeira vez, encontram outros padrões úteis como comparação ou como ponto de partida.

As políticas devem ser direcionadas aos objetivos estabelecidos e em linha com os guias de planejamento e padrões. Elas devem exprimir programas de ações orientados para cada comunidade. As políticas devem ser relacionadas a:

⇒ Localização da instalação – indicando a relação entre cada desenvolvimento e a população para a qual ele serve e a outros usos;
⇒ As dimensões das áreas, número de instalações e tipos de oportunidades;
⇒ Padrão de desenvolvimento local;
⇒ Colaboração com outras entidades públicas;
⇒ Coordenação entre agências públicas e privadas;
⇒ Envolvimento dos cidadãos no projeto para a área e nos programas da instalação;
⇒ Avaliação técnica e critérios.

Essas políticas devem ser incorporadas ao plano oficial.

Envolvimento do cidadão

Durante o processo de planejamento é importante a participação efetiva dos cidadãos locais para os quais a instalação está sendo desenvolvida.

Somente dessa maneira pode a autoridade de esportes e lazer assegurar-se de que seus planos, quando finalmente implementados, serão uma significativa resposta às necessidades dos usuários. Através da oportunidade para que os cidadãos participem, o resultado do projeto terá maior probabilidade de ser bem-sucedido. Por meio da incorporação de ideias, sugestões e críticas dos cidadãos, o projeto representará o esforço da comunidade.

O envolvimento dos cidadãos, seja numa grande metrópole ou pequena cidade, ajuda a criar e sustentar maior suporte comunitário para as instalações e serviços que se pretende implementar.

Embora haja certa controvérsia baseada na premissa de que as pessoas que serão afetadas pela política de planejamento devam ter voz na sua definição, as opiniões variam bastante quando questões são consideradas acerca de quem deverá estar envolvido, quando e como se envolverão, e quanto de influência devem ter no projeto final. A solução dessas questões é essencial para se estabelecer uma política definitiva que encoraje a participação do cidadão.

Uma razão para o envolvimento

Não há dúvida de que o envolvimento dos cidadãos acrescenta tempo e custos ao processo de planejamento. Alguns acham que a participação pública é realmente fazer *lobby* por um segmento da população para um privilégio especial em detrimento da comunidade como um todo. O público é frequentemente acusado de ser apático e que carece de conhecimentos que possam contribuir para o processo de planejamento. Não importa a validade dessas afirmações, o fato é que tentativas sérias e honestas de envolver o público no planejamento são essenciais. No longo prazo, há muito a ganhar.

O envolvimento do cidadão pode fornecer um guia para os formuladores de políticas em relação aos valores e metas da comunidade.

Autoridades em esportes e lazer existem para o benefício público. Suas políticas são um patrimônio da comunidade e não devem refletir apenas em seus próprios valores. Os especialistas e planejadores devem ser guiados pelos pensamentos e opiniões da comunidade. Os cidadãos são capazes de lidar com valores conflitantes e podem frequentemente identificar omissões e detalhes esquecidos.

Satisfação pessoal por meio de serviços à comunidade

A participação oferece ao indivíduo a oportunidade de servir à sua própria comunidade e contribuir para seu bem-estar. Isso é mutuamente uma experiência enriquecedora para que o indivíduo tenha a oportunidade de crescer e expandir sua visão e conhecimento.

Informações adicionais

Enquanto a autoridade pode ter seu próprio sistema de coleta de dados, a população local poderá fornecer informações adicionais que de outra forma se tornariam inacessíveis ou desconhecidas para os especialistas em esporte/recreação. A população local tem a vantagem da proximidade e a melhor percepção derivada do fato de viverem na área a ser estudada.

Novas ideias e alternativas

Pensamentos claros e imaginativos sobre o assunto não residem somente na autoridade. Se oferecida oportunidade, algumas boas e criativas alternativas podem ser sugeridas pela população local.

Conhecimentos especiais

Frequentemente, alguns indivíduos com conhecimentos específicos podem ser chamados a contribuir com o plano. Sua assistência deve ser voluntária, reservando-se recursos financeiros para outros propósitos.

Interpretação e implementação

Se envolvidos, alguns cidadãos se tornarão intérpretes e assumirão a tarefa de explicitar o programa e os objetivos do planejamento para outros indivíduos ou grupos dentro da comunidade. Tendo a compreensão do que as propostas do plano significam para a comunidade, essas pessoas podem contribuir para uma maior base de suporte seja no desenvolvimento do plano, seja na implementação dos estágios.

Soluções gerenciais

Alguns problemas ambientais podem ser mais bem resolvidos por meio de alterações nas políticas gerenciais, o que pode vir a requerer mudança de atitudes das pessoas. A possibilidade ou facilidade de mudarem essas atitudes aumenta bastante caso estejam cientes, interessadas, sistematicamente informadas e convencidas de que novos comportamentos são necessários.

Armadilhas na participação do cidadão

Muito do que é chamada "participação do cidadão" é apenas superficial e concede pouca oportunidade ao público de influenciar no plano de forma significativa. Torna-se às vezes difícil distinguir entre a participação genuína e a ineficaz porque métodos semelhantes podem ser usados de ambas as maneiras. Não há dúvida de que, em algumas situações, a participação ineficaz é praticada inconscientemente devido à falta de conhecimento de como facilitar o verdadeiro envolvimento do cidadão, não sendo concedida a oportunidade de crescimento dessas pessoas por meio do aumento de seu conhecimento nas múltiplas considerações necessárias ao desenvolvimento do plano.

A participação do público acontece quando:
⇒ Os profissionais ouvem os residentes acerca de suas atitudes-metas, temores e fatos pertinentes;
⇒ Logo de início os cidadãos encontram oportunidade de tornar positivas suas contribuições;
⇒ Os grupos interessados e as agências identificam suas próprias posições, reconhecendo e respeitando a dos outros e trabalhando simultaneamente na direção de uma solução consensual;
⇒ O relacionamento entre profissionais, políticos e outras pessoas é fortalecido de modo que as barreiras de comunicação são ultrapassadas e a confiança mútua se amplia como base para que a comunidade funcione de forma mais integrada sob todos os aspectos;

Participação pública não é:
⇒ Vender uma solução predeterminada por técnicas de relações públicas;
⇒ Planejar a portas fechadas quando a informação deve ser compartilhada;
⇒ Comunicação via única, ou seja, o profissional ditando ao público o que é melhor para eles;
⇒ Confrontar "poder do público" e burocracia;
⇒ O "bypassar" representantes eleitos ou dificultar sua liberdade para exercer suas responsabilidades decisórias.

É importante enfatizar que os representantes eleitos devem ser parte do programa de envolvimento do cidadão. Desta forma, o público estará certo de que sua opinião será ouvida e considerada pelos responsáveis pelas decisões e, assim, garantida sua adesão ao projeto. Por outro lado, os políticos observarão que a participação dos cidadãos não significa exclusão de suas próprias responsabilidades como representantes eleitos, ao contrário, implica assisti-los na tomada das melhores decisões possíveis.

Métodos de assegurar a participação pública

A essência da participação pública é a livre troca de ideias. Há diversas maneiras de obtê-la e o mérito de cada uma depende – no mínimo parcialmente – da quantidade de informações que ocorrem em via dupla.

Nenhuma abordagem é adequada por si mesma, nem é apropriada qualquer combinação para todas as situações de planejamento. Cada projeto deve ter seu programa de participação do cidadão elaborado, levando em consideração as circunstâncias e condições singulares para a área em questão. Planejar para participação pública requer não somente a seleção de técnicas apropriadas, mas também determina quem envolver, programar os estágios e definir o orçamento do programa.

Exemplos:
⇒ Combinação do uso extensivo de mídia com reuniões públicas utilizando questionários sobre parques esportivos e de lazer para todas as residências da área;
⇒ Envolvimento de cidadãos com grupos interessados, associações comunitárias e o público em geral;
⇒ Adaptação do conceito de reunião comunitária, expandido para a forma de conferência comunitária.

Planejar e levar adiante um programa efetivo de participação pública requer qualidades especiais e treinamento. Nem todos os planejadores e especialistas são capazes de fazê-lo. Consequentemente, no caso de faltar experiência, deve ser solicitada assistência externa. As secretarias de esporte e lazer serão capazes de identificar, selecionar e recomendar uma assistência apropriada.

SEÇÃO 2. PADRÕES PARA SISTEMAS MUNICIPAIS DE RECREAÇÃO

Se os componentes de um processo de planejamento como descrito na primeira seção deste manual são seguidos dentro de uma municipalidade, um conjunto de padrões específicos para a comunidade pode ser elaborado. A aplicação desses padrões pode resultar num sistema de recreação adaptado apenas para aquele município.

Esta seção sumariza guias gerais ou padrões relacionados à função, ao raio servido e ao número de instalações comuns à maior parte dos sistemas. Esses padrões não devem ser utilizados como substitutos para um padrão específico para a comunidade. Ao contrário, devem ser usados como:

⇒ Exemplos referenciais durante o processo de planejamento;
⇒ Padrões temporários antes da elaboração e da aceitação de um plano específico para a comunidade;
⇒ Meios de avaliar os padrões à medida que são desenvolvidos pela municipalidade.

Tipos de espaços livres em um sistema de recreação

Parques devem ser planejados em relação ao seu papel dentro do sistema total de espaços livres. Observar que nem todo espaço livre necessita ser de propriedade pública.

A maioria do tempo é gasto no interior ou nas imediações da residência, utilizando-se de espaço que é de uso privado. Esse nível de espaço dentro do sistema é frequentemente ignorado porque tem uma orientação residencial ou de subvizinhança.

O segundo nível de espaço livre tem orientação de vizinhança e geralmente relaciona-se a uma população de 4.000 a 6.000 pessoas. Aqui a participação nas atividades é frequente e de curta duração. A instalação deve estar próxima ao usuário.

Muitas atividades requerem uma instalação dispendiosa. Estas são encontradas em espaços orientados para a comunidade. Neste caso, o maior tempo de viagem pode ser justificado e as instalações são geralmente projetadas para atividades esportivas formais, permitindo o desenvolvimento de área de jogos flexíveis e de uso múltiplo. A instalação com base na comunidade servirá usualmente a três ou seis comunidades vizinhas.

O quarto nível de espaço livre em um sistema atende a cidade de um modo geral ou tem orientação urbana. Essas instalações frequentemente servem à municipalidade como um todo ou a diversas comunidades. São altamente especializadas.

O quinto nível de espaço livre tem orientação regional e serve a duas ou mais municipalidades. Instalações regionais são extremamente especializadas e planejadas para excursões de meio dia ou de dia inteiro.

Esse sistema de espaços livres e instalações para recreação estarão incompletos sem um igualmente importante sistema de vias que proporcione pronto acesso a todas as partes do conjunto. O especialista em recreação e o planejador devem usar todas as oportunidades no sentido de facilitar o deslocamento de uma instalação para a outra. Todos os cursos d'água, espaços lineares ou trilhas, corredores utilitários, zonas de amortecimento, servidões abandonadas e áreas de conservação devem ser usados para ligar as partes componentes do sistema, facilitando assim atividades como ciclismo, caminhadas ou cavalgadas. O objetivo é o de oferecer um fluxo de pedestres tanto para escolas quanto para compras, bem como acesso público para as instalações e exploração da área sem uso do automóvel.

Padrões para o planejamento dos espaços

A seleção de padrões para espaços abertos vai além de estabelecer um "x" número de quilômetros quadrados para um número "y" de habitantes. Para uma dada atividade, a qualidade da experiência pessoal estabelece que somente um determinado número de pessoas pode participar antes que se inicie a saturação e a insatisfação ocorra. Um exemplo disso é o de esquiadores demais numa pista de descida.

Da mesma forma, deve ser considerada a manutenção da qualidade do recurso. Níveis máximos de utilização devem ser estabelecidos ou uma área selvagem, por exemplo, pode ser destruída por excesso de uso.

O planejamento para instalações ao ar livre se baseia fortemente no conhecimento de quantas pessoas desejam participar em uma ampla seleção de atividades.

A área central de uma cidade frequentemente fica abaixo dos padrões para espaços abertos estabelecidos pela municipalidade. Provavelmente este segmento já deve ter estado no centro de uma pequena cidade e estava rodeado por acessíveis áreas campestres.

O tempo e a expansão urbana mudaram tudo isso. Da mesma forma, o aumento discricionário do tempo tem modificado nossa atitude em relação à recreação. O desejo de participar em grande variedade de atividades tem crescido e continuará a crescer. Se alguma lição foi aprendida, certamente é a de que é preciso reservar espaço suficiente para atender a futuras necessidades. Grandes cidades têm ocasionalmente se defrontado com situações em que é necessário despender até um milhão de dólares por acre (5.000m²) para áreas de parque em uma antiga área residencial. Algumas cidades têm sido mais afortunadas, sendo capazes de reciclar antigos setores industrias, criar espaços abertos por meio de projetos de desenvolvimento local ou ainda promover programas de renovação urbana.

Pequenas cidades podem estar convencidas de que isto não lhes acontecerá. Poderão estar certas disso? É possível assegurar-se de que qualquer parte de grande ou média cidade possa estar livre de pressões ou problemas decorrentes de urbanização?

O padrão referencial para espaços abertos recomendados pela Divisão de Esportes e *Fitness* do Ministério da Cultura e Recreação do Canadá é de 20 acres (100.000m²) de área de parque (desenvolvido) por 1.000 habitantes. Em acréscimo a este parque, deverá existir 10 acres (50.000m²) de espaço aberto por 1.000 habitantes mantido em seu estado natural e dentro da região.

A combinação parque-escola

Uma das importantes tendências nos últimos anos refere-se ao conceito de parque-escola. Essencialmente, os parques de bairro são localizados adjacentes a escolas elementares; os parques comunitários junto às escolas secundárias. O grau de cooperação varia de comunidade para comunidade. Em alguns casos, trata-se de simples coexistência em que cada autoridade mantém responsabilidade por sua respectiva área de atuação com pequeno planejamento conjunto. Em outras localidades, a autoridade de recreação desenvolve e mantém a total instalação ao ar livre e as escolas são livremente abertas para uso público.

A situação ideal é quando a autoridade de recreação e o(s) conselho(s) de educação trabalham efetivamente no preparo de um local compartilhado sem qualquer consideração com limites legais. Todas as instalações necessárias dentro da vizinhança ou da comunidade são planejadas em cooperação. Quando isto ocorre, um efetivo parque-escola se desenvolve e dele todos se beneficiam.

Para ilustrar uma combinação de parque-escola, devemos fazer referência à cidade de Kirchner onde foram aplicados os seguintes padrões:

⇒ Quando um parque de bairro é planejado em conjunto com uma escola elementar júnior, o parque deve conter 28.000m² e a escola deve fornecer 24.000m² para um total mínimo de 52.000m²;

⇒ Quando um parque de bairro é combinado com uma escola elementar sênior, o parque deve conter 40.000m² e a escola deve fornecer 32.000m² para um total mínimo de 72.000m²;

⇒ Quando um parque comunitário é combinado com uma escola secundária, o parque deve conter 100.000m² e a escola deve fornecer 60.000m² quando não mais de 20.000m² desse total de 160.000m² forem usados para prédios, estacionamento e áreas paisagísticas.

Existem quatro condições caso se deseje uma satisfatória combinação parque-escola:

⇒ Ampla cooperação da parte de todos os interessados, antes mesmo dos terrenos serem adquiridos. Isto pode ser conseguido com comitês técnicos formados por representantes dos departamentos de planejamento, de educação e de recreação;

⇒ Após a aquisição, deverá ser formado um comitê de planejamento integrado pelas respectivas autoridades, estabelecido para assegurar o melhor uso da área total. O comitê deve concordar em itens tais como área de estacionamento comum, pagamento dos custos de água, esgoto e energia, localização das instalações compartilhadas (áreas esportivas), responsabilidade pela construção de prédios, desenvolvimento de áreas ao ar livre e manutenção.

⇒ Cronogramas para o desenvolvimento da área são importantes porque algumas instalações são necessárias alguns anos antes do que outras. Com alto grau de colaboração isto não será um grande problema, uma vez que existe acordo quanto ao plano como um todo.

⇒ Quando viável, deve haver uso compartilhado, incluindo o uso comunitário das escolas após o horário escolar. Isto requer algum tipo de acordo que cubra os custos de funcionários, supervisão de programas, manutenção das áreas esportivas, dos ginásios e das piscinas. Muitos desses acordos existem, mas eles variam amplamente mesmo em diferentes municipalidades sob uma única jurisdição de educação.

Arquitetos que planejam instalações compartilhadas notarão que importantes mudanças são necessárias em relação à escola-padrão. Por exemplo, os chuveiros e toaletes devem incorporar portas exteriores para os usuários do parque.

Padrões para instalações de recreação

Os padrões e guias apresentados na tabela 4, iniciando na página 32 (do documento original em inglês a traduzir), são recomendados pela Divisão de Esportes e *Fitness* do Ministério de Cultura e Recreação (Canadá). Os padrões apresentados devem ser usados com discrição. São baseados na prática e resultado de muitos anos de observações e discussões. Expressam os requisitos mínimos.

Não é sensato comparar o número de instalações em duas municipalidades. O que é adequado em uma comunidade de Ontário pode ser inadequado em outra por razões diversas. O interesse em algumas atividades pode variar. Na dúvida, tente instalações temporárias para começar. Pequenas comunidades devem considerar suas necessidades para uma gama de atividades e desconsiderar padrões até que seja requerida demanda por instalações adicionais do mesmo tipo.

Dimensões para áreas de recreação selecionadas

Para se planejar um local para uma atividade específica é necessário conhecer os requisitos de espaço para cada uma dessas atividades. Para jogos informais, há diversas fontes de consulta disponíveis em obras sobre recreação. Para esportes, as regras oficiais publicadas pelas diversas Confederações devem ser consultadas.

Espaço para estacionamento de veículos

Estacionamento é um importante requisito para uma área de recreação ou instalação esportiva. Mesmo os parques de bairro devem incluí-lo porque poucas pessoas querem caminhar, mesmo por curtas distâncias.

Ao calcular espaços de estacionamento, os seguintes princípios gerais devem ser observados:

⇒ A disponibilidade de transporte público;
⇒ A densidade populacional local; mais pessoas caminharao em áreas densamente povoadas;
⇒ O tipo de instalação ou atividade;
⇒ Número de instalações localizadas na área;
⇒ A localização da instalação junto a outras áreas de estacionamento (*shoppings*, escolas, igrejas);
⇒ A dimensão da área de estacionamento será definida pela secretaria de planejamento e um acordo pode ser necessário para o atendimento

do público em geral quando uma escola é usada para programas de recreação ou é combinada com um parque onde áreas de jogos são utilizadas como estacionamento. As especificações para o piso devem considerar o peso dos veículos;

⇒ A área de estacionamento deve ser parte integrante dos padrões de espaço aberto para a comunidade;

⇒ O estacionamento para funcionários em uma instalação importante deve ser considerado ao estimar espaço suficiente para uso público;

⇒ As instalações em subúrbios ou pequenas cidades que atendem áreas próximas podem exigir espaço adicional de estacionamento;

⇒ Incluir espaço para bicicletas e motocicletas;

⇒ Lembre-se dos fisicamente limitados e reserve local de estacionamento no nível térreo e próximo às entradas; proporcione espaços com largura de 3,60m para comodidade de entrada e saída do veículo.

ESTADOS UNIDOS DA AMÉRICA

Financiamento para o desenvolvimento de instalações
- Financiamento público
- Financiamento privado e público-privado
- Equipe financeira
- Pontos essenciais para um plano financeiro

FINANCIAMENTO PARA O DESENVOLVIMENTO DE INSTALAÇÕES

Instalações para esportes e recreação é parte integrante de uma comunidade. Escolas, organizações comunitárias, times, clubes e grupos interessados utilizam as instalações para negócios, entretenimento, recreação e esportes. As escolas, faculdades, universidades e outras entidades educacionais, bem como equipes profissionais, utilizam as instalações para uma variedade de atividades esportivas ou não esportivas, entretenimento e recreação.

Este capítulo focaliza métodos financeiros em um dos seguintes modos: público, privado ou em parceria público/privada para construir instalações de esportes e recreação. Diversos mecanismos envolvem a estrutura do setor público no desenvolvimento, expansão e renovação de instalações para esportes e recreação. A montagem financeira de um projeto é frequentemente a base para uma instalação bem-sucedida. Orçamentos, fluxos de caixa e propostas financeiras dependerão do cronograma de despesas projetadas. O objetivo da gerência financeira no setor público é minimizar o risco, o qual se traduz em maximizar o *cash flow* municipal. O objetivo da gerência privada é maximizar os ganhos dos investidores, o qual se traduz na maximização dos ganhos financeiros.

Opções financeiras – O financiamento de instalações para esportes e recreação requer a cooperação entre entidades públicas e privadas. Os tipos comuns de opções financeiras são a pública, a privada e a pública/privada.

Financiamento Público

Uma variedade de impostos ou taxas podem ser reduzidos. Os mais comuns incluem taxas ou impostos de hotel/motel, restaurante, locação de veículos, bebidas e fumo, vendas, serviços, rodoviárias, utilidades (gás, energia, lixo, iluminação), de propriedade urbana (IPTU), de licença de funcionamento (alvarás). As isenções de taxas e impostos menos objetadas pelos contribuintes são as relacionadas a hotéis, restaurantes e aluguel de veículos porque elas serão provavelmente compensadas com o incremento do turismo. Os planejadores devem ter sempre em mente que o aumento de taxas e impostos gera preocupação junto aos contribuintes.

Outra estratégia usada pelos governos para estimular investimentos no setor privado é a de oferecer redução ou isenção de impostos territoriais. Programas de isenção ou redução existem praticamente em todos os Estados. Tipicamente são concedidas mediante solicitação; faz parte do pacote de incentivos da cidade negociar franquias. A isenção de IPTU para uma determinada empresa poderá ser total ou parcial. O período do benefício dependerá da legislação local.

A emissão de títulos é a forma mais comum de uma cidade ou Estado gerar o dinheiro necessário para instalações de esportes e recreação. Um título é definido como "um certificado emitido por um governo ou corporação, comprometendo-se ao pagamento de juros e de retorno do principal em uma data específica no futuro" (SAMUELSON & NORDAUS,

1985). De acordo com Howard e Crompton (1995), "um título é uma promessa feita pelo emissor do título de pagar de volta ao tomador do título uma soma específica, com juros, dentro de um período de tempo determinado". Títulos emitidos por um governo ou municipalidade são referidos como títulos públicos e são tipicamente isentos de impostos e taxas federais, estaduais ou locais nos juros auferidos. Os tomadores de títulos podem incluir indivíduos, organizações, instituições ou grupos que desejam emprestar dinheiro a um juro predeterminado. Contudo, de acordo com Miller (1997), os títulos não são panaceia para o desenvolvimento de instalações de esportes e recreação por duas razões fundamentais – limite de dívida ou capacidade de débito e preocupações públicas com respeito a isenções fiscais.

Existem basicamente dois tipos de títulos governamentais: obrigações de crédito garantidas e as não garantidas. Um título comum com obrigação é o de crédito garantido. O título comum com obrigação refere-se a títulos que são remunerados com uma parte das taxas gerais de propriedade (IPTU). Há duas grandes desvantagens na emissão de títulos obrigatórios – requer aprovação por voto e aumenta a dívida local.

Os títulos não garantidos têm sido os mais comuns tipos usados para financiar instalações de esportes e recreação (HOWARD & CROMPTON, 1995). Esses títulos são vendidos na base de retorno oriundo de outras fontes designadas de receitas fiscais. Se a receita é inferior ao que é requerido para o pagamento do débito, a entidade governamental não necessita cobrir a diferença. Há três importantes vantagens no uso desse mecanismo de financiamento: aprovação por voto não é usualmente necessária, o débito não é considerado débito estatutário e aqueles que se beneficiam mais da instalação pagam por ela.

Atualmente há três tipos de financiamento não garantido: títulos de receita, certificado de participação e financiamento incremental de imposto. Títulos de receita podem ser suportados exclusivamente por receitas auferidas do projeto ou por uma fonte designada de recursos, tais como taxas de hotel/motel, restaurantes, aluguel de veículos ou combinação dessas taxas e outras.

Certificados de participação envolvem uma entidade governamental adquirindo a instalação. O governo então faz *leasing* de partes da instalação para o público em geral. O dinheiro auferido desses *leasings* é usado para pagar os custos de capital da instalação. Contudo, existe um aspecto moral mais do que legal de obter outras fontes no caso em que um contratado de *leasing* se retira do negócio.

Atualmente, a maioria dos Estados têm aprovado legislações autorizando o chamado financiamento incremental de imposto (TIF – *Tax Increment Financing*). O TIF é viabilizado quando uma área urbana foi identificada para renovação ou redesenvolvimento. Residências de alto nível (*real estate*) construídas com a utilização do TIF são atraentes para os acionistas, já que não haverá aumento de imposto. A base de imposto na área definida é congelada no início e qualquer eventual incremento nessa base será utilizado para remunerar os títulos TIF. Os aspectos econômicos de qualquer TIF dependem do potencial de desenvolvimento de uma área escolhida e seus arredores.

Títulos de autoridades especiais são usados para financiar estádios ou arenas por autoridades públicas especiais (estatais), as quais podem operar fora dos constrangimentos normais que são exigidos dos governos. Basicamente têm sido usadas como forma de vencer a resistência pública a novos projetos esportivos e construídos sem anuência popular. Sem a necessidade de passar por *referendum* público, as autoridades flutuam esses títulos no mercado que algumas vezes são garantidos ou aceitos moralmente pelo Estado.

Fontes adicionais de recursos, além de impostos/taxas e títulos disponíveis do setor público, incluem apropriações estaduais e federais (fundos públicos designados a um fim específico) e doações públicas.

Financiamento Privado

Investimento do setor privado é o mais preferido por acionistas como resultado de declínio financeiro do setor público e impactos econômicos questionáveis (MILLER, 1997). O investimento do setor privado assume uma grande variedade de formas e graus de contribuição. Esse setor contribui regularmente para o financiamento de instalações de esportes e recreação das seguintes maneiras:

⇒ **Doações em dinheiro** – O dinheiro é doado para a organização para uso geral ou específico em retorno por uma dedução de imposto.
⇒ **Contribuição em espécie (*in-kind contribution*)** – Uma organização, negócio ou especialista autônomo doa equipamento ou tempo ao projeto, obtendo dedução de imposto em retorno.

- ⇒ **Direitos do nome** – Uma corporação adquire o direito de usar seu nome na instalação por uma soma específica e por um determinado número de anos (por exemplo, RCA Dome em Indianápolis, US$ 2milhões ao ano por 10 anos; Conseco Fieldhouse em Indianápolis, US$ 2,5 milhões ao ano por 10 anos; Estádio Raymond James (Corporação Financeira) em Tampa, US$ 3,8 milhões por 10 anos; Pacific Teleis Corporation – Pacific Bell Park, US$ 50 milhões por 24 anos.
- ⇒ **Exclusividade de concessão** – Companhias adquirem direitos de exclusividade para todas as concessões dentro da área de espectadores por uma certa quantia e por determinado número de anos.
- ⇒ **Direitos de restaurante** – Uma corporação compra os direitos de restaurante para todos os restaurantes dentro da área de espectadores.
- ⇒ **Pacotes de patrocínio** – Grandes firmas locais ou internacionais são solicitadas a fornecer materiais ou serviços a uma organização esportiva a custo zero ou com substancial redução no preço de venda, com retorno em visibilidade para a corporação.
- ⇒ **Pacotes de seguro de vida** – Esses programas solicitam o repasse das apólices de seguros de vida adquiridas por um doador para especificamente beneficiar a organização após sua morte.
- ⇒ **Acordos de *Leasing*** – Esses programas alugam as instalações para outras organizações durante o período "fora de temporada", ou alugam espaços adicionais dentro da instalação não utilizados para atividades esportivas, tais como espaços de escritórios e pontos de vendas.
- ⇒ **Suítes de luxo** – São direcionadas para VIPs e utilizadas por grandes corporações para encontros com clientes (almoços/jantares), bem como para fins de entretenimento.
- ⇒ **Cadeiras preferenciais (ou assentos para clubes)** – Trata-se de um setor VIP localizado no setor das suítes de luxo ou em áreas de clubes mais caras do estádio.
- ⇒ **Locais de assentos permanentes** – Proporcionam aos torcedores e aficionados oportunidade de adquirir ingressos para a temporada e escolher os locais preferidos.
- ⇒ **Renda de estacionamento** – Estes ganhos são gerados pela exploração dos estacionamentos no entorno da instalação.
- ⇒ **Receitas de *merchandising*** – Esta receita é gerada pela venda de camisas, bermudas, bonés, calças, camisetas, abrigos, chaveiros, óculos, objetos de vidro, pratos, bolsas, bolas, etc.

⇒ **Direitos de alimentos e bebidas** – Companhias adquirem direitos exclusivos para refrigerantes, cervejas e alimentos vendidos aos espectadores.

⇒ **Direitos de publicidade** – Os direitos são vendidos a várias entidades que desejem direcionar publicidade aos espectadores na instalação.

⇒ **Legados** – Acordos são feitos com indivíduos, os quais após sua morte doarão uma certa parte de suas propriedades para a organização.

⇒ **Doação de rendimentos oriundos de propriedade (*real estate*) e doação de rendimentos de fundos aplicados em uma instituição** – Acordos são firmados com indivíduos para oferecer a uma organização rendimentos de propriedades, ações ou fundos mútuos para suportar uma doação a um projeto específico. Somente o rendimento anual oriundo dessas fontes pode ser utilizado, não o principal.

A mais nova estratégia de financiamento, como descrita por Daniel Kaplan (*Sports Business Journal*,1998), é denominada investimento com garantia de retorno (ABS – *Asset-Backed Security*). Em 1998, a Ascent Entertainement, proprietária dos times profissionais de hóquei e basquete de Denver, lançaram US$ 130 milhões de dólares em ABS para ajudar a pagar os US$ 160 milhões da arena Pepsi Center. No caso do Ascent, o retorno do investimento é garantido pelas receitas geradas por direitos de nome de arena, direitos de patrocinador, garantias de concessão e licenças de uso de suítes de luxo. Diversamente dos métodos tradicionais de financiamento, como empréstimos bancários ou emissão de títulos, os quais geralmente requerem o comprometimento de toda a receita gerada pela instalação, um ABS pode ser garantido por apenas parte do fluxo das receitas. Além disso, uma emissão de ABS não requer que os times ou proprietários abram seus livros financeiros para os credores.

O valor do investimento do setor privado é bem ilustrado pela quantidade de receita gerada por fontes de recursos privados na construção do The Ball Park em Arlington, Texas (total de US$ 349 milhões de dólares), os quais incluiram US$ 12,7 milhões provenientes de concessionárias, 46 milhões de receita do primeiro ano das suítes de luxo e US$ 17,1 milhões de oferta de assentos preferenciais, totalizando US$ 35,8 milhões (BRADY & HOWLETT, 1996).

Financiamento Privado e Público-Privado

Ao longo das ultimas décadas, a parceria pública/privada tem se desenvolvido para grandes instalações públicas de esportes. Tipicamente, o setor público empresta sua autoridade para implementar mecanismos de financiamento de projetos, enquanto o sócio privado contribui com aspectos relacionados ao projeto e fontes de recursos. A expansão das receitas geradas por instalações tem resultado em aumento do nível de investimento privado. Exemplos recentes de associações incluem o Alamodome (San Antonio, Coors Stadium (Denver) e Grand Stade (Saint Denis, França).

Equipe Financeira

Todo o projeto de construção necessita reunir uma equipe financeira apropriada a fim de projetar, organizar e financiar uma instalação pública ou privada ou pública-privada. Uma equipe financeira bem-sucedida deve incluir proprietário, gerente de instalação, consultor de viabilidade, contador, consultor em plano de negócios (*business plan consultant*), assessor financeiro, consultor em instalações, arquiteto, especialista em custos, empreiteiro, gerente de construção, especialista em seguros, assessoria legal ao proprietário e um Conselho (*Bond Council*).

A equipe financeira deve trabalhar em conjunto para desenvolver as metas e objetivos da comunidade e/ou proprietário. Um bem-sucedido financiamento da instalação é a associação entre a comunidade local, o proprietário, o governo, as instituições financeiras e os investidores.

Pontos Essenciais para um Plano Financeiro

Os pontos essenciais num plano financeiro são os seguintes:

⇒ Metas e objetivos para o Plano Geral;
⇒ Análise da atual situação financeira da organização;
⇒ Análise das projeções de recebimentos *versus* despesas, incluindo as importâncias obtidas por meio de levantamento de fundos e recursos governamentais;
⇒ Análise da projeção de capital necessário ao longo do período do plano.

Informações específicas com relação ao estado financeiro no final do período.

INGLATERRA

Departamento da Comunidade e do Governo Local (DCLG)

GUIA DE POLÍTICA DE PLANEJAMENTO 17: PLANEJAMENTO PARA ESPAÇOS AO AR LIVRE, ESPORTES E RECREAÇÃO

As notas do Guia de Política de Planejamento (PPG) estabelecem as políticas nacionais do Governo em diferentes aspectos do planejamento. Esta PPG substitui a Política de Planejamento (PPG) Nota 17 publicada em 1991. As políticas estabelecidas neste guia devem ser consideradas pelas entidades de planejamento regional na preparação do Guia Regional de Planejamento e pelas autoridades de planejamento locais na preparação de Planos de Desenvolvimento. Essas políticas devem ser também observadas para decisões nas aplicações de planejamento individual.

⇒ Objetivos do planejamento;
⇒ Política nacional de planejamento;
⇒ Levantamento de necessidades e oportunidades;
⇒ Estabelecimento de padrões locais;
⇒ Manutenção de adequado suprimento de espaços livres e instalações para esportes e recreação.

Objetivos do Planejamento

Espaços ao ar livre, esportes e recreação sustentam a qualidade de vida das pessoas. Políticas de planejamento bem elaboradas e implementadas para espaços livres, esportes e recreação são fundamentais para desenvolver os amplos objetivos governamentais. Estes incluem:

⇒ **Suporte para um renascimento urbano** – redes locais de espaços ao ar livre e instalações para esportes e recreação de alta qualidade bem administradas e mantidas contribuem para criar ambientes urbanos atraentes, limpos e seguros. Áreas verdes em espaços urbanos desempenham funções vitais na conservação da natureza e biodiversidade e, atuando como pulmões verdes, ajudam no objetivo de melhorar a qualidade do ar.

⇒ **Suporte à renovação rural** – o campo pode oferecer oportunidades de recreação e os visitantes podem desempenhar importante papel na regeneração das economias das áreas rurais. Espaços ao ar livre dentro de estabelecimentos rurais e acessibilidade a instalações de esporte e recreação contribuem para a qualidade de vida e bem-estar dos moradores de áreas rurais.

⇒ **Promoção de inclusão social e coesão comunitária** – espaços ao ar livre bem planejados e mantidos, bem como a boa qualidade das instalações, podem desempenhar um papel importante junto à população, contribuindo para o sentimento de bem-estar nos locais onde vivem. Como ponto focal para as atividades da comunidade, tais espaços podem atrair membros das comunidades carentes e dar às pessoas oportunidades de integração social.

⇒ **Saúde e bem-estar** – espaços ao ar livre e instalações de esportes e recreação têm papel vital na promoção de vida saudável, na prevenção de doenças e no desenvolvimento das crianças de todas as idades por meio de jogos, atividades esportivas e integração com os demais.

⇒ **Promoção do desenvolvimento sustentável** – assegura que os espaços ao ar livre e instalações de esportes e recreação (particularmente em áreas urbanas) sejam facilmente acessíveis a pé ou por bicicleta, e que instalações de esportes e recreação de uso mais intensivo sejam planejadas para locais bem servidos em transportes públicos.

POLÍTICA NACIONAL DE PLANEJAMENTO

Avaliação das Necessidades e Oportunidades

1. Para assegurar efetivo planejamento de espaços ao ar livre, esportes e recreação são imprescindíveis para que as necessidades das comunidades locais sejam conhecidas. As autoridades locais devem efetuar ampla avaliação das necessidades existentes e futuras para espaços livres e instalações de esportes e recreação nas suas comunidades. Essas avaliações são normalmente realizadas em nível distrital, embora algumas delas referentes a instalações estratégicas devam ser realizadas nos níveis regionais e sub-regionais.

2. Minimamente, a avaliação das necessidades deve cobrir diferentes e distintas necessidades da população para espaços ao ar livre, instalações para esportes e recreação. As necessidades dos que trabalham, dos visitantes e usuários das áreas, bem como dos residentes, devem estar incluídas.

3. As autoridades locais devem realizar auditorias nos espaços ao ar livre e nas instalações de esportes e recreação, bem como no uso das instalações existentes e sua avaliação em termos de localização e custos. As auditorias devem considerar os elementos quantitativos e qualitativos dos espaços ao ar livre e das instalações de esportes e de recreação. Auditorias de qualidade são particularmente importantes porque permitem às autoridades locais identificar potencial para incremento de uso através de melhor projeto, gerenciamento e manutenção.

4. Avaliações e auditorias permitirão às autoridades locais identificar necessidades específicas, bem como déficits qualitativos e quantitativos ou excedentes de espaços ao ar livre e instalações de esportes e recreação em suas áreas. Estabelecem, portanto, o ponto de partida para o desenvolvimento de uma estratégia para espaços ao ar livre e instalações de esportes e recreação, em consonância com a estratégia comunitária da autoridade local para efetivo planejamento por meio de políticas e planos.

5. Auditorias e avaliações de boa qualidade que conduzam a estratégias claras com suporte em efetivas políticas de planejamento irão fornecer instrumentos vitais para solucionar conflitos potenciais que ocorrem quando há diferentes usos e diferentes usuários de espaços ao ar livre e instalações de esportes e recreação. O governo espera que todas as autoridades locais conduzam avaliações de necessidades e auditorias nos espaços ao ar livre e nas instalações de esportes e recreação, conforme os itens acima. A boa prática de condução fornecerá orientações mais detalhadas de como conduzir essas avaliações e auditorias.

Estabelecimento de Padrões Locais

6. O governo acredita que padrões para espaços ao ar livre são mais bem estabelecidos localmente. Padrões nacionais não podem regular circunstâncias locais tais como perfis demográficos diferenciados ou o alcance dos empreendimentos existentes em determinada área.

7. As autoridades locais devem utilizar a informação obtida a partir das avaliações de necessidades e oportunidades para estabelecer padrões para a provisão de espaços ao ar livre e instalações de esportes e recreação em suas áreas. Os padrões locais devem incluir:

→ Elementos quantitativos (quantas novas provisões serão necessárias);

→ Um componente qualitativo (contra o qual medir a necessidade de melhoria de instalações existentes); e

→ Acessibilidade (estabelece limites para distâncias e apresenta considerações sobre o uso da instalação).

8. Padrões locais consistentes, obtidos das avaliações de necessidades e auditorias nas instalações existentes, formarão as bases para correção das deficiências quantitativas e qualitativas no decorrer do processo de planejamento. Os padrões devem ser incluídos no desenvolvimento dos planos.

9. Avaliação das necessidades e oportunidades: Um guia de acompanhamento ao PPG17 fornece orientações adicionais para estabelecimento de padrões locais de espaços ao ar livre, esportes e recreação.

Manutenção do Suprimento Adequado de Espaços ao Ar Livre e Instalações de Esportes e Recreação

10. Espaços ao ar livre existentes, prédios destinados a esportes e recreação e terrenos não devem receber edificações a menos que uma avaliação tenha sido feita, a qual tenha demonstrado claramente que o espaço livre ou os prédios e terrenos excedem as exigências. Para espaços livres, "exceder as exigências" deve incluir considerações sobre todas as funções que o espaço livre pode realizar. Nem todos os espaços livres, terrenos esportivos e recreativos e prédios têm mérito idêntico, sendo que alguns podem estar disponíveis para usos alternativos. Na falta de uma consistente e atualizada avaliação pela autoridade local, um candidato à autorização para planejamento pode demonstrar, através de avaliação independente, que os terrenos e prédios excedem as exigências. Empreendedores precisam consultar a comunidade local e deixar claro que suas propostas são amplamente suportadas por ela. O parágrafo 15 adiante se aplica com referência a qualquer solicitação de planejamento envolvendo campos de jogos.

11. Espaços ao ar livre e instalações de esportes e recreação de alta qualidade e de particular valor para a comunidade local devem ser reconhecidos e protegidos pelas autoridades locais por meio de políticas de planejamento apropriadas. Áreas de notórias qualidades podem incluir:

→ Pequenas áreas ao ar livre em áreas urbanas locais de caráter ameno que oferecem oportunidade recreativa e de jogos;

→ Espaços ao ar livre que acrescentem recursos à comunidade e que possam ser utilizados para eventos formais ou informais, como festivais religiosos ou culturais, mostras de agricultura, feiras de turismo; e

→ Áreas livres que particularmente beneficiam a vida selvagem e a biodiversidade.

12. O desenvolvimento de espaços ao ar livre e instalações de esportes e recreação oferecem oportunidades para que as autoridades locais corrijam deficiências na sua provisão. Por exemplo, onde uma autoridade local identifica um excedente em um tipo de espaço ao ar livre ou em uma instalação de esporte ou recreação e, ao mesmo tempo, déficit em outro tipo, as exigências de planejamento devem ser usadas para assegurar que uma parte da área em desenvolvimento seja reservada para o tipo de espaço ao ar livre ou instalação de esporte e recreação que se encontre em déficit.

13. Da mesma forma, o desenvolvimento pode ensejar a oportunidade de trocar o uso de uma área por outra para compensar qualquer perda de espaço ao ar livre ou instalação de esportes e recreação. O novo terreno ou instalação deve ser, no mínimo, acessível aos usuários atuais e potenciais e equivalente em termos de dimensão, capacidade de uso, atratividade e qualidade. Sempre que possível, o objetivo deve-se à obtenção de aumento quantitativo de espaços ao ar livre e instalações de esportes e recreação. As autoridades locais devem fazer uso de suas obrigações e deveres de planejamento para trocar terreno, assegurando que qualquer trabalho necessário seja realizado e que as novas instalações sejam capazes de se sustentar adequadamente por meio de contratos de gerenciamento e manutenção.

14. Parques, áreas de recreação, campos de jogos e terrenos não devem ser considerados como "terra previamente desenvolvida" como definido no Anexo C do PPG3. Ainda que o terreno não se inclua na definição de "terreno previamente desenvolvido", seu valor potencial para recreação ou outras finalidades deve ser criteriosamente avaliado antes que um desenvolvimento venha a ser considerado.

→ **Nota baseada no Anexo C do PPG3:** "Terreno previamente desenvolvido" é aquele que está ou foi ocupado por uma estrutura permanente e associado a uma estrutura fixa (excluindo edificações agrícolas ou florestais). A definição abrange o terreno em torno do desenvolvimento. O terreno previamente desenvolvido pode abrigar prédios ou estabelecimentos rurais. A definição inclui prédios de defesa e terrenos usados para extração mineral e depósitos de rejeitos em que provisão para recuperação não foi prevista segundo procedimentos de controle de desenvolvimento. A definição exclui terrenos e edificações de uso corrente com propósitos agrícolas e florestais e terrenos em áreas construídas que não foram desenvolvidos previamente (como parques, áreas para recreação e loteamentos, mesmo que essas áreas possam conter aspectos urbanos como caminhos, pavilhões ou outros prédios). Fica também excluído o terreno que foi previamente desenvolvido, mas cujos remanescentes de qualquer estrutura ou atividade fundiram-se na paisagem com o decorrer do tempo (a ponto de que possam ser razoavelmente considerados como parte do ambiente natural circundante) e onde há uma razão evidente para que a reutilização da área signifique contribuição para a conservação da natureza ou que ela tenha sido subsequentemente colocada para lazer e não possa ser considerada como passível de redesenvolvimento.

Campos de Jogos

15. Em prosseguimento à avaliação das necessidades, as autoridades locais devem ter cuidadosa consideração com qualquer solicitação de planos envolvendo desenvolvimento de campos de jogos (veja nota 3 [p. 182]). Onde uma consistente avaliação de necessidades não foi conduzida de acordo com este Guia, a permissão para planejamento não deve ser autorizada a menos que:

  → O desenvolvimento proposto seja complementar ao uso de áreas como campos de jogos (por exemplo, vestiários) e não afete adversamente a quantidade e a qualidade dos campos e seu uso;

  → O desenvolvimento proposto somente afete uma área incapaz de formar um campo de jogo (ou parte de um);

  → Os campos de jogos que venham a ser perdidos como resultado do desenvolvimento proposto sejam substituídos por um ou vários campos de jogos em quantidade e qualidade equivalentes em localização adequada (ver parágrafo 13 anteriormente) ou;

→ Desenvolvimento proposto é para uma instalação coberta ou ao ar livre com suficiente benefício para o desenvolvimento do esporte, de modo a compensar a perda de um campo de jogo.

Desenvolvimento dentro dos espaços ao ar livre

16. A qualidade recreativa de espaços ao ar livre pode ser prejudicada por desenvolvimento não relevante ou perda parcial da área. Considerando aplicações de planos dentro ou junto a espaços ao ar livre, as autoridades locais devem avaliar quaisquer benefícios oferecidos à comunidade contra a perda de espaços ao ar livre que porventura venha a ocorrer. As autoridades de planejamento podem autorizar estruturas de pequena escala, as quais suportariam usos recreativos (por exemplo: centros de interpretação teatral, toaletes e pontos de alimentação), buscando assegurar que todos os desenvolvimentos propostos levam em conta e são sensíveis ao contexto local.

17. As autoridades devem:

→ Evitar qualquer desgaste da função recreativa e manter ou aumentar o caráter das áreas ao ar livre;

→ Assegurar que os espaços ao ar livre não sofram de crescente descuido, fluxos de tráfego ou outra intromissão;

→ Proteger e incrementar as vias da rede passeios públicos (direitos de trânsito) que possam beneficiar os espaços ao ar livre; e

→ Considerar o impacto de qualquer desenvolvimento na biodiversidade e na conservação da natureza.

Ampliação dos Espaços ao Ar Livre Existentes e das Instalações de Esportes e Recreação

18. Onde os espaços para recreação e as instalações são de qualidade inferior ou subutilizados, tal fato pode não significar falta de necessidade da área. As autoridades locais devem buscar oportunidades de aumentar o valor das instalações existentes. O uso pode ser incrementado por melhor gerenciamento ou por investimentos que assegurem melhorias. Os acordos de planejamento podem ser aplicados onde melhorias são exigidas para atender as necessidades (ver

o parágrafo 33). Na busca em aperfeiçoar os espaços ao ar livre e instalações existentes, as autoridades locais devem:

→ Promover a compatibilidade do uso dos espaços ao ar livre e das instalações de esportes e recreação, via utilização conjunta das áreas;

→ Encorajar melhor acessibilidade dos espaços ao ar livre e das instalações de esportes e recreação, levando em conta a necessidade de mobilidade da população local; e

→ Promover melhor uso dos espaços ao ar livre e das instalações de esportes e recreação existentes, mediante o uso de bons projetos para redução da criminalidade.

19. Considerando critérios de iluminação, as autoridades locais devem assegurar que o conforto local esteja protegido. O impacto da iluminação com torres ou postes deve ser fator determinante na concessão de uma autorização de planejamento. Orientação adicional encontra-se contida no documento anexo a este PPG.

Planejamento para novos espaços ao ar livre e para instalações de esportes e recreação

Princípios Gerais

20. Na identificação da localização de novas áreas ao ar livre e instalações para esportes e recreação, as autoridades locais devem:

→ Promover acessibilidade a pé, por bicicleta ou via transporte público e assegurar que as instalações são acessíveis a indivíduos portadores de deficiências;

→ Localizar o uso recreativo mais intenso em espaços onde possam contribuir para a vitalidade e funcionalidade dos centros urbanos;

→ Evitar qualquer perda significativa de conforto para os residentes ou para a biodiversidade;

→ Aumentar a qualidade do bem público por meio de projeto adequado;

→ Oferecer espaços ao ar livre em áreas comerciais e industriais;

→ Acrescentar e melhorar o escopo e a qualidade das instalações existentes;

→ Considerar cuidadosamente a segurança e a integridade física individual, principalmente das crianças;

→ Atender às necessidades de regeneração das áreas, utilizando campos de terra em lugar de áreas verdes;

→ Considerar a utilização de qualquer sobra de terreno para espaço ao ar livre ou uso em esporte e recreação *versus* eventuais usos alternativos;

→ Avaliar o impacto de novas instalações na inclusão social; e

→ Considerar as necessidades de recreação de visitantes e turistas. Em acréscimo a esses princípios gerais, os parágrafos 21 e 23 abaixo se aplicam com respeito aos tipos específicos de instalações ou áreas.

Uso combinado de Instalações de Esportes, de Recreação e de Lazer

21. Muitas instalações de esportes e recreação são semelhantes na utilização dos espaços para determinadas formas de lazer, por meio do uso intensivo da área e por atrair grande número de visitantes. De fato, algumas são combinadas com elementos significativos de entretenimento, vários tipos de varejo e atividades de lazer, os quais funcionam por muitas horas do dia. A permissão de planejamento para tais desenvolvimentos deve ser concedida apenas em locais acessíveis nos centros das cidades ou em áreas próximas em centros de distritos ou bairros. A permissão de planejamento não deve ser concedida para locais fora dos centros. Instalações em pontos centrais devem ser situadas onde exista grande nível de demanda para uso de instalações combinadas. O guia PPG6 estabelece os princípios que devem ser aplicados na localização e uso dos centros.

Estádios e Grandes Desenvolvimentos

22. A permissão de planejamento para estádios e desenvolvimentos importantes que irão acomodar um grande número de espectadores ou que também funcionem como instalações comunitárias com base em esportes e recreação deve ser concedida apenas quando localizadas em áreas com bom acesso por transporte público. A permissão para planejamento de instalações adicionais como varejos e usos de lazer não deve ser concedida para quaisquer desenvolvimentos fora do centro, a não ser que atendam às políticas estabelecidas no PPG6.

Instalações Locais

23. As autoridades devem assegurar que seja feita provisão para esportes locais e instalações recreativas (seja por meio do aumento do

número de instalações, seja pela melhoria das instalações existentes) onde a permissão para planejamento foi concedida para novos desenvolvimentos (especialmente moradias). Acordos de planejamento (veja parágrafo 33 a seguir) devem ser concedidos onde apropriado, visando a buscar crescente provisão de espaços ao ar livre e de esportes locais, instalações de recreação e melhoria das instalações existentes. Onde a instalação local atrair público de locais mais distantes, especialmente em áreas urbanas, a permissão de planejamento não deve ser concedida a menos que o local seja bem atendido por transporte público.

Espaços ao Ar Livre

24. No planejamento de novos espaços e na avaliação de aplicações de planejamento para desenvolvimento, as autoridades locais devem procurar oportunidades de melhorar a rede de espaços ao ar livre, a fim de criar espaços abertos provenientes de terras sem uso e de incorporar espaços dentro do novo desenvolvimento em terras previamente utilizadas. As autoridades devem também ponderar a possibilidade do uso de terras consideradas inadequadas a desenvolvimento ou procurar utilizar áreas de propriedade particular ou instalações esportivas existentes.

Áreas urbanas periféricas

25. O campo em torno das cidades fornece um valioso recurso para a provisão de esporte e recreação, particularmente em situações onde exista falta de terrenos em áreas urbanas para atendimento dessa finalidade. Com referência aos parágrafos 27-30 a seguir, as autoridades locais devem encorajar a criação de instalações de esportes e recreação, o desenvolvimento de áreas como parques, florestas comunitárias e mostras de agricultura. Onde a permissão de planejamento é concedida para tais usos da terra, as autoridades de planejamento locais devem assegurar que as instalações são acessíveis a pé, por bicicleta e via transporte público como alternativa para o uso do automóvel.

Áreas rurais

26. Em áreas rurais, essas instalações de esportes e recreação devem provavelmente atrair número significativo de participantes ou espec-

tadores e devem ser localizadas no campo ou nos limites das cidades. Esses desenvolvimentos requerem justificativa especial se forem localizados em campo aberto, embora propostas para uso alternativo de fazendas (hotéis fazenda), envolvendo atividades esportivas e de recreação devam receber consideração favorável. Todo desenvolvimento em áreas rurais deve ser concebido com grande cuidado e sensibilidade quanto à sua localização.

Provisão para Esportes e Recreação em Áreas Designadas

27. A designação de áreas como parques nacionais ou áreas de excepcional beleza natural não impede seu uso para atividades esportivas e recreativas, porém, outras atividades ruidosas ou invasivas devem ser restritas a localizações onde terão impacto mínimo ou nenhum sobre os residentes ou usuários de recreação. As autoridades de parques nacionais devem trabalhar integradas com outras autoridades locais e com entidades de esportes e recreação, visando a assegurar novos esportes e instalações recreativas em locais apropriados dentro dos Parques Nacionais.

28. Em áreas providas de excepcional beleza natural, as autoridades de planejamento local devem procurar atender as demandas para atividades de esportes e recreação quando elas forem consistentes com o propósito primário de conservação das belezas naturais, da paisagem, da preservação das áreas agrícolas, das florestas e afins.

29. O Acordo de Planejamento (ver item 33) para desenvolvimento de atividades esportivas ou recreativas temporárias ou permanentes próximo ou em local de interesse científico especial SSSI (*Site of Special Scientific Interest*) somente deverá ser considerado se o empreendimento demonstrar condições que impeçam impactos no SSSI, ou se outros fatores materiais atendam a exigências relacionadas à conservação da natureza.

30. O Acordo de Planejamento pode ser solicitado em Cinturões Verdes para propostas de realizaçao ou modernizaçao de instalações essenciais a atividades esportivas e recreativas e onde seja mantida a integridade do Cinturão Verde. O desenvolvimento deve ser o mínimo necessário e as instalações não essenciais como salas funcionais adicionais ou de lazer interno e recreação devem ser tratadas como desenvolvimentos impróprios. Circunstâncias muito especiais que

compensem dano ao Cinturão Verde devem ser demonstradas para que o desenvolvimento venha a ser autorizado.

Atividades Esportivas e Recreativas em Ambientes Naturais e Aquáticos

31. Algumas atividades como trilhas e escaladas requerem ambientes naturais característicos. Onde esses ambientes existem, as autoridades devem reconhecer seu valor real e suas potencialidades, provavelmente além dos interesses da população local. O Acordo de Planejamento deve ser concedido apenas quando o impacto dos esportes e atividades recreativas sobre os aspectos naturais sejam mínimos. As instalações devem ser cuidadosamente planejadas de modo a assegurar que não haja conflitos entre esportes, atividades recreativas e outros interesses. Considerando a aplicação de planos para desenvolvimentos próximo às áreas aquáticas, as autoridades locais devem assegurar que o acesso para fins de esporte e recreação não seja dificultado, devendo ser melhorado, se possível. A visão dos cenários, os legados históricos e a preservação dos recursos hídricos devem ser também protegidos.

Rede de Passeios Públicos (Direito de Trânsito)

32. Os passeios públicos representam uma importante instalação de recreação que a autoridade local deve proteger e melhorar. As autoridades locais devem empenhar-se em oferecer melhores facilidades para os pedestres, ciclistas e para passeios a cavalo, acrescentando, por exemplo, ramificações à rede de passeios públicos existentes.

Acordos de Planejamento

33. Os Acordos de Planejamento devem ser usados como meios de suprir deficiências locais quantitativas e qualitativas de espaços ao ar livre, esportes e recreação. As autoridades locais têm justificativa em buscar Acordos de Planejamento quando a quantidade e a qualidade da provisão são inadequadas ou sujeitas a risco, ou quando novos desenvolvimentos aumentam as demandas locais. É essencial que as autoridades submetam avaliação de necessidades e auditoria detalhada nas instalações existentes e estabeleçam padrões locais apropriados, a fim de justificar Acordos de Planejamento. Recomendações adicionais para autoridades que buscam Acordos de Planejamento

para espaços ao ar livre e atividades esportivas e recreativas estão contidas no guia de boa prática associado a esse Guia de Política de Planejamento.

Nota: Acordos de Planejamento ("Planning Obligations") são acordos legais entre o empreendedor e a autoridade de planejamento, feitos para assegurar que qualquer novo empreendimento não cause prejuízo a serviços ou instalações existentes, tais como espaços ao ar livre, instalações de recreação e lazer, estradas, escolas, bibliotecas ou outros serviços comunitários. Os Acordos são utilizados quando certas condições ou outros arranjos fora do sistema de planejamento não cobrem ou são inadequados àquela situação particular. Os Acordos impõem obrigações ou restrições que condicionam o uso subsequente da terra à concessão da permissão de planejamento.

ANEXO: DEFINIÇÕES

Espaço ao Ar Livre

Espaço ao ar livre é definido no Ato 1990 de Planejamento da Cidade e do País (Town and Country Act – 1990) como área destinada a jardim público, ou utilizada para fins de recreação pública, ou área de cemitérios desativados. Contudo, na aplicação das políticas deste Guia, o espaço ao ar livre deve compreender e significar todos os espaços ao ar livre de valor público, incluindo não somente o terreno, mas também as áreas aquáticas que abrangem rios, canais, lagos e reservatórios que ofereçam significativas oportunidades para esportes e recreação, podendo também funcionar como ponto de visão paisagística [ver parágrafo 3 (vi) a seguir].

2. A tipologia a seguir ilustra o leque de espaços ao ar livre que têm valor público significativo:
   i. Parques e jardins – incluindo parques urbanos, parques campestres e jardins formais;
   ii. Espaços verdes urbanos naturais e seminaturais – incluindo bosques, florestas urbanas, matas, gramados (exemplo: terras comuns e pastagens), brejos, águas correntes, depósitos sanitários, propriedades abandonadas e áreas rochosas como penhascos, pedreiras e escavações;

iii. Corredores ou vias verdes – incluindo calhas de rios e canais, ciclovias e passeios públicos;

iv. Esportivas ao ar livre (com superfícies naturais ou artificiais, de propriedade pública ou particular) – incluindo quadras de tênis, boliche na grama, quadras esportivas, campos de golfe, pistas de atletismo, campos de jogos escolares ou institucionais e outras áreas de esportes ao ar livre;

v. Espaços verdes (com mais frequência, mas não exclusivamente nas áreas residenciais), incluindo espaços informais de recreação, espaços verdes dentro e em torno das áreas residenciais, jardins domésticos e áreas verdes urbanas;

vi. Provisão para crianças e adolescentes incluindo áreas de jogos, pistas de esqueite, cestas de basquete ao ar livre e outras áreas informais (abrigos com cobertura);

vii. Loteamentos, jardins comunitários e chácaras urbanas;

viii. Cemitérios e adros de igrejas;

ix. Áreas campestres acessíveis no perímetro urbano; e

x. Espaços comuns, incluindo praças e quarteirões comerciais, bem como outras superfícies destinadas e próprias para uso de pedestre.

Essa tipologia e suas variações devem ser utilizadas pelas autoridades locais na preparação de análises de necessidades e auditorias em espaços ao ar livre e instalações de esportes e recreação existentes.

3. As autoridades locais devem também reconhecer que a maioria das áreas de espaços ao livre pode ter múltiplas funções, devendo ser consideradas as diversas funções dos espaços ao ar livre na aplicação das políticas deste documento que incluem:

i. Funções estratégicas: definindo e separando áreas urbanas; melhor ligação entre cidade e campo; e atendimento das necessidades de recreação de forma extensiva;

ii. Qualidade urbana: ajudando na regeneração e melhorando a qualidade de vida das comunidades por meio da oferta de espaços verdes atraentes próximos ao local onde vivem os cidadãos;

iii. Promoção de saúde e bem-estar: oferecendo às pessoas de todas as idades oportunidades de recreação informal como caminhar, andar de bicicleta ou montar dentro dos parques e espaços ao ar livre, ao longo de caminhos, trilhas e margens de rios. Firmas concessionárias podem oferecer exercícios físicos e outros benefícios à saúde;

iv. Santuários e *habitats* para fauna e flora: essas áreas devem também ter potencial para serem corredores ou marcos divisórios entre um *habitat* e outro, devendo contribuir para a obtenção dos objetivos estabelecidos nos planos locais de biodiversidade;

v. Um recurso comunitário: como lugar de congregação e realização de eventos comunitários, festivais religiosos e feiras de turismo; e

vi. Como atração visual, mesmo sem acesso público, pois agrada aos indivíduos ter espaços ao ar livre próximos para contemplar a vista, perceber variações na cena urbana ou usufruir elementos paisagísticos positivos.

Esporte e Recreação

4. O esporte e a recreação não estão especificamente definidos nos propósitos deste PPG. Com exceção de casos limitados, onde há políticas específicas para atividades esportivas (como na localização de estádios), tais políticas são genéricas e devem ser aplicadas a todas as formas de atividades de esporte e recreação.

Notas Finais

1. Anexos a este documento fornecem orientação adicional.
2. ODPM (*Office of the Deputy Prime Minister*): Avaliação das necessidades e oportunidades.
3. Como definido no Instrumento Estatutário n° 1817 de 1996 que emenda o Planejamento da Cidade e do Campo (Procedimento de Desenvolvimento Geral (Ordem 1995b). Esta emenda requer que as autoridades locais de planejamento consultem o *Sport England* no que se refere a desenvolvimentos que afetam terrenos utilizados como campos de jogos.

ODPM: Avaliação de necessidades e oportunidades: Guia anexo ao PPG17.
Política publicada em 24 de julho de 2002.
Fonte: *Planning Policy Guidance 17*: Planning for Open Space, Sport and Recreation. Department of Communities and Local Government (UK).

INSTALAÇÕES

INSTALAÇÕES AQUÁTICAS

CONSIDERAÇÕES GERAIS

⇒ Verificação da existência de instalações aquáticas na área;
⇒ Definição dos tipos de programas a serem implementados;
⇒ Estimativa do número de pessoas que utilizarão a piscina;
⇒ Dimensões e tipos de piscina para atender aos programas;
⇒ Disponibilidade de local apropriado;

⇒ Estimativa de custo da construção;
⇒ Estimativa de custo da operação e receita prevista;
⇒ Procedimento para o planejamento, financiamento e operação da piscina.

Recomendações:
⇒ Contratar consultor de planejamento familiarizado com projetos de piscinas;
⇒ Obter assessoria de operadores de piscina competentes e de especialistas em esportes aquáticos responsáveis pelos programas que ali serão desenvolvidos;
⇒ Realizar acompanhamento e inspeção contínua da obra para assegurar que a piscina está sendo construída conforme as especificações.

PREMISSAS PARA O ESTABELECIMENTO DO PROGRAMA DE PLANEJAMENTO

⇒ Atividades recreativas e/ou competitivas;
⇒ Avaliação de interesse em equipamentos para saltos;
⇒ Definição do tipo de tratamento da água;
⇒ Avaliar vantagem de cobertura;
⇒ Prever possibilidade de expansão futura;
⇒ Consultar códigos e regulamentos locais para construção de piscinas.
⇒ Atenção a possíveis mudanças de programas de atividades.

Cabe ao planejador profissional (engenheiro ou arquiteto) preparar os planos e estabelecer as bases para a licitação da obra após a conclusão do projeto.

O comitê responsável pela construção pode receber valiosa assistência quanto a custos das seguintes fontes:
⇒ Empreiteiro local com larga experiência em construções;
⇒ Experiente construtor de piscinas;
⇒ Especialistas – arquitetos ou engenheiros – com experiência em projetos e construção de piscinas.

DIMENSÕES E FORMATOS DAS PISCINAS

Em piscinas comunitárias abertas, onde o espaço é frequentemente um problema, recomenda-se construir um mínimo de três entre as quatro piscinas abaixo descritas e, se possível, todas elas.

1. Piscina Principal

Utilizada para recreação em geral, instrução em natação e competições. Profundidade de 2,00m (atende a ambos, natação e polo aquático). Comprimentos de 25,00m ou 50,00m e largura conforme previsão de número de raias (largura da raia 2,50m).

Piscina de Clube

2. Piscina Funda

Para saltos de trampolins e plataformas, bem como outras atividades que exigem maior profundidade, como mergulho subaquático, natação sincronizada e salvamento.

⇒ Dimensões de 12,50m × 12,50m × 4,50m para dois trampolins (1m e 3m) e uma plataforma de 5m.
⇒ Dimensões de 15,00m × 25,00m × 4,50m para dois trampolins de 1m, dois trampolins de 3m e plataformas de 1m, 3m, 5m, 7,5m e 10m.

Piscina de Saltos

3. Piscina de familiarização

Frequentemente denominada piscina infantil, onde crianças com idade abaixo de seis anos são iniciadas no ambiente aquático. Profundidade de 0,15m a 0,75m. Dimensões conforme previsão de uso.

4. Piscina de aprendizagem ou adaptação de 0,75m a 1,20m de profundidade

Normalmente com 25,00m de comprimento e largura variável, conforme as necessidades dos programas propostos. Um comprimento de 16,66m pode ser conveniente em certos casos porque a cada três percursos perfaz-se o total de 50 metros. Esta medida é bastante utilizada em piscinas de academias de natação. Recomenda-se largura de raia de apenas 2,00m.

Conjunto Aquático

A separação entre piscinas é sempre recomendada em piscinas comunitárias, em oposição à combinação de todas as atividades em uma única piscina, o que frequentemente gera conflito no seu uso. Em certos casos, pode-se utilizar a mesma piscina para atividades distintas, desde que as áreas estejam separadas por barreiras apropriadas. A permanente vigilância de guarda-vidas é indispensável. As profundidades devem estar claramente indicadas em locais visíveis, de preferência no piso do *deck*. Um quadro mural estabelecendo as normas de uso da piscina deve estar visivelmente localizado.

É de suma importância prever acessibilidade a portadores de limitações físicas (deficientes, idosos, etc).

Tabela 3.1: Mínimo de Ocupação Recomendável.

Tipo de Atividade	Piscina Coberta	Piscina ao Ar livre
	Área de Ocupação por Usuário (m²)	
Piscina Rasa (abaixo de 1,50m)		
Natação recreativa	1,25	1,35
Instrução avançada	1,80	2,25
Instrução para iniciantes	3,60	4,05
Piscina Funda (acima de 1,50 m)		
Natação recreativa	1,80	2,25
Instrução avançada	2,25	2,70
Saltos	15,75	18,00
Largura do *Deck*	1,80 m	3,00 m

FORMATOS E TIPOS DE PISCINAS

Retangular

Forma em L

Forma em Z

Coberta

Teto Deslizante

Entretenimento

PISCINAS PARA ESCOLAS

Piscinas para escolas são, sem dúvida, diferentes de piscinas tipicamente comunitárias. Elas variarão de acordo com o nível educacional a ser atendido, bem como com a projeção do número de matrículas.

Piscina Escolar de Lazer

Piscinas para Escolas Elementares

Dois tipos de piscinas podem ser planejados para escolas elementares. A primeira é a piscina de treinamento, destinada basicamente a ensinar natação às crianças. Pode ser (e é quase sempre) uma piscina toda rasa ou com profundidades variando de 0,75m a 1,35m e até 1,50m. As dimensões mínimas recomendáveis são de 6,00m × 15,00m, sendo preferível 7,50m × 18,00m. A segunda é a piscina escola – comunidade que é mais larga e mais profunda e destinada a acomodar tanto adolescentes quanto adultos nos períodos noturnos e fins de semana. As dimensões mínimas recomendadas são 6,00m × 18,00m × 1,30m, sendo preferível 25,0m × 10,00m × 1,30m.

Algumas comunidades dispõem de salas de aula vazias. A possível conversão desses espaços para piscinas de natação deve ser considerada. Piscinas portáteis podem ser adquiridas a baixo custo e oferecem real potencial para escolas elementares. Atenção: essas piscinas devem ser localizadas apenas em áreas térreas das escolas. Devido a seu peso devem ser colocadas sobre vigas de concreto. Por outro lado, é possível também projetar a piscina em salas de aula vazias. Neste caso, procede-se a remoção do piso, seguindo-se a escavação. Essa alternativa em concreto ou alvenaria é mais dispendiosa, porém definitiva, levando-se em conta que a piscina portátil tem previsão de duração não maior do que dez anos. As dimensões mínimas recomendadas são de 4,80m × 7,20m, sendo preferível 6,00m × 12,00m.

Piscinas para Escolas Secundárias

Devem ser projetadas para permitir um programa aquático completo, incluindo o uso da piscina pela comunidade local. Contudo, em muitos casos não é possível a construção nas dimensões desejáveis por motivos financeiros. Porém, deve-se ter em mente que uma piscina menor é melhor do que nenhuma.

Tabela 3.2: Dimensões sugeridas (em metros).

	Mínima	Desejável
Dimensões	9,00 × 7,50	12,50 × 25,00
Rasa (prof.)	0,90	1,10
Funda (prof.)	1,50	3,60
Altura do teto	4,80	5,40

Se possível, para atender às amplas necessidades da comunidade, a piscina para a escola secundária deve prever um tanque em separado para saltos e outras atividades que requerem maior profundidade. Este tanque pode ser projetado em piscinas com formato em L ou T.

Alguma previsão para espectadores deve ser também considerada, seja pela construção de um mezanino, seja pela colocação de arquibancadas removíveis no nível do *deck*, ou ainda pela construção de arquibancadas permanentes em uma ou ambas laterais da piscina.

Uma boa prática para se obter piscinas de grande aceitação é a de atribuir a ambas, escola e prefeitura local, tanto o planejamento quanto o financiamento do empreendimento. Um arranjo que costuma dar certo é aquele em que a escola tem uso exclusivo da piscina durante a semana e a municipalidade a opera nos finais de semana e férias escolares. Às vezes, o uso noturno é facilitado ao público mesmo durante a semana escolar.

Piscina para Faculdades e Universidades

Essa piscina aparece em diversas instituições de ensino como o ponto focal dos programas de recreação. Uma recente tendência é a do custo de manutenção da piscina ser total ou parcialmente coberto por meio da cobrança de uma taxa de utilização.

Sem dúvida, o maior desenvolvimento em piscinas de faculdades e universidades tem sido o movimento em direção da construção de uma piscina de 50 metros e piscinas adicionais separadas da piscina principal para saltos e treinamentos. As piscinas da Universidade do Texas, Universidade de Indiana em Indianópolis, Universidade de Miami em Oxford e a Universidade da Flórida são bons exemplos.

A questão de decidir se é preferível construir um único complexo aquático ou distribuir pequenas piscinas estrategicamente localizadas tem preocupado faculdades e universidades. A resposta parece ser a favor de um grande e único complexo e os fatores que apoiam a tendência para esta opção são:

⇒ Aparentemente, os estudantes se sentem melhor fazendo parte de um grande grupo em um local de recreação envolvendo atividades aquáticas.

⇒ Instalações maiores dão a oportunidade de incluir itens suplementares como saguões, solários, mesas para refeições, saunas e outros confortos.

⇒ Um grande complexo de piscinas oferece oportunidade para organizar importantes eventos competitivos, *shows* aquáticos e demonstrações.

⇒ A grande piscina permite ao diretor das instalações programar diferentes atividades e/ou aulas ao mesmo tempo. Pelo menos três ou quatro estações de ensino podem ser acomodadas em uma piscina de 50 metros.

TENDÊNCIAS EM CENTROS AQUÁTICOS DE LAZER

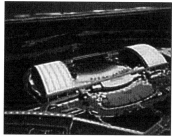

Piscinas no Japão

Piscina de lazer

Desde o início dos anos 90, as áreas aquáticas têm se expandido não somente no âmbito de piscinas tradicionais, mas também no desenvolvimento e na implantação de uma grande variedade de centros de entretenimento aquático. Essa nova abordagem tem proporcionado a criação de diversos centros de lazer. Com apoio de capital privado, agências públicas municipais passaram a projetar piscinas não retangulares, com acesso nível zero para conforto dos usuários e acessibilidade a indivíduos fisicamente limitados, escorregadores ou tobogãs, áreas de entretenimento para crianças e até mesmo equipamentos geradores de ondas. A tendência é na direção de uma filosofia de projeto já consagrada em grande parte do Oeste Europeu, Canadá e diversas áreas turísticas da Ásia, Sul do Pacífico e África. As características dessas piscinas incluem cascatas, fontes, redemoinhos, canais com correnteza, cursos de água tranquilos e equipamentos para jogos aquáticos Os projetos devem considerar os custos iniciais, custos operacionais, ciclo de vida útil e permanência de popularidade a longo prazo.

Piscina de Lazer – Entretenimento   Piscina de Hidroginástica

Não é raro encontrarmos uma piscina em cidades da Alemanha, França, Inglaterra ou Holanda cujo custo operacional é autossustentável. Por meio do investimento privado ou público-privado, a piscina pode ter seu retorno financeiro amortizado em três ou quatro anos.

O principal diferencial é que a piscina está localizada em um centro de lazer que oferece uma grande variedade de atividades. Enquanto a piscina é o ponto focal do complexo, outras oportunidades de lazer estão disponíveis aos membros da família não necessariamente interessados em nadar. Instalações que oferecem atrativos para a família é a marca registrada desses avançados projetos que incluem restaurantes, lanchonetes, pistas de boliche, *playgrounds*, quadras de *squash*, academias de ginástica, etc. O complexo recreativo ainda oferece oportunidade para que os adeptos do lazer passivo usufruam o local em atividades como compras e utilização de alguns serviços como salões de beleza, saunas, exposições artísticas, etc. Com um planejamento imaginativo, os complexos aquáticos incorporados a um centro de lazer oferecem segurança e amplas oportunidades de recreação para frequentadores de todas as idades, suas habilidades e interesses.

TRATAMENTO DE ÁGUA

Não existe método de tratamento de água acima de qualquer suspeita. O mais popular é o cloro, mas há alternativas que vão desde certos produtos como cloreto de sódio e bromo a equipamentos que tratam a água de modo mais automatizado. Cada um tem suas vantagens e desvantagens quanto a custo, manuseio e eficiência.

Cloro

Tratar a água com cloro (ou melhor, ácido hipocloroso) tem várias vantagens: é barato, fácil de encontrar, oxidante – elimina partículas de sujeira – e conta com excelente ação residual desinfetante, ou seja, age por tempo prolongado.

Por outro lado é tóxico e requer cuidados no uso e manuseio. Altera o pH da água, exigindo controle constante (veja quadro). Reage com produtos nitrogenados, tais como suor, urina e bronzeadores, produzindo a cloramina, substância de cheiro ruim que irrita os olhos e a pele. Em dias ensolarados os raios ultravioleta elevam o seu consumo.

Hoje, no Brasil, há quatro tipos de cloro para piscinas. Nunca os misture porque há risco de incêndio ou explosão.

→ **Frequência de tratamento**: O ideal é medir o cloro diariamente, corrigindo-o quando alterado.

Cloro líquido

Conhecido também como água sanitária. Tem aproximadamente 12% de cloro ativo.

→ **Vantagens**: baixo custo e dissolução rápida na água.

→ **Desvantagens**: contém muita água. Como é usado em grandes quantidades, dificulta o manuseio e a armazenagem. Aumenta o pH da água.

Cloro granulado comum

Também encontrado na forma de pó.

→ **Vantagens**: de fácil manuseio e não se decompõe quando estocado. Com 65% a 70% de cloro ativo, é suficiente uma pequena quantidade no tratamento.

→ **Desvantagens**: Mais caro que o cloro líquido e eleva também o pH, porém, menos que o cloro líquido. Se lançado diretamente sobre fibra de vidro ou vinil pode provocar manchas. O ideal é dissolvê-lo antes de lançá-lo no tanque.

Dicloro

Também conhecido como cloro granulado estabilizado. Dissolve-se rapidamente, por isso é ideal para piscinas de fibra de vidro ou vinil.

→ **Vantagens:** reage com a água produzindo o ácido cianúrico que evita maior dissipação à luz do sol, prolongando sua ação desinfetante. Pode ser lançado diretamente no tanque. Não modifica o pH da água.

→ **Desvantagens:** É mais caro que os anteriores e exige cuidados na estocagem devido à sua alta concentração.

Tricloro

Geralmente vendido na forma de pastilhas colocadas em recipientes flutuantes ou instalados na tubulação de retorno. Dissolvem-se aos poucos, o que o torna ideal para pequenas piscinas residenciais ou em sítios.

→ **Vantagens:** De forma similar ao dicloro, produz ácido cianúrico e prolonga a ação desinfetante. É de fácil manuseio.

→ **Desvantagem:** Altera o pH.

Métodos alternativos ao cloro

→ Ozonizador;

→ Ionizador;

→ Salinizador;

→ Esterilizador ultravioleta;

→ Biguamida polimérica.

Ozonizador

Instalado na tubulação de retorno, o aparelho eletroeletrônico utiliza-se de oxigênio para produzir ozônio que misturado à água tem ação germicida e oxidante. Não produz elementos nocivos à saúde, podendo eliminar a cloramina. No caso de piscinas em ambientes fechados, é preciso medir o ozônio do ar frequentemente, pois ele é tóxico na atmosfera.

→ **Vantagens:** oxida sais metálicos, coagulando-os e facilitando a filtração. Não modifica a alcalinidade da água e oxida a maioria dos cosméticos usados pelos banhistas, reduzindo a faixa gordurosa nas paredes do tanque. Faz tudo sozinho.

→ **Desvantagens:** Seu efeito residual é muito pequeno, o que obriga ao uso de um pouco de cloro, apesar de alguns fabricantes serem contrários. Se o aparelho ficar desligado por 18 minutos ou mais, o tratamento perde o efeito. Não é um bom algicida. Exige investimento na instalação e a compra do aparelho varia de R$ 2 mil a R$ 3 mil.

→ **Frequência de tratamento:** O ozonizador deve ficar ligado 24 horas por dia.

→ **Algumas marcas:** Dr. Ar, 03, Panozon.

Ionizador

O aparelho é fixado na tubulação de retorno, introduzindo íons de prata e cobre na piscina. São inofensivos à saúde, mas agem como algicida (o cobre) e germicida (a prata).

→ **Vantagens:** A ionização não produz cloramina, tem bom efeito residual, não sofre decomposição pelo sol, não altera o pH nem tem a eficiência alterada por ele. Exige menor controle da água.

→ **Desvantagens:** A prata leva muito tempo para eliminar os microrganismos. Além disso, nem ela nem o cobre são oxidantes, exigindo a colocação de pequena quantidade de cloro ou outro oxidante para eliminar impurezas que passam pelo filtro. O aparelho custa entre R$ 2 mil e R$ 3 mil.

→ **Frequência de tratamento:** Um *timer* liga o aparelho no tempo programado, diariamente. Para uma piscina de 40 mil litros, o ideal é mantê-lo funcionando duas horas por dia. Depois de 18 meses de uso, é preciso trocar a placa de cobre (cerca de R$ 200).

→ **Algumas marcas:** Aqualux, Criatec.

Salinizador (gerador de cloro)

Sal sem iodo é colocado no aparelho instalado na tubulação de retorno. Nele a água salgada passa por células eletrolíticas que quebram as moléculas gerando cloro e sódio.

→ **Vantagens:** Maior segurança no manuseio e menor incidência de alergia à água. Mantém o pH estável e destrói a cloramina. Fácil manutenção.

→ **Desvantagens:** Investimento alto na aquisição do aparelho – um modelo para uma piscina de 40 mil litros custa de R$ 1,7 mil a R$ 2,7 mil.

→ **Frequência de tratamento:** Segundo os fabricantes, o aparelho precisa funcionar todos os dias, durante quatro horas no inverno e de seis a oito horas no verão.

→ **Algumas marcas:** Saltonic, JustChlor.

Esterilizador ultravioleta

Fixado na tubulação de retorno, promove ação germicida por meio da radiação ultravioleta.

→ **Vantagens:** Único desinfetante que não é um produto químico. Tem pouca interferência no pH da água. Não oferece riscos à saúde, como alergia, irritação na pele e nos olhos, nem produz odor.

→ **Desvantagens:** A agitação da água reduz a eficiência dos raios ultravioleta. É preciso ter cuidado, principalmente com os olhos, no manuseio do aparelho.

→ **Frequência de tratamento:** O esterilizador tem que funcionar durante oito horas diárias, no mínimo. Se desligar, podem surgir bactérias na água.

→ **Marca:** Sibrape.

Biguanida polimérica

Não usa cloro como auxiliar. Pelo contrário: os dois produtos são incompatíveis. Além da biguanida, é preciso lançar na água um oxidante, como água oxigenada a 100 volumes e um algicida para exterminar os microrganismos.

→ **Vantagens:** Não irrita a pele, olhos e cabelos. Não reage com produtos nitrogenados, portanto, não produz cloramina. Não modifica o pH da água.

→ **Desvantagens:** É incompatível com o cloro, por isso a água do saneamento público precisa ser desclorada antes de receber a biguanida. É mais cara que o cloro e sua ação germicida é mais lenta.

→ **Frequência de tratamento:** O produto é usado a cada duas semanas, em média, ou quando o kit de teste indicar a necessidade.

→ **Marca:** Aqualid.

Cloro e pH: uma relação delicada

O controle do pH da água entre 7,2 e 7,8 é fundamental para o sucesso do trabalho desinfetante do cloro. Se estiver baixo, provoca ardor nos olhos e irritação na pele, podendo, ainda, corroer os equipamentos e assessórios metálicos da piscina. Se estiver alto é capaz de deixar a água turva e também irritar olhos e pele.

Como a ação do cloro depende do pH, é conveniente medi-lo a cada dois dias, pelo menos. Para essa tarefa, você encontra nas lojas *kits* de análise química da água e medição de pH, além da fita para testes.

Que dá trabalho, dá, mas se deixar a manutenção de lado você corre o risco de encontrar a piscina turva, esverdeada, sinal de proliferação de algas. E sinal de mais trabalho ainda, pois aí você deverá fazer uma supercloração da água, com direito à aspiração do fundo do tanque e à retrolavagem do filtro. Se o caso for mais grave, o jeito é partir para os algicidas de choque.

Desumidificador para ambientes agressivos

Em piscinas, *spas*, vestiários, área de chuveiros onde a umidade relativa elevada e a condensação podem reduzir o bem-estar dos ocupantes e causar danos ao edifício, uma eficiente desumidificação é crucial. São também adequados para depósitos, arquivos, áreas de produção, laboratórios e todas as outras áreas onde o controle de umidade seja necessário.

Foram concebidos para instalação em salas com adução e retorno dutados, mas também podem ser instalados na sala que precisa de desumidificação com direcionadores apenas para otimizar a distribuição de ar.

Em piscinas de natação menores, saunas, banheiros, vestiários e ginásios, onde a umidade relativa é geralmente mais baixa, os modelos compactos são a solução ideal.

→ **Marca:** CDP da Dantherm Air Handling: www.dantherm-air-handling.com.

→ **Representante no Brasil:** jonas.chorociejus@dantherm.com.

BORDAS DESLIZANTES

Divisórias móveis para piscinas (Movable Bulkhead)

Divisórias móveis para piscinas tornaram-se populares durante os anos 70 e assim tem sido até o presente. A divisória tem largura de 0,90m a 1,20m e aproximadamente 1,50m de profundidade e pode ser deslocada por translação horizontal. Por meio do deslocamento, diferentes comprimentos de raias podem ser criados (ou seja, com uma divisória uma piscina de 50 metros pode ser convertida em uma de 25 jardas ou de 25 metros). Quando duas ou mais divisórias são usadas, o número de raias pode ser duplicado ou triplicado. Em acréscimo ao número de raias, outras atividades aquáticas podem ser praticadas simultaneamente, como natação sincronizada, polo aquático ou hidroginástica.

Nos Estados Unidos da América a tendência é a divisória se mover horizontalmente ao longo do comprimento da piscina e ser acomodada na sua extremidade quando se tem uma piscina de 50 metros. Na Europa, as divisórias são deslocadas apenas verticalmente e armazenadas em compartimentos no fundo quando se utiliza piscina de 50 metros. A razão para esta diferença é que as competições nos Estados Unidos da América ocorrem em variadas configurações de distância (25 jardas, 25 metros e 50 metros).

A divisória se constitui normalmente em uma caixa de fibra de vidro ou treliça de aço inox com uma cobertura de PVC ou textura de fibra de vidro. A divisória é calculada para suportar a carga de pessoas tanto na parte superior quanto na lateral. Estas exigências de projeto são necessárias para que se proporcione uma superfície rígida para os atletas e, no caso de blocos de partida sobre a divisória, deslocamento mínimo produzido pelo impulso simultâneo da ação de partida dos nadadores. É por esta razão que muitos nadadores de competição preferem blocos de partida ancorados no piso da borda da piscina.

A geração atual de projetos de divisórias apresenta uma câmara de flutuação variável. Isto permite ao operador inflar a câmara, criando uma flutuação positiva fora de seu local de repouso no perímetro da piscina ou em sua parede. Desta posição a divisória pode ser rebocada para sua nova posição, esvaziada e ancorada.

Antes desse desenvolvimento, a maioria das divisórias movia-se sobre rodas ao longo das laterais da piscina. Dificuldades com o mecanismo das rodas tornaram algumas divisórias difíceis de serem deslocadas. Por esta razão, a tendência atual de projetos tem privilegiado o sistema com câmara flutuante.

Piscinas com divisórias móveis

ASPECTOS DE SEGURANÇA, DE PLANEJAMENTO E DE PROJETO

Aspectos de Segurança

Segurança é não-acidente. A segurança deve merecer cuidadosa consideração por parte de planejadores, arquitetos e operadores de piscinas. Muitas pessoas têm se confrontado com litígios como resultado de acidentes em suas piscinas. Os advogados estão em busca de áreas de negligência na operação da piscina ou para quaisquer defeitos em seu projeto.

Abaixo listamos alguns princípios essenciais, procedimentos e políticas que devem estar ligados ao projeto da piscina e sua operação.

⇒ Regras para o uso da piscina devem ser expostas de forma visível em todos os pontos de entrada da piscina.

⇒ Regras especiais devem ser desenvolvidas para uso de certas instalações como trampolins, plataformas e escorregadores.

⇒ Um salva-vidas deve estar de prontidão permanente enquanto a piscina estiver aberta.

⇒ Em áreas da piscina com menos de 1,50m, sinais e avisos devem ser colocados na borda da piscina indicando "ÁGUA RASA – NÃO MERGULHAR".

⇒ Onde trampolins e plataformas estão disponíveis, a profundidade da água ou outras medidas pertinentes devem se conformar às regras da FINA.

⇒ Blocos de partida para natação competitiva devem ser instalados na extremidade mais funda a não ser que a extremidade mais rasa tenha no mínimo 1,30m (USA). Consultar Regras FINA 2006 – 2013 – FR 2.7 – Blocos de Partida (FINA *Facilities Rules*).

⇒ Claridade adequada, tanto no fundo quanto na área da piscina, deve ser planejada para dar segurança aos usuários e atender a regras, regulamentos e códigos aplicáveis.

⇒ Marcaçoes de protundidade com no mínimo 10cm de altura devem ser colocadas nas paredes internas da piscina no mesmo nível ou acima do nível da água. Marcas maiores devem ser colocadas no *deck* da piscina, de acordo com as regras do Departamento de Saúde (USA).

⇒ Ao planejar uma piscina, jamais considere os padrões mínimos publicados pelos regulamentos estaduais ou pela indústria de piscinas como o nível mais adequado a ser observado. Os mínimos tornam-se obsoletos muito rapidamente.

⇒ Escadas pendentes da borda da piscina e que se projetam dentro da água representam riscos aos nadadores. Todas as escadas devem ser embutidas nas paredes da piscina.

⇒ Nenhum apoio de segurança e descanso (ressalto) deve se estender para dentro da piscina. Ao contrário, o apoio deve ser embutido e à profundidade de aproximadamente 1,20m (USA). A regra FR 2.4.2 (*Facilities Rules*) da FINA não exige que o apoio seja embutido, mas recomenda que sua largura seja de 10cm a 15cm e que esteja situado a não menos de 1,20m abaixo do nível da água.

Aspectos de Planejamento

⇒ Uma definição clara deve identificar a natureza e o escopo do programa, bem como as exigências específicas para espaços, equipamentos e instalações com base nas atividades a serem conduzidas.

⇒ A piscina foi planejada para atender às exigências do programa pretendido, bem como necessidades especiais menos frequentes.

⇒ Outras instalações recreativas estão próximas para conveniência e conforto dos nadadores.

⇒ Um experiente consultor de piscinas, arquiteto e/ou engenheiro foi selecionado para assessorar no projeto e nos equipamentos.

⇒ O projeto da piscina reflete as experiências e os conhecimentos mais atualizados com relação aos aspectos técnicos das piscinas.

⇒ O planejamento da piscina atende às necessidades de indivíduos fisicamente limitados.

⇒ Todos os planos e especificações atendem a ambos os regulamentos, tanto estaduais quanto os das entidades de saúde locais.

⇒ Foi considerada a acomodação de crianças.

⇒ Disponibilidade de sala ou área próxima à piscina adequada para vídeo/TV e palestras.

⇒ Estacionamento com espaço adequado.

Aspectos de Projeto

⇒ A instalação aquática está convenientemente localizada com a entrada para a piscina conduzindo à extremidade rasa.

⇒ Os vestiários são grandes o suficiente para acomodar cargas de pico e atender aos regulamentos da jurisdição local.

⇒ A área para espectadores está separada da área da piscina.

- ⇒ Há espaço adequado de *deck* em torno da piscina.
- ⇒ O escritório do gerente ou diretor tem visão total da piscina através de uma janela de vidro.
- ⇒ Há um lavabo com chuveiro junto ao escritório para os instrutores e professores.
- ⇒ As especificações para natação competitiva estão atendidas.
- ⇒ Se a piscina prevê acabamento interno com azulejo, o comprimento da piscina deve ser aumentado em 7,5cm acima da dimensão "oficial", a fim de permitir colocação do azulejo sem tornar a piscina menor. Ver Regra FINA – FR 2.2 – Tolerâncias Dimensionais (*Facilities Rules*).
- ⇒ A largura de qualquer borda móvel (*bulkhead*) deve ser considerada no cálculo do comprimento da piscina.
- ⇒ Atenção deve ser dada para o fácil manuseio da borda móvel.
- ⇒ Todos os equipamentos de saltos devem ser ancorados de forma apropriada e segura.
- ⇒ Espaços de armazenagem separados devem ser previstos para manutenção e guarda de acessórios e equipamentos de instrução.
- ⇒ Um ralo de drenagem construído de forma apropriada estende-se ao longo do perímetro da piscina.
- ⇒ Se *skimmers* são utilizados, não devem ser localizados nas paredes de viradas onde vão ocorrer competições de natação.
- ⇒ Ralos de drenagem com inclinação adequada no interior da piscina, no *deck*, junto às grelhas em torno da piscina bem como nos pisos dos chuveiros e vestiários, de acordo com as normas da jurisdição.
- ⇒ Aspiração e retorno em número adequado e localizado para assegurar efetiva circulação da água da piscina.
- ⇒ Há fácil acesso à casa de máquinas de modo a permitir o transporte de químicos e outros materiais.
- ⇒ A bomba de reciclagem (filtragem) está localizada abaixo do nível da água.
- ⇒ O sistema de recirculação-filtragem foi dimensionado para antecipar futura demanda de carga.
- ⇒ Luzes subaquáticas nas paredes de chegada foram localizadas a 1,05m diretamente abaixo dos dispositivos de ancoragem dos cabos de raia e têm circuito independente.

⇒ Adequado tratamento acústico nas paredes e tetos em piscinas cobertas.

⇒ Reflexos de luz proveniente do exterior estão minimizados por apropriada localização de janelas e claraboias.

⇒ Todas as tomadas elétricas de paredes estão protegidas.

⇒ Apropriada drenagem de subsolo foi prevista.

⇒ Uma área exposta ao sol (solário) foi prevista para piscina ao ar livre.

⇒ Trampolins e plataformas ao ar livre estão orientados para o lado sul ou sudeste (hemisfério sul).

⇒ A piscina ao ar livre está corretamente orientada em relação ao sol.

⇒ Painéis contra ventos (*wind screens*) estão previstos em situações onde prevalecem ventos fortes.

⇒ Área coberta para nadadores nas piscinas ao ar livre.

Segurança e Saúde

⇒ O *layout* da piscina prevê o mais eficiente percurso dos nadadores desde os vestiários até a piscina.

⇒ Toaletes localizadas para nadadores molhados fora da área seca.

⇒ Área reservada para alimentação fora da área do *deck*.

⇒ Adequada profundidade para saltos. Ver Regras FINA FR 5 – Instalações para Saltos (*Facilities Rules*).

⇒ Espaço regulamentar entre os trampolins, entre os trampolins e paredes laterais e frontais e, da mesma maneira, para as plataformas tanto entre si quanto em relação aos trampolins, bem como em relação às paredes laterais e frontais. Ver Regras FINA FR 5.

⇒ Degraus embutidos ou escadas removíveis nas paredes da piscina, localizadas de modo a não interferir nas viradas durante as competições.

⇒ Adequada provisão de equipamento de salvamento e material de limpeza da piscina.

⇒ Provisão para apropriado número de cadeiras de salva-vidas, convenientemente localizadas.

⇒ Todos os acessórios de metal são anticorrosivos. Todos os metais na área da piscina estão aterrados a um dispositivo protetor.

⇒ Previsão para iluminação subaquática.

⇒ Sistemas de alimentação química e seus recipientes convenientemente localizados num quarto separado, acessível e ventilado do exterior.
⇒ Sistema de aquecimento da piscina incluído e corretamente dimensionado.
⇒ Especificados controles químicos automáticos.
⇒ Ventilação apropriada prevista para a piscina coberta.
⇒ Adequada iluminação subaquática e ambiental.
⇒ Provisão para controle apropriado da temperatura para a água e para o ar.
⇒ Umidade controlada em piscinas cobertas e com sistema de aquecimento.
⇒ Previsão de grade em torno da área da piscina para evitar uso indevido quando fechada.
⇒ Regras para uso da piscina mostradas com destaque.
⇒ Sinais de advertência colocados onde necessário, especialmente em equipamentos como trampolins e escorregadores.
⇒ Blocos de partida devem ser fixados na extremidade funda da piscina (profundidade mínima de 1,30 m).
⇒ Telefone na área da piscina com números de emergência visíveis.
⇒ Existência de equipamento de emergência incluindo maca ou padiola.
⇒ Os degraus de acesso à piscina com borda de cor contrastante para boa visibilidade dos nadadores.
⇒ Grelhas de drenagem de fundo fixadas de forma conveniente para evitar remoção acidental ou intencional.
⇒ *Deck* revestido com material antiderrapante.

REGRAS FINA DE INSTALAÇÕES

→ Natação;
⇒ Saltos ornamentais;
⇒ Polo aquático;
⇒ Natação sincronizada;
⇒ Águas abertas.

REGRAS FINA DE INSTALAÇÕES – NATAÇÃO 2009-2013

Preâmbulo

As regras FINA destinam-se a propiciar o melhor ambiente possível para competições e treinamentos. Estas regras não se destinam a assuntos relacionados ao público em geral. É de responsabilidade do proprietário ou controlador da instalação prover supervisão para atividades relativas ao público.

FR 1. Generalidades

FR 1.1. Padrão FINA para Piscinas. Todos os Campeonatos Mundiais, (exceto os Jogos Mundiais Masters) e Jogos Olímpicos devem ser realizados em piscinas que se conformem às Regras FR 3, FR 6, FR 8 e FR 11.

FR 1.2. Padrão Geral FINA para Piscinas. Outros eventos FINA podem ser realizados em Piscinas Olímpicas Padrão FINA.

FR 1.3. Padrão Mínimo FINA para Piscinas. Todos os demais eventos realizados segundo as Regras FINA devem ser conduzidos em piscinas que se conformem a todos os padrões mínimos aqui contidos.

FR 1.4. A fim de proteger a saúde e a segurança das pessoas que fazem uso da piscina com propósitos recreativos, treinamento e competição, os responsáveis por piscinas públicas e piscinas de uso restrito para treinamento e competição devem seguir as exigências estabelecidas pela lei e pelas autoridades de saúde do país onde a piscina está localizada.

FR 2. Piscinas de Natação

FR 2.1. Comprimento

FR 2.1.1. 50,0 metros. Se utilizadas placas de contato de um equipamento automático de classificação na extremidade de partida, ou igualmente na extremidade da virada, a piscina deve ter um comprimento tal que assegure a requerida distância de 50,0 metros entre as duas placas.

FR 2.1.2. 25,0 metros. Se utilizadas placas de contato de um equipamento automático de classificação na extremidade de partida, ou igualmente na extremidade da virada, a piscina deve ter um comprimento tal que assegure a requerida distância de 25,0 metros entre as duas placas.

FR 2.2. Tolerâncias dimensionais

FR 2.2.1. Em relação à distância nominal de 50,0 metros, a tolerância de mais 0,03 metro (3 centímetros) em cada raia menos 0.00 entre ambas as paredes das extremidades em todos os pontos a 0,3 metro acima e até 0,8 metro abaixo da superfície da água é permitida. Estas medidas devem ser certificadas por um supervisor ou outro representante oficial nomeado ou aprovado pelo Membro do país onde a piscina está localizada. As tolerâncias não podem ser excedidas quando as placas forem instaladas.

FR 2.2.2. Em relação à distância nominal de 25,0 metros, a tolerância de mais 0,03 metro (3 centímetros) em cada raia menos 0,00 entre ambas as paredes das extremidades em todos os pontos a 0,3 metro acima e até 0,8 metro abaixo da superfície da água é permitida. Estas medidas devem ser certificadas por um supervisor ou outro representante oficial nomeado ou aprovado pelo Membro do país onde a piscina está localizada. As tolerâncias não podem ser excedidas quando as placas forem instaladas.

FR 2.3. Profundidade – Profundidade mínima de 1,35 metro, estendendo-se de 1,0 metro a pelo menos 6,0 metros da parede das extremidades da piscina é exigida para piscinas com blocos de partida. Uma profundidade mínima de 1,0 metro é exigida nas demais áreas.

FR 2.4. Paredes

FR 2.4.1. As paredes das extremidades devem ser paralelas e formar ângulos retos com o sentido do percurso e com a superfície da água e devem ser construídas em material sólido e antiderrapante e estendendo-se até 0,8 metro abaixo da superfície de modo a permitir ao competidor tocar e empurrar na virada sem riscos.

FR 2.4.2. São permitidos suportes para descanso ao longo das paredes da piscina e a não menos de 1,2 metro abaixo da superfície da água, podendo ter de 0,1 metro a 0,15 metro de largura.

FR 2.4.3. Ralos devem ser colocados nas quatro paredes da piscina. Se são instalados ralos nas extremidades da piscina, eles devem permitir a colocação de placas de toque até os exigíveis 0,3 metro acima da superfície da água. Os ralos devem ser recobertos com adequada grade ou tela.

FR 2.5. Raias devem ter no mínimo 2,50 metros de largura, com dois espaços de no mínimo 0,2 metro para fora da primeira e da última raia.

FR 2.6. Cabos de Raias

FR 2.6.1. Os cabos de raias devem se estender no comprimento total e no sentido do percurso, preso às paredes das extremidades da piscina por meio de olhais embutidos. Em uma piscina, as cores dos cabos das raias devem ser como a seguir:
→ Dois (2) cabos VERDES para as raias 1 e 8;
→ Quatro (4) cabos AZUIS para as raias 2, 3, 6 e 7;
→ Três (3) cabos AMARELOS para as raias 4 e 5.
Os flutuadores, estendendo-se por uma distância de 5,0 metros de cada extremidade da piscina, devem ser de cor VERMELHA. Não deve haver mais de um cabo de raia entre cada raia. Os cabos de raia devem ser firmemente estendidos.

FR 2.6.2. Na marca de 15 metros de cada extremidade da piscina, os flutuadores devem ser de cor distinta daquela dos flutuadores ao seu redor.

FR 2.6.3. Em piscinas de 50 metros os flutuadores devem ser distintos na marca dos 25 metros.

FR 2.6.4. Números de raia feitos com material macio podem ser colocados nos cabos de raia na partida e na extremidade da virada.

FR 2.7. Blocos de Partida devem ser firmes e não causar efeito de mola. A altura do bloco acima da superfície da água deve ser de 0,5m a 0,75m. A área da superfície deve ser de no mínimo 0,5m × 0,5m e revestida com material antiderrapante. A inclinação máxima não pode ultrapassar 10°. O bloco deve ser construído de modo a permitir a pegada no bloco pelo nadador na partida para frente, tanto na parte frontal quanto nas laterais; é recomendado que, se a espessura do bloco de partida exceder 0,04m, pontos de pegada de no mínimo 0,1 metro de largura em cada lado e 0,4m de largura na parte frontal sejam cortados para 0,03m da superfície do bloco. Alças devem ser instaladas nas laterais do bloco para as partidas de frente. Alças para saída de costas devem ser colocadas de 0,3m a 0,6m acima da superfície da água tanto horizontal quanto verticalmente. Devem estar paralelas à superfície da parede, não devendo se projetar para fora desta. A profundidade da água, de uma distância de 1,0m até 6,0m da parede da piscina onde se encontram os blocos, não deve ser inferior a 1,35m onde os blocos estão instalados. Painéis eletrônicos de leitura podem ser instalados abaixo dos blocos. Não é permitido o piscar intermitente. As imagens (letras e números) não devem se mover durante a saída de costas.

FR 2.8. Numeração – Cada bloco de partida deve ser distintamente numerado nos quatro lados e claramente visíveis. A raia número 1 deve estar no lado direito quando se observa o percurso da extremidade da partida, exceto nas provas de 50 metros, a qual deve ser iniciada na extremidade oposta. As placas de toque devem ser numeradas no topo.

FR 2.9. Indicadores de Virada no Nado de Costas – Cordas suspensas com bandeiras devem ser colocadas transversalmente à piscina, a 1,80m acima da superfície da água, partindo de apoios fixos situados a 5,00m de cada extremidade da piscina. Marcas devem ser colocadas em ambas as laterais da piscina e onde for possível, em cada cabo de raia, a 15,0m de cada extremidade da piscina. As bandeirolas devem ser fixadas aos cabos possuindo as seguintes dimensões: 0,20m abaixo do cabo formando um triângulo medindo 0,40m de lado. A distância entre cada bandeirola deve ser de 0,25m. As bandeirolas devem ter alguma sinalização que deve ser previamente aprovada pela FINA.

FR 2.10. A Corda de Partida Falsa deve ser suspensa transversalmente à piscina a não menos de 1,2m acima da superfície da água, partindo de apoios fixos colocados a 15,0m em frente da extremidade de partida. Deve ser preso ao apoio por um mecanismo de soltura rápida. A corda deve cobrir todas as raias quando ativada.

FR 2.11. A temperatura da água deve ser 25°C – 28°C. Durante a competição, a água da piscina deve ser mantida num mesmo nível, sem movimento apreciável. A fim de observar regulamentos de saúde em vigor na maioria dos países, a drenagem e o retorno são permitidos desde que não seja gerada corrente ou turbulência considerável.

FR 2.12. Iluminação – A intensidade luminosa sobre os blocos de partida e extremidades de virada não deve ser inferior a 600 lux.

FR 2.13. Marcação das Raias – deve ser de cor escura e contrastante, aplicada no fundo da piscina e no centro de cada raia.

Largura: mínimo de 0,2 metro; máximo de 0,3 metro.

Comprimento: 46,0 metros para piscinas com 50 metros de comprimento, 21,0 metros para piscinas de 25 metros.

Cada linha de raia deve terminar a 2,0m das extremidades da piscina por uma linha transversal com 1,0m de comprimento e da mesma largura que a linha da raia. Linhas-alvo devem ser colocadas nas paredes ou nas placas de toque, no centro de cada raia e da mesma largura que as linhas das raias. Devem se estender, sem interrupção, do limite da borda ao piso da piscina. Uma linha transversal de 0,50m de comprimento deve ser colocada a 0,30m abaixo da superfície da água, medida do ponto central desta linha transversal.

Para piscinas construídas após 1° de janeiro de 2006, linhas transversais de 0,5m de comprimento devem ser colocadas na marca de 15 metros de cada extremidade da piscina.

FR 2.14. Bordas deslizantes (*Bulkheads*) – quando uma borda deslizante funciona como uma parede, ela deve se estender na largura total do percurso e apresentar uma superfície sólida, lisa, antiderrapante e estável, na qual placas de toque podem ser montadas, estendendo-se a não menos de 0,8 metro abaixo e a 0,30m acima da superfície da água, devendo estar livre de aberturas acima ou abaixo da linha da água que possam ser penetradas pelas mãos, pés ou dedos dos nadadores. Uma borda deslizante deve ter um desenho tal que proporcione movimento livre de juízes ao longo de sua extensão, sem que este movimento provoque apreciável corrente ou turbulência.

Diagrama da piscina	Marcação de linhas finais
Largura da marcação das raias	A 0,25m ± 0,5
Linhas finais (círculos)	B 0,50m
Comprimento da linha (círculo)	C 0,30m
Profundidade ao centro da linha (círculo)	D 1,00m
Comprimento da linha da raia Largura da raia	E 2,50m
Distância do final da linha da raia à parede	F 2,00m
Placa de toque	G 2,40m × 0,90 × 0,01m

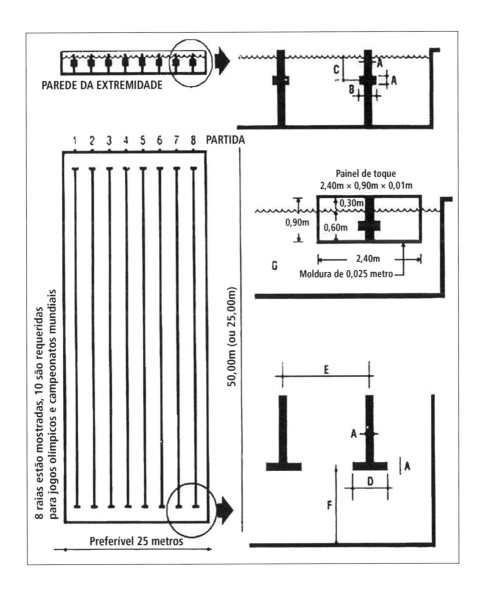

FR 3. Piscinas para Jogos Olímpicos e Campeonatos Mundiais

Comprimento: 50,0 metros entre as placas de contato do Equipamento Automatico Oficial, exceto para o Campeonato Mundial de Natação (25,0 metros) que deverá ter 25,0 metros entre as placas de contato do Equipamento Automático Oficial na extremidade de partida e na parede ou na placa de toque na extremidade de virada.

FR 3.1. Tolerâncias dimensionais como em FR 2.2.1.

FR 3.2. Largura: 25,0 metros para Jogos Olímpicos e Campeonatos Mundiais.

FR 3.3. Profundidade: 2,0 metros (mínimo); 3,0 metros (recomendável)

FR 3.4. Paredes: como em FR 2.4.1.

FR 3.5. Piscinas para Jogos Olímpicos e Campeonatos Mundiais devem estar equipadas com paredes planas em ambas as extremidades.

FR 3.6. Número de raias: 8 (oito). Para Jogos Olímpicos e Campeonatos Mundiais: 10 (dez)

FR 3.7. As raias devem ter 2,50 metros de largura com dois espaços de 2,50 metros para fora das raias 1 e 8. Deverá haver um cabo de raia separando esses espaços respectivamente das raias 1 e 8 para Jogos Olímpicos e Campeonatos Mundiais. Havendo 10 raias, devem ser marcadas de 0 a 9

FR 3.8. Cabos de raias: Em uma piscina de 10 raias os cabos de raias deverão estender-se pela distância total do percurso, presos nas paredes da extremidade da piscina a ganchos de ancoragem embutidos. O gancho deve estar posicionado de tal modo que os flutuadores da raia se mantenham na superfície da água. Cada cabo de raia consiste de flutuadores alinhados e juntos, possuindo diâmetro mínimo de 0,15 metro.

Em uma piscina, a cor dos cabos de raia deve ser:

→ Dois (2) cabos de raia VERDES para as raias 0 e 9

→ Seis (6) cabos de raia AZUIS para as raias 1, 2, 3, 6, 7 e 8

→ Três (3) cabos de raia AMARELOS para as raias 4 e 5

Os flutuadores estendendo-se por uma distância de 5,0m de cada extremidade da piscina deverão ser na cor VERMELHA.

Não deve haver mais do que um cabo de raia entre cada raia. Os cabos de raia devem estar firmemente estendidos.

0	VERDE	
1	AZUL	
2	AZUL	
3	AZUL	
4	AMARELO	
5	AMARELO	
6	AMARELO	
7	AZUL	
8	AZUL	
9	AZUL	
	VERDE	

FR 3.9. Blocos de Partida: como em FR 2.7.

Exceto que a área da superfície do bloco deve ter 0,5m de largura × 0,6m de comprimento e revestido com material antiderrapante.

Equipamento de Controle de Partida Falsa deve ser instalado.

FR 3.10. Numeração como em FR 2.8.

FR 3.11. Linhas de marcação em piscinas de saltos devem ser em cor contrastante escura, colocadas no piso da piscina e no centro de cada raia.

Largura: Mínima de 0,2m, máxima de 0,3m.

Comprimento: 21,0m para piscinas de 25 metros.

Cada linha de raia deve terminar a 2,0m da extremidade da piscina com uma nítida linha transversal com 1,0m de comprimento e mesma largura da linha de raia. As linhas de toque devem ser aplicadas nos painéis de toque nas paredes extremas da piscina, no centro de cada raia e com a mesma largura das linhas de raia. Elas devem estender-se sem interrupção da borda até o fundo da piscina. Uma linha cruzada com 0,50m de comprimento deve ser aplicada a 0,3m abaixo da superfície da água e medida até o ponto central da linha cruzada.

Esta exigência é para piscinas de saltos de 25 metros construídas após janeiro de 2010.

FR 3.12. Indicadores de virada para o nado de costas como em FR 2.9. Cabos com bandeirolas devem estar 1.80m acima da superfície da água. As bandeirolas devem ser fixadas aos cabos tendo as seguintes dimensões: 0,20m abaixo do cabo formando um triângulo medindo

0,40m de lado. A distância entre cada bandeirola deve ser de 0,25m. As bandeirolas devem ter alguma sinalização, a qual deve ser previamente aprovada pela FINA.

FR 3.13. Cabo de Partida Falsa: como em FR 2.10.

FR 3.14. Temperatura da água: como em FR 2.11.

FR 3.15. Iluminação: A intensidade da luz sobre toda a piscina não deve ser inferior a 1.500 lux.

FR 3.16. Marcação de raias: como em FR 2.13. A distância entre os pontos centrais de cada raia deve ser de 2,50 metros.

FR 3.17. Se a piscina de natação e a piscina de saltos estiverem na mesma área, a distância mínima entre as piscinas deve ser de 5.00 metros.

REGRAS FINA DE INSTALAÇÕES – SALTOS ORNAMENTAIS – 2009-2013

FR 5. Instalações para saltos

FR 5.1. Trampolins para saltos.

FR 5.1.1. Os trampolins devem medir no mínimo 4,80m de comprimento e 0,50m de largura. Em todos os eventos FINA, o tipo de trampolim deve ser determinado pela FINA.

FR 5.1.2. Os trampolins devem ser revestidos por uma superfície antiderrapante.

FR 5.1.3. Os trampolins devem ser providos de apoios (fulcros) facilmente ajustáveis pelo saltador.

FR 5.1.4. A distância vertical do nível da plataforma que suporta o conjunto do fulcro até o nível superior do trampolim deve ser de 0,365m. A distância da extremidade frontal do fulcro (que é de 0,676m de comprimento) até a borda frontal da plataforma de apoio deve ser no máximo 0,68m. Se a borda frontal da plataforma se projeta além desse ponto, a superfície que ultrapassa este ponto deve ser inclinada para baixo na razão de 1 (vertical) para 3 (horizontal).

Fr 5.1.5. A distância mínima recomendada da extremidade final do trampolim até o ponto central do fulcro será conforme recomendação do fabricante do trampolim.

FR 5.1.6. Os trampolins devem ser instalados com sua superfície nivelada em perfeita horizontal qualquer que seja a posição do fulcro.

Os trampolins devem ser instalados em um ou em ambos os lados da plataforma. Para saltos sincronizados é preferível que, no mínimo, dois trampolins de mesma altura sejam colocados lado a lado e nenhum objeto obstrua a visibilidade entre os saltadores durante qualquer momento do salto.

FR 5.2. Plataforma de Saltos

FR 5.2.1. Toda plataforma deve ser rígida e horizontal.

FR 5.2.2. As dimensões mínimas das plataformas devem ser:

Plataforma de 0,6m a 1,0m	largura de 0,6m	comprimento de 5,0m
Plataforma de 2,60m a 3,0m	largura de 0,6m (preferível 1,5m)	comprimento de 5,0m
Plataforma de 5,0m	largura de 1,5m	comprimento de 6,0m
Plataforma de 7,5m	largura de 1,5m	comprimento de 6,0m
Plataforma de 10,0m	largura de 3,0m	comprimento de 6,0m

Nas plataformas de 10,0m com largura menor do que 3,0m, somente os gradis laterais, ao longo de uma distância mínima de 3,0m da extremidade anterior da plataforma, devem ser configurados conforme detalhe abaixo (veja o diagrama). Recomenda-se que uma seção de gradil facilmente removível seja incluída para uso geral e que possa ser removida para a execução de saltos sincronizados.

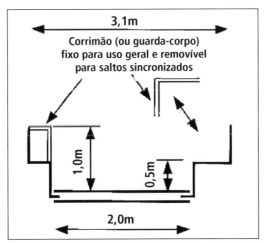

FR 5.2.3. A espessura preferível para a borda anterior da plataforma deve ser de 0,2m, não excedendo 0,3m, podendo ser vertical ou inclinada num ângulo não maior do que 10 graus em relação à vertical na parte interna da linha de prumo.

FR 5.2.4. A superfície e a borda anterior da plataforma devem ser totalmente cobertas com um revestimento antiderrapante e resiliente (absorvedor de impacto). A superfície e a borda devem ser revestidas em separado a fim de se obter um exato ângulo de 90° ou conforme descrito em FR 5.2.3.

FR 5.2.5. A extremidade frontal das plataformas de 10,0m e 7,5m deve se projetar no mínimo a 1.50m da borda da piscina. Para as plataformas de 2,60m ou 3,0m e 5,0m é aceitável uma projeção mínima de 1,25m e para plataformas de 0,6m ou 1,0m é aceitável uma projeção mínima de 0,75m.

FR 5.2.6. Onde uma plataforma está construída diretamente abaixo de outra, a extremidade da plataforma superior deve estar projetada a um mínimo de 0,75m (de preferência 1,25m) adiante da plataforma inferior.

FR 5.2.7. A extremidade posterior e as laterais de cada plataforma (exceto a de 1,0m) devem ser cercadas por gradil com separação mínima de 1,80 entre pares. A altura mínima deve ser de 1,0m e deve haver, no mínimo, duas barras verticais de suporte colocadas na parte externa da plataforma, iniciando a 0,80m da sua borda anterior.

FR 5.2.8. Cada plataforma deve ser acessível por escadas adequadas.

FR 5.2.9. É preferível que nenhuma plataforma seja construída diretamente abaixo de outra.

FR 5.2.10. Exigências para a estrutura de suporte: Para plataformas e estruturas de suporte para trampolins, a carga de projeto é p = 350 *kiloponds* (quilogramas-força) por metro linear.

Em acréscimo. Às exigências estáticas, bem como para conforto e segurança dos saltadores com respeito à oscilação das torres, os seguintes limites deverão ser observados em relação ao apoio estrutural das plataformas e trampolins:

→ Frequência fundamental das plataformas =10 Hz.
→ Frequência fundamental da torre = 3,5 Hz.
→ Oscilação total da estrutura 3,5 = Hz.

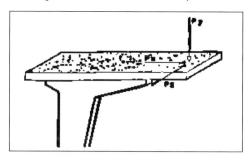

A deformação da borda anterior das plataformas como resultado de Px=Py=Pz=100 *kiloponds* (quilogramas-força) deve ser no máximo de 1mm (ver figura).
Essas exigências podem ser mais adequadamente atingidas por meio de uma estrutura de concreto armado. A prova de comportamento dinâmico deve ser fornecida junto com os cálculos estáticos para toda a estrutura.

DIMENSÕES FINA PARA INSTALAÇÕES DE SALTOS

FR 5.3. Exigências Gerais

FR 5.3.1. Para piscinas projetadas e construídas após março de 1991, as dimensões mínimas em metros para instalações de saltos detalhadas na tabela "Dimensões FINA para Instalações de Saltos" e no "Diagrama de Instalações para Saltos" devem prevalecer, usando-se a linha de prumo como ponto básico de medida ou referência. Trata-se de uma linha vertical que se estende da extremidade frontal do trampolim ou da plataforma. É recomendável que sejam usadas as dimensões preferenciais para projetos considerados de *status* elevado.

Tabela: Dimensões para instalações de saltos.

Dimensões FINA para instalações de saltos			Trampolim 1 metro		Trampolim 3 metros		Plataforma 1 metro		Plataforma 3 metros		Plataforma 5 metros		Plataforma 7,5 metros		Plataforma 10 metros	
Como em 3 de março de 2005 (ver FR 5.3.1)			Horiz.	Vert.	Horiz.	Vert.	Horiz.	Vert.	Horiz.	Vert.	Horiz.	Vert.	Horiz.	Vert.	Horiz.	Vert.
Comprimento			4,80		4,80		5,00		5,00		6,00		6,00		6,00	
Largura			0,50		0,50		0,60		0,60 mín. / 1,50 prefer.		1,50		1,50		3,00	
Altura			1,00		3,00		0,60-1,00		2,60-3,00		5,00		7,50		10,00	
A	Do prumo à parede da piscina atrás	Designação	A-1		A-3		A-1pl		A-3pl		A-5		A-7,5		A-10	
		Mínima	1,50		1,50		0,75		1,25		1,25		1,50		1,50	
		Preferível	1,80		1,80		0,75		1,25		1,25		1,50		1,50	
A/A	Do prumo à plataforma atrás. Ao prumo diretamente abaixo	Designação									A/A 5/1		A/A 7,5/3,1		A/A 10/5,3,1	
		Mínima									0,75		0,75		0,75	
		Preferível									1,25		1,25		1,25	
B	Do prumo à parede lateral	Designação	B-1		B-3		B-1pl		B-3pl		B-5		B-7,5		B-10	
		Mínima	2,50		3,50		2,30		2,80		3,25		4,25		5,25	
		Preferível	2,50		3,50		2,30		2,90		3,75		4,50		5,25	
C	Do prumo ao prumo adjacente	Designação	C 1-1		C-3-3,3-1		C1-1pl		C3-3pl,1pl		C5-3,5-1		C7,5-5,3,1		C-10-7,5,5,3,1	
		Mínima	2,00		2,20		1,65		2,00		2,25		2,50		2,75	
		Preferível	2,40		2,60		1,95		2,10		2,50		2,50		2,75	
D	Do prumo à parede da piscina em frente	Designação	D-1		D-3		D-1pl		D-3pl		D-5		D-7,5		D-10	
		Mínima	9,00		10,25		8,00		9,50		10,25		11,00		13,50	
		Preferível	9,00		10,25		8,00		9,50		10,25		11,00		13,50	
E	No prumo, do trampolim ao teto	Designação		E-1		E-3		E-1pl		E-3pl		E-5		E-7,5		E-10
		Mínima		5,00		5,00		3,25		3,25		3,25		3,25		4,00
		Preferível		5,00		5,00		3,50		3,50		3,50		3,50		5,00
F	Livre acima. Atrás de cada lado do prumo	Designação	F-1	E-1	F-3	E-3	F-1pl	E-1pl	F-3pl	E-3pl	F-5	E-5	F-7,5	E-7,5	F-10	E-10
		Mínima	2,50	5,00	2,50	5,00	2,75	3,25	2,75	3,25	2,75	3,25	2,75	3,25	2,75	4,00
		Preferível	2,50	5,00	2,50	5,00	2,75	3,50	2,75	3,50	2,75	3,50	2,75	3,50	2,75	5,00
G	Livre acima. À frente do prumo	Designação	G-1	E-1	G-3	E-3	G-1pl	E-1pl	G-3pl	E-3pl	G-5	E-5	G-7,5	E-7,5	G-10	E-10
		Mínima	5,00	5,00	5,00	5,00	5,00	3,25	5,00	3,25	5,00	3,25	5,00	3,25	6,00	4,00
		Preferível	5,00	5,00	5,00	5,00	5,00	3,50	5,00	3,50	5,00	3,50	5,00	3,50	6,00	5,00
H	Profundidade da água. No prumo	Designação		H-1		H-3		H-1pl		H-3pl		H-5		H-7,5		H-10
		Mínima		3,40		3,70		3,20		3,50		3,70		4,10		4,50
		Preferível		3,50		3,80		3,30		3,60		3,80		4,50		5,00
J / K	Distância e profundidade. À frente do prumo	Designação	J-1	K-1	J-3	K-3	J-1pl	K-1pl	J-3pl	K-3pl	J-5	K-5	J-7,5	K-7,5	J-10	K-10
		Mínima	5,00	3,30	6,00	3,60	4,50	3,10	5,50	3,40	6,00	3,60	8,00	4,00	11,00	4,25
		Preferível	5,00	3,40	6,00	3,70	4,50	3,20	5,50	3,50	6,00	3,70	8,00	4,40	11,00	4,75
L / M	Distância e profundidade. A cada lado do prumo	Designação	L-1	M-1	L-3	M-3	L-1pl	M-1pl	L-3pl	M-3pl	L-5	M-5	L-7,5	M-7,5	L-10	M-10
		Mínima	1,50	3,30	2,00	3,60	1,40	3,10	1,80	3,40	3,00	3,60	3,75	4,00	4,50	4,25
		Preferível	2,00	3,40	2,50	3,70	1,90	3,20	2,30	3,50	3,50	3,70	4,50	4,40	5,25	4,75
N	Máxima inclinação para reduzir dimensões além das exigíveis	Na profundidade da piscina	30 graus													
		Na altura do teto	30 graus													

NOTA:
As dimensões C 9 (prumo a prumo adjacente) aplicam-se a plataformas com larguras conforme detalhadas.
Se as larguras das plataformas são aumentadas, então C será aumentado em metade da(s) largura(s) acrescentada(s).

Figura: Diagrama para instalações de saltos.

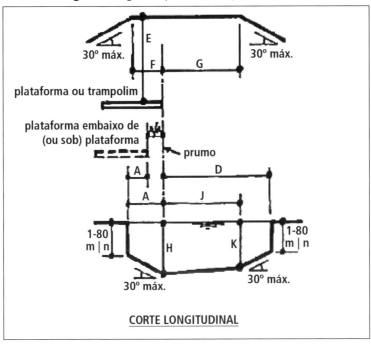

CORTE LONGITUDINAL

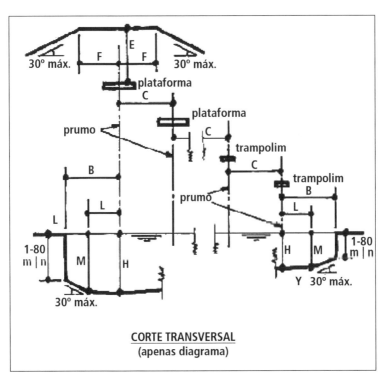

CORTE TRANSVERSAL
(apenas diagrama)

FR 5.3.2. As medidas C de prumo a prumo adjacente na tabela "Dimensões FINA para instalações de Saltos" aplicam-se para plataformas com larguras detalhadas em FR.5.2.2. Caso as larguras das plataformas forem ampliadas, as dimensões C devem ser aumentadas no equivalente à metade das larguras acrescentadas.

FR 5.3.3. A altura dos trampolins e de cada plataforma acima do nível da água pode variar 0,05m (5cm) para mais e 0,00m para menos das alturas estabelecidas pelas Regras.

FR 5.3.4. A extremidade de uma plataforma não pode se projetar além da extremidade dos trampolins de 3m.

FR 5.3.5. Na área mais profunda, o fundo da piscina pode se elevar até 2%. Na piscina de saltos, a profundidade da água não pode ser menor do que 1,80m em qualquer ponto.

FR 5.3.6. Em piscinas descobertas, recomenda-se que os trampolins e plataformas sejam orientados para a direção norte no hemisfério norte e para a direção sul no hemisfério sul.

FR 5.3.7. A iluminação mínima a 1 metro acima do nível da água deve ser não menor do que 600 lux.

FR 5.3.8. Fontes de iluminação natural e artificial devem ser controladas para prevenir reflexos.

FR 5.3.9. A temperatura da água não deve ser menor do que 26° Celsius.

FR 5.3.10. Agitação mecânica de superfície deve ser instalada sob os trampolins e plataformas para ajudar os saltadores em sua percepção visual da superfície da água. Em piscinas equipadas com gerador de bolha submerso (*bubble machine*), a máquina pode ser utilizada somente se for capaz de criar agitação suficiente quando trabalhando à pressão muito baixa; do contrário, chuveiros (*sprinklers*) horizontais devem ser utilizados.

FR 5.3.11. Salto Individual:

FR 5.3.11.1. Os juízes serão colocados pelo árbitro lado a lado e em linha lateralmente ao trampolim ou plataforma.

FR 5.3.11.2. Quando sete (7)/cinco (5) juízes são utilizados, quatro (4)/três (3) juízes serão colocados no lado mais próximo da competição.

FR 5.3.11.3. Nenhum juiz poderá estar sentado além da linha da extremidade do trampolim ou da plataforma.

FR 5.3.11.4. A numeração das cadeiras dos juízes será no sentido horário quando de frente para o trampolim/plataforma.

FR 5.3.11.5. Nas competições de trampolim de 1 metro, cadeiras normais serão utilizadas.

FR 5.3.11.6. Nas competições de trampolim de 3 metros, os juízes deverão estar sentados em cadeiras com altura não inferior a dois (2) metros acima do nível da água.

FR 5.3.11.7. Nas competições de plataforma de 10 metros, as cadeiras da competição de 3m podem ser utilizadas mas, se possível, os juízes devem sentar-se em uma altura ainda mais elevada.

FR 5.3.11.8. Nas competições de trampolim de 3m e plataforma de 10m, as cadeiras dos juízes devem estar posicionadas o mais distante possível da borda da piscina.

FR 5.3.12. Salto sincronizado:

FR 5.3.12.1. Dois juízes de execução serão colocados em cada lado do trampolim/plataforma.

FR 5.3.12.2. A numeração das cadeiras dos juízes de execução será no sentido horário, quando de frente para o trampolim/plataforma, a saber E1 e E2 no lado esquerdo e E3 e E4 no lado direito.

FR 5.3.12.3. Entre os juízes de execução e em cada lado da piscina, os juízes de sincronismo serão colocados em linha.

FR 5.3.12.4. Dois (2) juízes de sincronismo ficarão no lado mais próximo da competição de trampolim/plataforma e os outros três (3) no lado oposto.

FR 5.3.12.5. A numeração das cadeiras dos juízes de sincronismo se iniciará do lado esquerdo da lateral da piscina, sendo S1 a mais baixa e S5 a mais alta no lado direito da piscina.

FR 5.3.12.6. Nas competições de saltos sincronizados, os juízes de sincronismo mais próximos à piscina não devem estar sentados a uma altura menor do que dois metros acima do nível da água.

FR 5.3.12.7. As alturas subsequentes dos juízes de sincronismo remanescentes devem se elevar a não menos de 0,5m por cadeira.

FR 5.3.12.8. Não deve haver interferência ou movimento em frente às cadeiras dos juízes.

FR 5.3.12.9. As recomendações anteriores estão esquematizadas na figura a seguir:

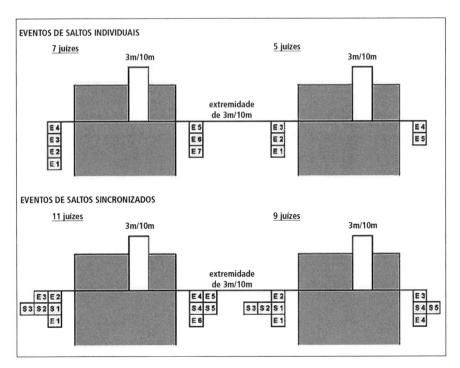

FR 6. Instalações de Saltos Ornamentais para Jogos Olímpicos e Campeonatos Mundiais

FR 6.1. Para jogos Olímpicos e Campeonatos Mundiais aplica-se a regra FR 5 em sua totalidade. Contudo, a intensidade de luz a um metro do nível da superfície da água não deve ser menor do que 1.500 lux.

FR 6.2. Com referência às dimensões para instalações de saltos ornamentais, as medidas preferidas apresentadas na tabela "Dimensões FINA para Instalações de Saltos Ornamentais" devem ser observadas.

FR 6.3. Veja FR 3.16: Se a piscina de natação e a piscina de saltos estiverem na mesma área, a distância mínima separando as piscinas deverá ser de cinco metros.

REGRAS FINA PARA INSTALAÇÕES – POLO AQUÁTICO – 2009-2013

FR 7.1. Instalações de polo aquático

FR 7.2. Campo de jogo. A distância entre as respectivas linhas de gol deve ser de 30,0 metros para jogos disputados por homens e de 25 metros para jogos disputados por mulheres. A largura do campo de jogo deve ser de 20,0 metros. A profundidade da água não deve ser inferior a 1,80, preferencialmente 2,0 metros.

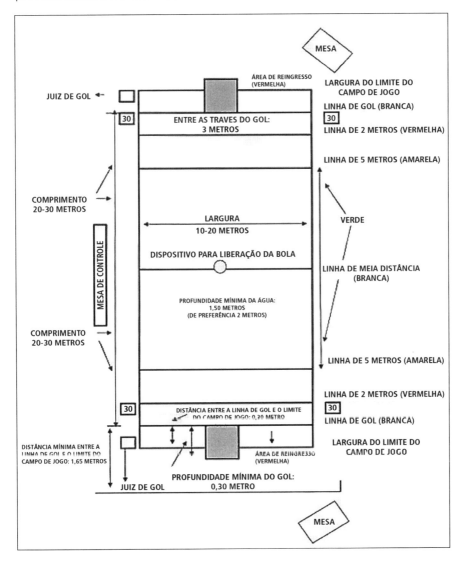

FR 7.3. A temperatura da água não deve ser inferior a 26 ± 1 grau Célsius.

FR 7.4. A intensidade de iluminação não deve ser inferior a 600 lux.

FR 7.5. É admitida exceção à regra FR 7.2 a critério da federação controladora do jogo.

FR 8. Piscinas de Polo Aquático para Jogos Olímpicos e Campeonatos Mundiais

FR 8.1. Não serão admitidas exceções ao requerido em FR 7.2.

FR 8.2. A temperatura da água será como em FR 7.3.

FR 8.3. A intensidade de iluminação não deve ser inferior a 1.500 lux.

FR 8.4. Em Jogos Olímpicos, Campeonatos Mundiais e eventos da FINA, deve ser utilizada água-doce.

FR 9. Equipamento para piscinas de Polo Aquático

FR 9.1. Marcações distintas devem ser colocadas em ambos os lados do campo de jogo para assinalar as linhas de gol, linhas de 2 metros e de 5 metros das linhas de gol e metade da distância entre as linhas de gol. Estas marcas devem estar claramente visíveis durante o jogo. Para uniformidade das cores, as seguintes são recomendadas para essas marcações: linha de gol e linha de meio de campo – branca; linha de 2,0 metros da linha de gol – vermelha; linha de 5,0 metros da linha de gol – amarela. Para demarcar a área de reentrada, uma marcação de cor vermelha ou outra cor bem visível deve ser colocada na extremidade do campo de jogo a 2,0 metros do canto, no lado oposto à mesa de controle. O limite do campo de jogo em ambas extremidades deve estar a 0,3 metro atrás da linha de gol. A distância mínima da linha de gol à parede da piscina deve ser de 1,66 metros.

FR 9.2. Espaço suficiente deve ser reservado para permitir aos juízes caminho livre de uma extremidade à outra do campo de jogo. Deve ser também reservado uma área livre para os juízes de gol junto às linhas de gol.

FR 9.3. Balizas: Os postes e a trave transversal devem ser de madeira, metal ou material sintético (plástico), com seção retangular de 0,075 metro, formando um retângulo com a linha de gol e pintados de branco. Os postes e a trave transversal devem ser rígidos e perpendiculares às extremidades do campo de jogo, a igual distância das laterais e a distância não inferior a 0,30 metro em frente do limite do campo de jogo ou de qualquer obstáculo. Não será permitido qualquer outro apoio ou suporte para descanso do goleiro além do fundo da piscina.

FR 9.4. A distância interna entre os postes do gol deve ser de 3,0 metros.

FR 9.5. A parte interna da trave transversal deve estar a 0,9 metro acima da superfície da água quando a profundidade da água for de 1,5 metro ou mais; e a 2,4 metros acima do fundo da piscina quando a profundidade da água for menor do que 1,5 metro.

FR 9.6. Redes flexíveis devem ser fixadas de forma segura às traves verticais e à barra horizontal, permitindo não menos do que 0,3 metro de espaço livre atrás e em qualquer ponto dentro da área de gol.

FR 9.7. Equipamento Automático Oficial.

REGRAS FINA PARA INSTALAÇÕES – NATAÇÃO SINCRONIZADA – 2009-2013

FR 10. Instalações de natação sincronizada

FR 10.1. Para a sessão de figuras da competição são requeridas duas áreas de 10,0 metros por 3,0 metros cada. Cada área deve estar próxima à parede da piscina com o lado de 10,0 metros de comprimento paralelo e à distância não menor do que 1,5 metro da parede da piscina. Uma dessas áreas deve ter 3,0 metros de profundidade mínima e a outra 2,5 metros de profundidade mínima.

FR 10.2. Para a sessão de rotina da competição, é requerida uma área mínima de 12 metros por 25 metros, no interior da qual deve haver uma área de 12,0 metros por 12,0 metros com profundidade mínima de 2,5 metros. A profundidade mínima da área restante deve ser de 1,8 metro.

FR 10.3. Quando a profundidade da água for superior a 2,0 metros, a profundidade na parede da piscina pode ter 2,0 metros e inclinar-se até alcançar a profundidade geral à distância máxima de 1,20 metro da parede da piscina.

FR 10.4. As áreas para a competição de figuras em FR 10.1 podem ocupar a mesma área da piscina utilizada na competição de rotina.

FR 10.5. Não havendo marcação de raias como descrito em FR 2.13, o piso da piscina pode ser marcado com linhas contrastantes na direção do seu comprimento

FR 10.6. A água deve ser clara o suficiente para que seja visível o fundo da piscina.

FR 10.7. A temperatura da água não poderá ser menor do que 26°, mais ou menos 1 grau Célsius.

FR 11. Piscinas para Nado Sincronizado em Jogos Olímpicos e Campeonatos Mundiais

FR 11.1. Para sessão de competição de rotina em Jogos Olímpicos e Campeonatos Mundiais, uma área mínima de 20,0 metros por 30,0 metros é requerida, no interior da qual uma área de 12,0 metros por 12,0 metros deve ter uma profundidade mínima de 3,0 metros. A profundidade da área restante deve ser de, no mínimo, 2,50 metros.

FR 11.2. A temperatura da água deve ser conforme FR 10.7.

FR 11.3. A intensidade luminosa não pode ser inferior a 1.500 lux.

FR 11.4. Equipamento automático oficial, como listado em FR 12.

FR 12. Equipamento automático oficial

A instalação mínima consiste em:

FR 12.1. O mesmo número de unidades de registro tanto quanto for o número de juízes (figura: 5 a 20; rotina: 5 a 14)

FR 12.2. Os resultados somente poderão ser transmitidos após a confirmação pelo árbitro ou autoridade designada.

FR 12.3. A unidade de resultado (computador) com registro de resultado e sistema de *backup*. Somente serão permitidos programas e sistemas aprovados pela FINA.

FR 12.4. Um sistema de impressora para todas as informações registradas, listas iniciais e lista de resultados.

FR 12.5. Um sistema de avaliação de juízes baseado nos resultados registrados (FR 12.3). Somente os programas e sistemas FINA TSSC aprovados serão permitidos.

FR 12.6. Uma unidade de controle de placar com um placar de um mínimo de 10 linhas e contendo 32 dígitos (ou placar conforme descrito na Regra FR 4.7.1). O placar deve estar capacitado a mostrar todas as informações gravadas e o tempo em curso.

FR 12.7. Para cada juiz, placas luminosas em caso de falha no sistema eletrônico.

FR 13. Equipamento de som e padrões de apresentação

O equipamento de som deve incluir, no mínimo:

FR 13.1. Sistema amplificador-misturador.

FR 13.2. Um aparelho de cassete e unidades de *backup*.

FR 13.3. Microfones de alta qualidade e estações de microfones para comunicados e cerimônias.

FR 13.4. Alto-falantes de qualidade, dimensões, número e localização para se obter uma boa qualidade de som tanto na área da competição quanto na área de audiência.

FR 13.5. Alto-falantes para som subaquático claro e uniforme, acima de todos os ruídos de interferência e a níveis aceitáveis pelos competidores.

FR 13.6. Transformador com sistemas de isolamento e impedância equilibrados para os alto-falantes subaquáticos se forem utilizados alto-falantes com carcaça metálica.

FR 13.7. Medidor de volume sonoro (decibel) para monitoramento dos níveis de intensidade sonora.

FR 13.8. Cabos de extensão para interconexão apropriada dos equipamentos, extensões de fios para posicionamento adequado dos alto-falantes, a fim de otimizar a distribuição do som.

FR 13.9. Sistema de disjuntores necessário para a proteção dos alto--falantes e outros equipamentos.

FR 13.10. Fios terra para assegurar o aterramento seguro de todos os equipamentos.

FR 13.11. Materiais seguros para minimizar o potencial de lesão a pessoa ou equipamento ao pisar ou caminhar sobre fios elétricos ou fios de alto-falantes.

FR 13.12. Um cronômetro.

FR 13.13. Ferramentas e medidores necessários para o conjunto do sistema elétrico e para reparos de emergência.

FR 13.14. Sistema de comunicação entre oficiais e a mesa de som.

FR 13.15. Um sistema para monitoramento contínuo do som subaquático.

REGRAS FINA PARA INSTALAÇÕES – ÁGUAS ABERTAS – 2005-2009

Regras FINA para natação em águas abertas

OWS 5. Local do evento

OWS 5.1. Campeonatos Mundiais e competições FINA em Águas Abertas devem ser realizados em local e percurso aprovado pela FINA nas distâncias de 25 quilômetros, 10 quilômetros e 5 quilômetros

OWS 5.2. O percurso deve ser realizado em águas sujeitas apenas a moderadas correntes ou marés, podendo ser em água salgada ou doce.

OWS 5.3. O certificado de balneabilidade para o uso do local da competição deve ser emitido por autoridade credenciada de saúde e segurança. Os termos gerais do certificado devem se relacionar à pureza da água e outros fatores de risco à segurança física dos competidores.

OWS 5.4. A profundidade mínima da água em qualquer ponto do percurso deverá ser de 1,40 metro.

OWS 5.5. A temperatura da água deve ser de, no mínimo, 16°. Deve ser verificada no dia da competição, 2 horas antes da partida e no meio do percurso, a uma profundidade de 0,40 metro. Este controle deve ser realizado na presença de uma Comissão composta dos seguintes membros presentes: um Árbitro, um membro do Comitê Organizador e um técnico de uma das equipes presentes e designado durante o Congresso Técnico.

OWS 5.6. Todas os contornos/alterações de percurso devem ser claramente indicados.

OWS 5.7. Uma plataforma ou embarcação claramente identificada, contendo um Juiz de Volta, deve estar posicionada em todas as alterações de curso, de modo a não obstruir a visão do nadador na volta ou contorno.

OWS 5.8. Todo o aparato de volta e a embarcação/plataforma do Juiz de Volta devem ser firmemente fixados na posição e não estar sujeito a maré, vento ou outros movimentos.

OW 5.9. A aproximação final da chegada deve estar claramente definida com marcas em cores distintas.

OWS 5.10. A chegada deve estar claramente definida e assinalada por uma superfície vertical.

GINÁSIOS

PLANEJAMENTO E CONSTRUÇÃO DE GINÁSIOS POLIESPORTIVOS

Os ginásios esportivos podem ser construídos em qualquer tipo de entidade, seja ela esportiva, escolar ou mesmo social. Porém, é preciso planejá-lo de acordo com as regras e determinações existentes, pois só assim esta construção esportiva poderá ser utilizada na sua totalidade.

O texto apresenta as recomendações que dizem respeito às exigências funcionais de ginásios que servem à ginástica e aos jogos. As diretrizes para o planejamento, construção e detalhes internos são dados em termos do que é absolutamente necessário. As dimensões individuais e a execução devem ser compatíveis às normas e recomendações locais. O ginásio poderá ser parte integrante de um prédio existente ou prédio a ser construído, ou ainda ser uma unidade independente. Procure proporcionar o máximo de utilização para os vestiários e depósitos e também tenha atenção para a previsão do serviço aos deficientes físicos, quer como participante, quer como espectador.

DIRETRIZES DO PLANEJAMENTO

Escolha do local

Por razões de economia e frequência de uso, os ginásios devem, como regra, ser posicionados de tal maneira dentro da escola que esteja a curta distância e possa facilmente ser alcançado; deve excluir qualquer interferência com as aulas devido ao ruído; deve ser acessível diretamente por grupos não-escolares (como associações, etc.), e sem trânsito através de outros prédios. O acesso para tráfego deverá ser previsto de acordo com as normas e regulamentos de trânsito locais.

Dimensões

Os ginásios podem ser construídos individualmente ou em grupos.
Dimensões-padrão – são recomendadas as seguintes: 15m × 27m × 5,5m (altura mínima) ou 27m × 45m × 7m (altura mínima divisível).

Salas especiais

Pode-se ainda prever a construção de salas especiais destinadas para determinados esportes, como salas de ginástica, sala de esgrima, judô, sala de condicionamento físico, sala de ginástica de aparelhos, entre outros.

Locação e planejamento das salas

As recomendações apresentadas referem-se ao salão do ginásio, às dependências para os atletas e, se necessário, às dependências para os espectadores. A locação da área utilizada para esportes deve respeitar um critério básico, que é a não-admissão da entrada de qualquer pessoa usando sapatos, mas apenas tênis de solado adequado. Uma clara divisão entre área "suja", área "limpa" e área "molhada" é necessária. O acesso aos vestiários deve ser feito por meio de uma área de entrada central (área "suja"). Nesta passagem estão as toaletes de entrada e possivelmente a sala de controle do ginásio. Os chuveiros e lavatórios serão diretamente acessíveis aos vestiários. As toaletes devem ser localizadas na área dos vestiários. As salas do professor e treinador devem estar no mesmo nível dos vestiários e adjacentes. As toaletes devem ser localizadas entre a área dos vestiários e o salão do ginásio e devem ser acessíveis sem trânsito pelos vestiários. A sala de administração deve estar localizada de tal modo que a área de jogo do ginásio, o placar e o relógio de tempo de jogo do ginásio sejam claramente visíveis durante as partidas. Para transporte dos aparelhos, montagem ou reparos, deverá ser prevista uma entrada no ginásio de, no mínimo, 1,70m × 2,20m. Salas para depósito do material de limpeza devem estar próximas ao salão do ginásio e centralmente localizados. Em salões divisíveis, as dependências devem ser localizadas de tal forma que as áreas subdivididas funcionem independentemente, mesmo após a divisão. As salas adicionais (salas de condicionamento, salas de ginástica, sala de aparelhos, etc.) devem ser acessadas pela área "limpa".

SALÃO DO GINÁSIO – DETALHES INTERIORES E EQUIPAMENTOS

Piso

O piso deve apresentar um pequeno grau de elasticidade que absorva não mais do que 30% do esforço dinâmico. É recomendável, de acordo com os pontos de vista médicos, esportivos, arquitetônicos, econômicos e industriais que se obtenha critérios cientificamente estabelecidos para a qualidade do material utilizado nos pisos dos ginásios, como, por exemplo, módulo de elasticidade, padrões de deflexão, energia de recuperação, reflexão da bola, classificação dos materiais, entre outros. Os efeitos acústicos devem ser previstos, o que permitirá a adequada escolha do material. A altura (pé-direito) deve ser mantida de acordo com as regras dos esportes a serem praticados no local. Ao escolher o tipo de piso, observe principalmente se o material é antiderrapante, a possibilidade de redução suave do deslizamento, facilidade de limpeza, resistência dos efeitos mecânicos e a absoluta segurança contra acidentes (cortes, abrasões, etc.) O piso deve ser à prova de poeira e possuir um mínimo de aberturas (exemplo: tomadas de solo, pontos de fixação de aparelhos, etc.). O piso deve possuir as características acima mencionadas mesmo nas áreas de acabamento final. A cor do piso deverá ser não-ofuscante, bem contrastada com as linhas de demarcação e a cor das bolas. As marcações da quadra devem possuir a largura e as cores recomendadas pelas regras dos esportes a serem praticados no local.

Paredes

Nas paredes, a construção, os materiais e os detalhes devem ser ajustados às exigências específicas. As paredes devem ser à prova de impactos de bola, de fácil manutenção e altura até de 2m acima do nível do piso. Deve possuir superfície plana, lisa e fechada. Tal aplica-se também para a instalação de aparelhos ou quaisquer elementos salientes (termostatos, tomadas de parede, etc.), os quais serão permitidos na parte inferior da parede. Com referência ao brilho, deve ser observado que o grau de reflexão das paredes, portas e elementos divisórios não podem estar acima de 0,45. A escolha da cor das paredes deve ser determinada de forma a proporcionar contraste adequado à cor da bola. As portas e depósitos de aparelhos devem ser também à prova de boladas e nivelados com a superfície do salão do ginásio. As portas devem abrir para fora quando vistas do interior do ginásio e suas ferragens não devem ser salientes. Se possível, as paredes dos fundos (dimensões menores) não devem possuir porta. Ao menos uma parede deverá ser prevista como "parede de bater bola", livre de aparelhos. As paredes divisórias devem impedir a visibilidade de um setor para o outro. Deverá também haver separação acústica e climática entre as subdivisões. Estas paredes divisórias não podem prejudicar ou predispor os participantes a acidentes durante os treinamentos e jogos. O material utilizado deve levar em consideração as solicitações físicas a que será submetido (impactos de corpo e bola).

Cor	Grau de reflexão
Amarelo	0,40 a 0,60
Verde	0,15 a 0,55
Azul	0,10 a 0,50
Vermelho	0,10 a 0,50
Marrom	0,10 a 0,40
Cinza	0,15 a 0,60
Preto	0,05 a 0,10
Branco	0,70 a 0,75
Pérola	0,60 a 0,65
Concreto aparente	0,25 a 0,45

Tijolo aparente	Grau de reflexão
Tijolo vermelho	0,15 a 0,30
Tijolo amarelo	0,30 a 0,45
Pedra calcária (arenosa)	0,50 a 0,55
Superfície de madeira	**Grau de reflexão**
Escura	0,10 a 0,20
Média	0,20 a 0,40
Clara	0,40 a 0,50
Superfície do piso	**Grau de reflexão**
Escura	0,10 a 0,15
Média	0,15 a 0,25
Clara	0,25 a 0,40

Tetos

É desejável um teto horizontal, plano e fechado e deve ser construído à prova de impactos de bolas. Na superfície interna do teto, o objetivo é alcançar um grau de reflexão luminosa de 0,70.

ILUMINAÇÃO

Iluminação natural

Nos ginásios, a iluminação deve ser uniforme e não-ofuscante. As janelas devem obedecer às mesmas características mecânicas exigidas pelas paredes. Os caixilhos devem facear a parede a 2m acima do nível do piso. As janelas devem ser imóveis. Básculas de ventilação, se existentes, devem abrir-se apenas para o exterior. A superfície das janelas, através das quais o sol irradia durante o período de uso do ginásio, deve ser estudada para que não aconteçam problema de reflexos (aletas fixas ou móveis ou dispersores de reflexos, entre outros). Em ginásios menores, até 20m de comprimento, a iluminação natural será obtida por meio da construção das paredes longitudinais do ginásio no sentido norte-sul e totalmente provida de janelas a partir de aproximadamente 1,40m de altura do piso. As dimensões das janelas devem ser determinadas com base no grau de iluminação e em relação à comparação entre o piso, as paredes e as janelas. As paredes de fundo não devem possuir quaisquer janelas. Se um ginásio vier a ser localizado em uma área desfavorável (alta taxa de poluição, por exemplo), é possível que esses ginásios venham a ser iluminados apenas artificialmente, excluindo totalmente as janelas.

Iluminação artificial

O sistema deve ser escolhido logo no início do planejamento da construção, porque ele afeta particularmente as características de estrutura principal, a escolha do tipo de cobertura, a aeração e ventilação, e também o aquecimento e o suprimento de energia elétrica. Da mesma forma, é necessário considerar logo no início do estudo os pré-requisitos para a operação de tal sistema, como manutenção, reposição, reparos, etc. As características de iluminação a serem levadas em consideração são: ótima percepção de objetos móveis e linhas demarcatórias, ausência de reflexos, boa tonalidade luminosa e atmosfera geral agradável. Deve ser possível o controle separado de vários estágios de iluminação de acordo com o esporte a ser praticado. Contudo, um mínimo de intensidade de 200 lux (valor funcional) deve ser previsto, medido a 1m de altura do nível do piso. As luminárias devem ser previstas contra impactos de bola. Recomenda-se a distribuição das luminárias ao longo da direção longitudinal do salão do ginásio. Deve ser tomado o cuidado para que não sejam fixadas luminárias sobre o eixo longitudinal do salão do ginásio, pois haverá problema de ofuscamento dos usuários em atividade.

VENTILAÇÃO

A ventilação pode ser feita de forma natural ou mecânica. A ventilação natural é uma regra para os ginásios menores e deve ser prevista desde que se considerem satisfatórias as condições do ar exterior e não ocorram perturbações acústicas provenientes do exterior. A ventilação é obtida por meio de faixas de ventilação situadas na parte superior das paredes longitudinais. Já a ventilação mecânica deve ser utilizada se houver a previsão para o seu uso em ginásios não-divisíveis. A ventilação transversal proporciona uma ventilação mais homogênea quando comparada à ventilação longitudinal (entre as paredes dos fundos). As aberturas de entrada de ar devem ser localizadas não menos do que 2m acima do piso do ginásio. Deve-se tomar cuidado para que o ruído seja mantido no nível mais baixo possível.

ACÚSTICA

O tempo de reverberação nas salas não pode exceder a média de 1,8 segundo. O teto deve ser acusticamente projetado para garantir o tempo de reverberação permitido caso este não seja alcançado por outros meios quando as janelas estiverem fechadas. Quanto menor o ginásio, menor deverá ser o tempo de reverberação. Para música e ginástica rítmica, deve haver grande preocupação em manter-se o tempo de reverberação o mais curto possível.

EQUIPAMENTOS INSTALADOS

A instalação de aparelhos de ginástica e esportes depende da utilização proposta para o ginásio. Os elementos de suspensão necessários e dispositivos de montagem devem ser colocados durante a fase estrutural. No caso dos aparelhos de suspensão (argolas, cabos de suspensão, tabelas de basquete, etc.), a sobrecarga deve ser considerada nos cálculos estruturais. Aparelhos móveis de parede (barras de parede, escadas, entre outros), quando fora de uso, não devem causar perigo aos praticantes. Na localização dos equipamentos, as distâncias de segurança (das paredes, obstáculos, etc.) devem ser observadas com atenção. Durante os trabalhos de estrutura o número adequado de fundações para os postes telescópicos de ginástica e jogos, bem como os dispositivos de fixação de aparelhos, devem ser aplicados no piso.

EQUIPAMENTOS TÉCNICOS

O relógio deve estar bem visível e com superfície à prova de choque. O marcador de tempo de jogo deve contar com mostrador de minutos e segundos e deve ser travado durante os intervalos de jogo. O placar deve ficar bem visível e deve indicar a marcação do jogo, os intervalos, as equipes, a vantagem, entre outras informações. Tenha ainda meios auxiliares de instrução audiovisuais, como projetores, aparelhos de som, amplificadores de som, alto-falantes, etc. É essencial ainda a presença de indicadores acústicos de intervalos, como a campainha, que deve estar situada na entrada do ginásio. Procure instalar rede telefônica, essencial para as chamadas de emergência, e possibilita ligações internas. As tomadas devem ser à prova de boladas e devem facear as paredes. Tomadas de chão também são desejáveis. O número suficiente de tomadas deve ser previsto conforme a necessidade do local.

DEPENDÊNCIAS

A sala de equipamentos deve possuir espaço suficiente para acomodar os equipamentos e aparelhos móveis de ginástica, bem como os aparelhos manuais existentes no ginásio. Todo equipamento deve ser guardado lado a lado, e não um atrás do outro, e devem ser acessíveis e facilmente retiráveis. Daí resulta um compartimento longo e estreito, capaz de se abrir por toda a sua extensão e com altura mínima de 2,20m. Para evitar acidentes, o compartimento de equipamentos deve ser fechado com portas faceando as paredes internas do ginásio. As paredes desta sala devem ser à prova de choque, e o piso deve estar no mesmo nível do piso do ginásio, porém não precisa apresentar as mesmas características mecânicas ou físicas dele. Depósito de material externo é ideal quando as instalações esportivas externas se localizam junto ao ginásio. As dimensões deste depósito serão determinadas pelo tipo de equipamento utilizado. A largura da porta não deve ser inferior a 2m. Deve ser previsto também um depósito para máquinas e equipamentos utilizados na manutenção das áreas externas. Estes depósitos devem possuir pisos resistentes e nivelados com o terreno exterior.

VESTIÁRIOS

As dimensões dessas dependências é determinada pelo comprimento dos bancos, pela distância dos bancos entre si e pela distância entre eles e as paredes – a distância mínima recomendada é de 1,20m, além dos armários. O chão e as paredes, que devem ter altura mínima de 2m, devem permitir fácil manutenção. Os armários devem ser robustos e firmemente fixados. As janelas não podem permitir a visão externa. Caso inclua espelhos, eles devem se localizar próximos à saída. Pense na instalação de uma ventilação eficiente. As zonas consideradas "sujas" (as de trânsito) e as zonas consideradas "limpas" devem estar o mais separadas possível. A sala do instrutor ou dos árbitros deve estar localizada na área de vestiários e deve contar com lavatório, vestiário, chuveiro, vaso sanitário, mesa, armário, cadeira e caixa de primeiros socorros. Os setores dos chuveiros devem possuir conexão direta com o vestiário, através de passagens. Devem ser equipados com fileiras de chuveiros e lavatórios. Os pisos e as paredes devem ser providos de ladrilhos e azulejos, respectivamente. A altura de colocação dos azulejos não deve ser inferior a 2m. Os tetos e a parte superior das paredes devem ser revestidas com material à prova de água, ao passo que o piso tem de ser revestido com material antiderrapante. O piso deve ser projetado para impedir o fluxo de água para os outros compartimentos. Nunca utilize estrados de madeira. Uma área de secagem (área seca) é recomendável. As instalações elétricas devem corresponder às exigências das normas locais estabelecidas. É recomendável que esta dependência seja construída com pé-direito de 2,50m, no mínimo.

ESTÁDIOS E ARENAS – TENDÊNCIAS

Fonte: *Facilities Planning for Health Physical Activitiy, Recreation and Sports.* Thomas Sawyer et al., Sagamore Publishing, 2002, pp. 426-438.

INTRODUÇÃO

O propósito fundamental dos projetos de estádios e arenas mudou radicalmente ao longo da última década. Essas mudanças são tão dramáticas que muitas instalações hoje se tornaram obsoletas. Mesmo aquelas mais recentemente construídas, há cerca de 10 ou 20 anos, estão enfrentando sérios problemas. A ideia básica por trás dessas mudanças é a de que estádios e arenas modernos não são somente locais para se assistir a um evento, mas idealizados para fornecer também ampla experiência de entretenimento. Historicamente, a maioria dos grandes estádios e arenas tem sido subvencionada pela municipalidade ou governos estaduais, ou ainda por faculdades e universidades. Recentemente, essas entidades têm experimentado orçamentos apertados e, mais do que nunca, dependem cada vez menos de fundos públicos. A tendência atual é mais na direção do investimento privado.

A fim de maximizar o retorno de tão grandes investimentos, todo o esforço deve ser direcionado para que a instalação seja capaz de acomodar o maior número possível de eventos e em diferentes tipos de atividades. Recentes aperfeiçoamentos em projeto concentram-se em otimizar o suporte para cada evento e mudar de um evento para outro da maneira mais rápida possível.

Enquanto algumas instalações mais antigas realizam de oito a dez jogos de futebol por mês ou quarenta jogos de basquete por ano como sua maior fonte de recursos, algumas hoje programam de 250 a 600 eventos por ano, incluindo eventos esportivos, concertos, convenções, feiras de negócios, rodeios, *shows* de veículos pesados e lutas profissionais. Não é raro que em antigas instalações se leve um dia inteiro para trocar os equipamentos de um evento para outro, enquanto em uma instalação bem projetada a mudança pode ser realizada em poucas horas. Isto não só proporciona economia de custos de mão de obra, como também significa que mais de um evento pode ser realizado num mesmo dia. Vários aspectos de projeto que permitem uma instalação acomodar uma variedade de eventos e rapidamente ser alterada para diferentes configurações incluem:

⇒ Sistemas versáteis de som e iluminação que podem atender a grande variedade de eventos.

⇒ Estruturas robustas de iluminação que podem ser descidas até o piso a fim de equipá-las com acessórios de som e iluminação para concertos.

⇒ Rampas de descarga que permitem a caminhões leves circularem sobre o piso. Melhor ainda, algumas instalações fornecem acessos no piso para que dois ou mais veículos operem em conjunto, de modo que um pode estar carregando depois de um *show* enquanto outro está descarregando para o próximo evento.

⇒ Setores de arquibancadas móveis e versáteis que podem rapidamente modificar a configuração de uma instalação.

⇒ Câmaras fixas posicionadas de tal modo que permitem montagem fácil e rápida de equipamentos de transmissão de TV. Muitas novas arenas são construídas com estúdio de televisão completo que permite que as redes de televisão transmitam um jogo sem necessidade de trazer seus caminhões cheios de equipamentos de produção.

Muitas organizações esportivas vêm realizando uma mudança fundamental na sua missão básica de tentar montar um time vencedor no campo ou na quadra para fornecer, além disso, experiências de entretenimento. Esta mudança de pensamento tem conduzido a muitas inovações de projeto nos estádios e arenas atualmente em construção. Em geral, isto tem causado um movimento em direção à melhoria das instalações, aprimoramento dos serviços, do entretenimento e do conforto dos espectadores. Alguns aspectos das tendências incluem:

⇒ Maximização de conforto para o espectador;
⇒ Instalações para eventos múltiplos e variados;
⇒ Assentos confortáveis;
⇒ Praças de alimentação;
⇒ Monitores de televisão junto a assentos preferenciais;
⇒ Climatização;
⇒ Sistema sonoro de alta qualidade;
⇒ Telões LED, LCD e CRT (2,00m × 2,50m a 8,00m × 28,00m);
⇒ Maior número de toaletes;
⇒ Observação das exigências legais de acessibilidade (por exemplo: dispor de um local para cadeira de rodas a cada 100 assentos);
⇒ Construção de amplas áreas de confluência, acrescentando algumas diferenciadas para atendimento especial, suítes de luxo e acomodações especiais (*seat clubs*).

Estádios Futurísticos

INOVAÇÕES EM MATERIAIS E MÉTODOS DE CONSTRUÇÃO

A. Coberturas retráteis
B. Estrutura em tecidos
   1. Estruturas tensionadas
   2. Estruturas com suporte a ar
   3. Combinação de tensionada com suporte a ar
   4. Estruturas a ar temporárias
C. Domos
   1. Domos a cabo
   2. Domos em madeira

A. Coberturas retráteis

Aufschalke

Toronto Skydome

Amsterdam

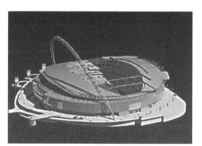
Wembley

Estádios com teto retrátil (1972 a 2005)	Inauguração	Capacidade
Estádio Olímpico de Montreal, Can	1976 - 1987	59.193
Rold Laver Arena, Aus	1988	15.021
Toronto Skydome, Can	1909	55.190
The Uith of, Hol	1972 - 1991	17.800
Ariake Coliseum, Jap	1987 - 1991	8.100
Fukuoda Dome, Jap	1993	48.000
Plaza de Toros, Spain	1993	10.000
Gerry Weber Station, GDR	1993	12.400
Amsterdan Arena, Hol	1996	52.040
Gelredome, Hol	1998	26.659
BankOne Ballpark, USA	1998	49.075
Am Rothembaum, GDR	1980 - 1998	13.300
Millenium Stadium, UK	1999	72.500
Tajima Dome, Jap	1998	1.196
Safeco Field, USA	1999	47.000
Telstra Dome, Aus	1999	53.000
Minute Maid Park, USA	2000	42.000
Vodafone Arena, Aus	2000	10.500
Plaza de Toros Vista Alegre, Esp	2000	14.300
Arena AufSchalke, GDR	2001	58.000
Miller Park, USA	2001	42.500
Oita Main Stadium, Jap	2001	45.000
Toyota City Stadium, Jap	2001	45.000
Reliant Stadium, USA	2002	72.000
Rheinstadium, GDR	2004	51.500
Waldstadium, GDR	2005	46.200
Cardinals Stadium, USA	2006	68.000
National Stadium, China	2007	100.000
Winblendon Stadium, UK	2009	15.000

B. Coberturas em tecido

Knott-Center

O tipo de tecido mais comumente utilizado é fabricado em material de fibra de vidro com revestimento em Teflon.

Vantagens:
- → Custo de construção inicial menor do que o de uma construção convencional;
- → O peso de um teto de tecido é 1/30 do peso de um teto de estrutura metálica;
- → Tempo menor de construção;
- → Iluminação natural;
- → Menor custo de energia;
- → Menos manutenção;
- → Espaço coberto ilimitado.

Desvantagens:
- → O custo de uma cobertura em tecido é mais elevado do que o de uma cobertura convencional;
- → 25 anos de durabilidade;
- → Mau isolamento térmico;
- → Problemas acústicos;
- → Restrição a ventos fortes.

1. Estruturas Tensionadas
- → Quando é necessário acesso aberto nas laterais;
- → Quando é importante um projeto diferenciado;
- → Quando a instalação não requer atendimento ou monitoração;
- → Quando um vazamento de ar pode representar um sério problema de segurança;
- → Quando se deseja uma alternativa de uso para uma piscina ou estádio ao ar livre.

2. Estruturas com suporte a ar

Dakota New Dome

Silver Dome

→ Quando se deseja um vão livre de mais de 45 metros;
→ Quando se deseja cobrir uma grande área a um custo menor em comparação a uma estrutura convencional;
→ Quando se deseja uma silhueta mais baixa.

3. Combinação suporte a ar – estrutura tensionada

Sun Dome

Um recente desenvolvimento na construção de estruturas em tecido é a ideia de combinar estruturas suportadas a ar com estruturas tensionadas. Em geral, a arena principal é coberta por um grande teto inflado a ar, enquanto as áreas no entorno são espaços cobertos com estruturas tensionadas.

4. Estruturas suportadas a ar temporárias
→ Montagem rápida;
→ Fácil de inflar, esvaziar e executar reparos;
→ Portabilidade;
→ Adaptável a funções temporárias.

C. Domos

1. Domos a cabo

Red Bird Arena 1

Red Bird Arena 2

Tropicana Field

Georgia Dome

→ Cobertura de grandes vãos livres;
→ Dispensa ventiladores caros e de elevado consumo de energia;
→ O sistema passivo dispensa monitoração;
→ A estrutura permite um perfil mais baixo.

2. Domos em madeira

Tacoma Dome

Superior Dome

→ Construção eficiente de grandes vãos livres (até 240m);
→ Baixo custo inicial se comparado a estruturas convencionais;
→ Menor tempo de construção;
→ Boas propriedades acústicas e de isolamento.

COMPLEMENTOS TÉCNICOS DAS INSTALAÇÕES

Fonte: *Facilities Planning for Health, Physical Activity, Recreation and Sports.* Thomas H. Sawyer et al., Sagamore Publishing, 2002.

VESTIÁRIOS

As dimensões do vestiário devem basear-se no número de indivíduos que utilizam a área e nos programas de atividades a serem planejados para a instalação como um todo. Uma regra prática geral recomenda um mínimo de 1,80m² de área por pessoa, apenas para a troca de roupa. O espaço do vestiário deve ser suficiente para acomodar, sem tumulto, o fluxo de tráfego decorrente da eventual superposição de grupos de educação física, esportes ou outras atividades. O sistema de armários, a distribuição de toalhas, uniformes e equipamentos afetam as dimensões do vestiário. Os fatores de ocupação calculados para cada ambiente ou espaço de atividades permitirão o adequado dimensionamento dos vestiários.

Ambientes	Fatores de ocupação
Salas de exercícios em grupo	uma pessoa por 4m²
Ginásio	doze pessoas por quadra
Quadras de *squash*	duas pessoas por quadra
Piscinas	quatro pessoas por raia
Hidroginástica	uma pessoa por 4,5m²
Fitness	uma pessoa por 6m²
Jogging	uma pessoa por 7,5m lineares

⇒ No mínimo, um cubículo privado para usuários com necessidades especiais de privacidade;
⇒ *Family room* (para uso de crianças acompanhadas dos responsáveis);
⇒ Definir perfil dos usuários e atividades para dimensionar número e tipo de armários;
⇒ Controle de odor (ventilação natural ou induzida);
⇒ Circulação principal livre de bancos.

Vestiário

Armários
→ Custo;
→ Aparência;
→ Resistência a vandalismo;
→ Resistência à corrosão;
→ Disponibilidade de tamanhos, acessórios e tipos de fechaduras;
→ Instalação.

Armários

Toaletes (piscinas)
→ Toaletes "secas" próximas à entrada do vestiário e toaletes "molhadas" próximas à área de chuveiros;
→ Toaletes "secas" junto à entrada (para conveniência de uso fora do vestiário) e toaletes "molhadas" na área da piscina;
→ Toaletes "secas" fora do vestiário e toaletes "molhadas" próximas à área de chuveiros.

Toaletes (considerações gerais)
- → Número suficiente de vasos e mictórios para atender à demanda de pico (base: um vaso para 60 armários);
- → Material resistente nas divisórias;
- → Boa iluminação para inspeções de manutenção;
- → Descargas econômicas (evitar válvulas de fluxo).

Chuveiros
- → Base: um chuveiro para 20 armários;
- → Área seca adjacente aos chuveiros;
- → Paredes e pisos totalmente à prova d'água;
- → Fluxo econômico;
- → Paredes em azulejo; piso cerâmico antiderrapante;
- → Teto com acabamento em azulejo ou pintura epóxi;
- → Espaço mínimo entre chuveiros: 0,90m;
- → Masculino: h = 2m a 2,10m (do piso ao chuveiro);
- → Feminino: h = 1,85m a 1,95m (do piso ao chuveiro);
- → Crianças: h = 1,65m (ou ajustável);
- → Desnível para dreno de canto ou central.

Chuveiros

Sauna a vapor
- → Exige manutenção intensa;
- → Dimensões: 1m² por pessoa ou 0,65m lineares de banco por pessoa;
- → Geradores de vapor são dimensionados conforme o volume da sala da sauna a vapor;
- → Paredes, pisos e tetos devem ser à prova d'água. O piso deve ser cerâmico ou pedra antiderrapante;
- → Portas com janela de vidro e luz lateral melhoram a supervisão e tornam o ambiente agradável;
- → Curvatura do teto de 1:12 em direção a uma parede lateral ou ponto livre de ocupação, a fim de prevenir gotas de condensação sobre os usuários.

Sauna Seca

→ Saunas são projetadas para fornecer calor seco a temperaturas extremas;
→ São de custo menor que as saunas a vapor;
→ Lambris de madeira nas paredes e pisos são opções usuais;
→ Uso de toalhas evitam problemas de odor e manchas nos bancos devido a suor;
→ Portas envidraçadas e luzes laterais tornam o ambiente mais agradável e de fácil supervisão;
→ Para base de cálculo de área, considerar 1m² por pessoa;
→ Acessórios comuns: relógio, termômetro e suprimento de água.

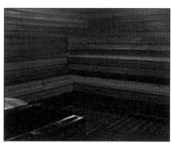
Sauna

Jacuzzi

→ Tanque de uso coletivo com jato de ar e água para massagem;
→ Importante o controle de qualidade da água;
→ Capacidade na base de 1m² por pessoa;
→ Encorajar o uso de chuveiro (próximo) antes do uso;
→ Revestimento em azulejo para adequada limpeza e manutenção;
→ Utilizar *deck* antiderrapante de 1,20m de largura, no mínimo, em pelo menos dois lados.

ARQUIBANCADAS

Arquibancadas são tipos de estruturas concebidas para prover assentos em degraus e estão disponíveis em vários tamanhos e configurações. O sistema de arquibancada consiste normalmente de uma série de níveis de assentos e apoio para os pés, geralmente sem qualquer tipo de apoio para as costas. Uma grande arquibancada não é nada mais do que uma arquibancada associada a uma cobertura. O tipo e número de componentes de uma arquibancada vão depender da atividade, espaço requerido, número de espectadores e recursos financeiros disponíveis.

As arquibancadas são classificadas em uma das seguintes categorias básicas:

⇒ Permanentes ou estacionárias;
⇒ Portáteis ou móveis;
⇒ Telescópicas ou retráteis; e
⇒ Temporárias.

Arquibancadas permanentes ou estacionárias são tipicamente grandes unidades que permanecerão na mesma localidade durante a vida da instalação. Arquibancadas permanentes são normalmente ancoradas ao solo.

Generalidades

A função primordial das arquibancadas é a de assegurar uma boa visibilidade geral ao evento.

Com efeito, preocupações complementares aparecem, tais como o impacto arquitetônico da instalação e seu lugar na cidade; e maior conforto para os espectadores.

Assentos individuais

Dessa forma, um esforço crescente ocorre na oferta de assentos individuais, de informação aos usuários por meio de cartazes e cronometragem eletrônica, na sonorização e no maior cuidado com a segurança.

As instalações situadas sob as arquibancadas são tratadas nos capítulos correspondentes aos esportes praticados (em estádios, ginásios, piscinas, etc.).

Este capítulo refere-se a instalações normais de pequena ou de média capacidade. Para as grandes, é necessário que se proceda a um estudo particular, porém mantendo os princípios aqui indicados.

Para as instalações onde não há previsão de arquibancada é desejável, na maioria dos casos, reservar uma zona limitada que possa acolher os espectadores.

Gráfico de visibilidade – Cálculo de visibilidade

Uma boa visibilidade da área de jogo é indispensável tanto para instalações ao ar livre quanto para ginásios ou arenas. Para esses últimos, a fim de limitar seu tamanho e manter uma visibilidade perfeita, a primeira fileira da arquibancada não é elevada havendo geralmente apenas um recuo relacionado à área de escape do campo de jogo.

No caso de arquibancadas ao ar livre, é necessário prever maior distância entre a área de jogo e a zona da arquibancada. Além disso, admite-se geralmente considerar como ponto a ser observado não a linha de toque (ponto de visada no solo), mas uma linha situada sobre sua vertical e a 1m de altura.

Estrutura espacial

Na teoria, aumentar a altura de cada degrau, obtendo-se um perfil parabólico; na prática, perfil constituído por diversos conjuntos de degraus uniformes (setores ou seções de arquibancada) cujo ângulo de inclinação aumenta com a distância da área de jogo.

A cada 25 degraus, o perfil retilíneo é mantido. A inclinação não deve ultrapassar 35 graus. Excepcionalmente, pode atingir o limite de 45 graus, porém, com medidas de segurança adicionais.

Para cada setor de perfil retilíneo, as dimensões em corte dos degraus estão ligadas pela relação:

Inclinação dos níveis

$$h = c + l\ \frac{nc + H}{D}$$

Onde:
h = altura do degrau de um setor com inclinação uniforme
c = elevação do raio visual
l = profundidade do degrau
n = número de fileiras de um setor
H = altura do olho do primeiro espectador do setor
D = distância horizontal entre o olho do primeiro espectador e o ponto observado (linha de toque).

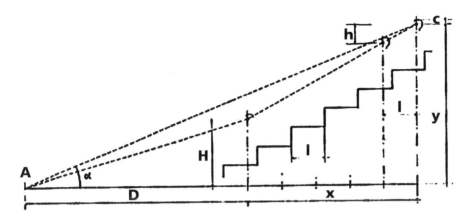

A altura dos degraus varia em geral de 25cm para baixo e 45cm para cima.

Reserva-se normalmente de 45cm a 55cm de largura por espectador.

A profundidade de cada fileira é de 70cm a 80cm (35cm de espaço de circulação na frente do assento).

A altura de uma pessoa do olho ao piso é em torno de 1,20m.

A visibilidade é limitada pelo raio visual tangente ao topo da cabeça do espectador sentado à sua frente.

Considera-se **c** = 10cm a medida entre os olhos e o topo da cabeça (sem chapéu).

Se admitirmos que os espectadores veem a cabeça das pessoas da fileira inferior, **c** pode ser reduzido a 7cm. Contudo, esta norma não é geralmente adaptável ao espetáculo esportivo porque na realidade o olhar do espectador se desloca pelo terreno horizontalmente.

A altura dos assentos é de 45cm até o plano onde repousa os pés dos espectadores em arquibancadas nas instalações ao ar livre.

Ibirapuera/Estádio Atletismo

Arquibancadas ao ar livre – Implantação e orientação para o hemisfério sul

Em função da capacidade das arquibancadas, elas podem estar localizadas em um ou em muitos lados ao redor do campo. Para os pequenos estádios uma arquibancada só, ao longo do lado maior, é geralmente suficiente. Se pretendermos colocar os espectadores em posições equidistantes das extremidades do estádio, a tribuna de honra deve estar situada no centro.

No hemisfério sul, a arquibancada principal e a tribuna de honra devem estar posicionadas de frente para o leste, de modo a limitar ofuscamento solar nos espectadores ao final do dia (no hemisfério norte é justamente o contrário).

Em função da implantação e da altura das arquibancadas, especial atenção deve ser dada aos problemas de:

→ sombras sobre o gramado;

→ ventilação;

→ chuva e evaporação.

Para os espectadores, convém evitar as correntes de ar.

Pode-se obter um acréscimo do número de espectadores, conferindo-se à tribuna a forma de um crescente, o que resulta no aumento do número de filas de degraus na parte mediana sem afastar os espectadores do centro do terreno.

Esta arquibancada pode ser duplicada, quer em forma elíptica ou retangular, tendo em vista envolver a área de jogo e sem permitir que se ultrapasse uma distância de 190 metros entre qualquer espectador e o ponto mais distante da área de jogo. Essa distância, se bem que empírica, é geralmente reconhecida como máxima.

Diferentes concepções construtivas

A solução da arquibancada em superestrutura é a mais frequentemente utilizada. Torna-se mais econômica caso o terreno esteja situado numa depressão ou contra um talude. Pode-se implantar uma parte ou a totalidade dos degraus sobre a inclinação natural do terreno, ou mesmo, em alguns casos, criar um aterro a fim de posicionar os degraus. Esta solução exclui definitivamente qualquer utilização do espaço situado sob as arquibancadas.

Razões de ordem climática conduzem muitas vezes a se decidir pela cobertura parcial ou total das arquibancadas. Nenhum pilar deve prejudicar a visão dos espectadores. É preciso que a cobertura seja elevada ao máximo nos estádios de grande capacidade. Soluções mais complexas são às vezes necessárias para as grandes instalações em que se cogita construir um ou vários níveis.

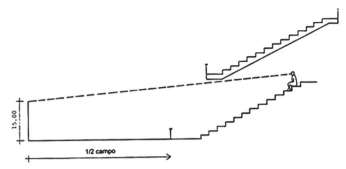

Essa disposição permite aproximar os espectadores da área de atividade e de não ultrapassá-la de 190m. Um bom número de especialistas preconiza que todo espectador no nível mais inferior deve ver uma bola na altura de 15 metros acima do meio do campo.

Os materiais de estrutura utilizados são em geral de madeira laminada, de metal (vigas metálicas triangulares) ou de concreto (em geral protendido).

As coberturas são em geral em materiais tradicionais ou em tecido. É necessário prever coleta e esgotamento das águas da chuva.

Deve se levar em conta problemas tais como os relativos à acústica, com tratamento para absorção de ruído excessivo que permita clara compreensão das informações oriundas do sistema de som.

Estrutura espacial

A iluminação artificial do terreno pode ser instalada sobre a cornija superior da cobertura desde que os requisitos de altura sejam respeitados.

Concepção e disposições funcionais

A concepção se insere num estudo global, levando-se em conta:
→ Escolha do local e sua ambientação arquitetônica e paisagística;
→ Serviços e acessos ao recinto da instalação: transportes; importância das vias de escoamento; segurança assegurada a esses transportes; estacionamento próximo ou afastado, seleção dos recepcionistas para serviço e orientação às diversas zonas;
→ Práticas esportivas programadas;
→ Utilização das áreas de jogo para atividades não esportivas (aumento da capacidade efetiva dessas áreas para que um público mais nume-

roso possa ser admitido), implicando proteção do solo e previsão de escoamentos para rápida evacuação;

→ Nível de competição e exigências impostas pelas federações, em particular, aquelas relativas a uma distância mínima do primeiro degrau em relação à área de jogo;
→ Número de espectadores para o público em geral, para as mídias e para as autoridades;
→ Regras de segurança, de construção e de higiene;
→ Acessos (escadas ou rampas) às diversas arquibancadas e tribunas (grande público, autoridades, imprensa, mídias), ou mesmo para cada compartimento desses locais que devem ser diferenciados e independentes a partir do exterior da instalação.

Compartimentação

Por razões de facilidade de acesso, de utilização de segurança ou simplesmente de preço dos assentos, é muitas vezes desejável construir setores em certas arquibancadas. Esses setores são espaços isolados tendo seus próprios acessos e escoamentos cuja capacidade não deve ultrapassar 5.000 espectadores, em média. São geralmente construídos em instalações de mais de 20.000 lugares. Servem também para isolar as torcidas de duas equipes. Se tais divisões permitem uma boa funcionalidade na distribuição das circulações, áreas de recepção, bares e sanitários, por outro lado eles têm o inconveniente de serem construídos em locais muito elevados, com grades ou painéis de vidro para que não possam ser transpostos. Estes se constituem em transtorno ou incômodo visual para os espectadores situados na parte alta e podem ser perigosos em caso de pânico se os elementos de transposição não são em número suficientes ou liberados a tempo.

É possível, se autoridade policial assim permitir, a preferência pela construção de simples barreiras baixas que podem ser descontínuas e suficientes para delimitar a fronteira entre as zonas diferenciadas. Elas podem ser construídas com tratamento paisagístico. Por exemplo: um canteiro com plantas, compensando o ambiente de concreto das arquibancadas, ou por grandes cortes na estrutura como em Bari na Itália. Essas zonas-tampão podem ser aumentadas, situando-se ali as aberturas para acesso aos diversos locais.

Para conforto dos espectadores os lugares devem possuir assentos que sejam independentes e providos de espaldares.

Arquibancadas portáteis, telescópicas e temporárias

Arquibancadas portáteis são unidades menores e construídas com materiais leves. As arquibancadas devem possuir deslizadores ou sistema de rodas que as tornam fáceis de serem deslocadas para qualquer lado.

Arquibancadas telescópicas são tipicamente encontradas em ginásios onde os espaços são reduzidos. Essas arquibancadas podem estar tanto embutidas quanto abertas para acomodar espectadores. Quando fechadas, esse tipo de sistema toma relativamente pouco espaço e podem funcionar como eventuais divisores de espaços.

Arquibancadas temporárias são tipicamente armazenadas em módulos ou seções e montadas juntas para utilização durante eventos especiais (torneios de golfe, paradas ou desfiles, circos, inaugurações). Após o evento, as arquibancadas são então desmontadas e armazenadas até quando se tornarem novamente necessárias.

Componentes das arquibancadas

Um sistema de arquibancada possui alguns elementos em comum. Esses elementos incluem:
→ Apoio para os pés;
→ Assentos;
→ Degraus; e
→ Guarda-corpos (corrimões).

Corrimões são usados por razões de segurança. Eles proporcionam segurança ao entrar e sair das arquibancadas. Há uma variedade de tipos que diminuirão o risco de acidentes. Devem ser leves para facilidade de montagem e desmontagem, contudo fortes o suficiente para proporcionar adequado apoio. Os corrimões ou guarda-corpos devem se estender 1,0 metro acima da superfície mais baixa do degrau de acesso dos componentes da arquibancada (apoio para os pés, assentos, corredor).

Degraus e apoio para os pés são tipicamente de alumínio e devem ser resistentes ao tempo quando em uso externo. Os assentos podem ser em alumínio ou metal revestido em vinil. Arquibancadas para áreas fechadas devem ter os degraus (espelhos), apoio para os pés e assentos em madeira.

Ao planejar arquibancadas, é importante considerar os espaços vazios na estrutura. Qualquer abertura entre componentes, tais como entre o apoio para os pés e o nível de assentos e degraus deve impedir a passagem de uma esfera de 10 centímetros.

Usualmente as arquibancadas são construídas de 4 a 52 fileiras. Os códigos de construção locais devem ser consultados ao se planejarem arquibancadas. O anexo 1 ao final apresenta uma tabela de ocupação para diversas configurações de fileiras e comprimentos.

Arquibancadas telescópicas ou retráteis devem ter um sistema de rodas para prevenir danos à superfície do piso. Em acréscimo, esse sistema será mais bem utilizado se ele for automatizado. Sistemas elétricos permitem às arquibancadas telescópicas abrirem ou fecharem por meio de uma chave. Esse tipo de sistema permite ao usuário abrir total ou parcialmente uma seção de arquibancada sem que a seção saia do alinhamento ou se danifique. Para arquibancadas já instaladas e que não possuam sistema automático, existem equipamentos elétricos portáteis que podem ser facilmente manejados para o seu conveniente deslocamento.

O sistema automático oferece ao usuário:
→ A facilidade de abrir e fechar os sistemas de arquibancadas rápida e corretamente;
→ Dispensa ou reduz custos de manutenção;
→ Soluciona o problema de danos devido à operação manual; e
→ Evita operação manual por pessoal não autorizado.

Arquibancadas telescópicas ou retráteis

Anexo 1 – Capacidade dos estádios

A capacidade de um estádio se programa em função dos objetivos determinados, em particular:

→ Pelas práticas esportivas programadas;
→ Pelos tipos de atividades;
→ Pelos níveis de prática;
→ Pela população a ser atendida.

Tabela representativa do número de assentos com base
no comprimento e número de fileiras 1 a 19.

Comprimento (metros)	4 fileiras	7 fileiras	10 fileiras	13 fileiras	16 fileiras
5,50	48	84	120	156	192
10,30	96	168	240	312	384
16,50	104	252	360	468	676
21,90	192	336	480	624	768
27,40	240	420	600	780	960
32,90	288	504	720	936	1.152
38,40	336	588	840	1.092	1.344
43,90	384	672	960	1.248	1.536
49,40	432	756	1.080	1.404	1.728
54,90	480	840	1.200	1.560	1.920
60,40	528	924	1.320	1.716	2.112
65,80	576	1.008	1.440	1.872	2.304
71,30	624	1.092	1.560	2.028	2.496
76,80	672	1.175	1.680	2.184	2.688
82,30	720	1.260	1.800	2.340	2.880
87,80	768	1.344	1.920	2.496	3.072
93,30	816	1.428	2.040	2.652	3.264

Tabela representativa do número de assentos com base
no comprimento e número de fileiras (20 a 31).

Comprimento (metros)	19 fileiras	22 fileiras	25 fileiras	28 fileiras	31 fileiras
5,50	228				
10,30	456				
16,50	684	792	900	1.008	
21,90	912	1.956	1.200	1.344	1.488
27,40	1.140	1.320	1.500	1.680	1.860
32,90	1.386	1.584	1.800	2.016	2.232
38,40	1.596	1.848	2.100	2.352	2.604
43,90	1.824	2.112	2.400	2.688	2.976
49,40	2.052	2.376	2.700	3.024	3.348
54,90	2.280	2.649	3.000	3.360	3.720
60,40	2.508	2.904	3.300	3.696	4.092
65,80	2.736	3.168	3.600	4.032	4.464
71,30	2.964	3.432	3.900	4.368	4.836
76,80	3.192	3.696	4.200	4.704	5.208
82,30	3.420	3.960	4.500	5.040	5.580
87,80	3.648	4.224	4.800	5.376	5.952
93,30	3.876	4.488	5.100	5.712	6.324

Número de assentos em função da população (*)

População	Assentos
8.000 a 20.000	2.000 a 5.000
20.000 a 40.000	5.000 a 8.000
40.000 a 80.000	8.000 a 15.000
80.000 a 300.000	15.000 a 25.000
300.000 e acima	25.000 a 50.000
Pico: duas vezes/ano	**Média:** acima de 50% da capacidade total

(*) Referência estatística: França – 2002.

ILUMINAÇÃO

Iluminação é simplesmente um meio de tornar clara as áreas ou espaços. As duas opções básicas são aquelas produzidas por energia elétrica ou por luz natural propriamente dita. O produto da luz em combinação com outras variáveis, tais como níveis de sombra, quantidade de luz refletida de superfícies e cor, resultam na iluminação. A iluminação é medida em *foot-candles*. O brilho é a intensidade luminosa de qualquer superfície e é medida em *foot-lambert*. O reflexo é uma importante consideração na educação física e nas instalações de esportes e não é nada mais do que excesso de claridade.

Iluminação em estádio

Em complemento à quantidade de luz em uma determinada área, a qualidade de luz é de igual importância. Fornecer iluminação eficiente é complexo e representa um desafio. Para a obtenção de máxima eficiência, são recomendados serviços de engenharia especializados. Ginásios, salas de aula, corredores e outras áreas específicas têm diferentes requisitos de iluminação. O planejamento para a iluminação elétrica requer que cada área seja considerada em relação a seu respectivo uso.

O *foot-candle* é a medida de intensidade luminosa num determinado ponto. A intensidade luminosa medida em *foot-candles* é fator vital para o conforto visual, mas a intensidade deve ser considerada em relação ao equilíbrio luminoso oriundo de todas as fontes de iluminação e superfícies refletivas dentro do campo visual. No Brasil, utiliza-se normalmente o lux como medida de intensidade luminosa: 1 *foot-candle* é aproximadamente igual a 10 lux.

O fator de reflexão de uma superfície é a porcentagem de luz refletida por ela. Para manter o equilíbrio entre a quantidade e a qualidade da luz, todas as superfícies de um ambiente devem ser relativamente claras e com acabamento mais fosco do que brilhante.

O *foot-lambert* é o produto da iluminação em *foot-candles* e o fator de reflexão da superfície. Por exemplo, 40 *foot-candles*, atingindo uma superfície com reflexão de 50%, produzirá uma intensidade luminosa de 20 *foot-lambert* (40 × 50 = 20). Esses valores são necessários quando se computam diferenças de claridade para a obtenção de um campo de visão equilibrado.

Iluminação – Torre de refletores

INSTALAÇÃO DE SISTEMA DE ILUMINAÇÃO

Iluminação de arenas, ginásios e outros espaços de atividades físicas necessitam um mínimo de 7,00m livres acima da superfície de jogo, de modo que não interfiram com os espaços verticais estabelecidos oficialmente para esportes em recintos fechados. Os sistemas de iluminação são geralmente de dois tipos: a iluminação direta e a indireta. Sistemas de iluminação direta são orientados diretamente para o solo. Sistemas de iluminação indireta são direcionados para outros pontos que não o solo, ou seja, para as paredes ou teto com o cuidado de reduzir ofuscamento. A luz indireta é mais cara de operar porque a cada reflexão a luz diminui. Por essa razão, mais energia é consumida com luz indireta, quando comparada com a luz direta, para se obter a mesma iluminação final da área. Ambos os sistemas devem atender ao nível requerido de lux sem causar sombras ou reflexos. Os tipos de iluminação incandescente, fluorescente, vapor de mercúrio, metal haloide, quartzo ou vapor de sódio dependerão provavelmente do tipo de espaço e da maneira que será utilizado. O estilo das luminárias tem mais a ver com estética do que com funcionalidade, embora as vantagens e desvantagens da estética *versus* funcionalidade são sempre um fator a considerar.

USO DE LUZ NATURAL

Janelas e outros materiais translúcidos permitem a entrada de luz em uma instalação. A luz natural reduz os custos operacionais e melhora a estética dos espaços fechados. O principal problema com janelas é que se torna muito difícil controlar o reflexo que elas deixam penetrar. Evite janelas em qualquer atividade em que a acuidade visual é fator importante para atividades de aprendizagem, habilidade e segurança. Contudo, existem outros materiais translúcidos que atendem ao seguinte:

⇒ Proporcionam altos valores de isolamento, reduzindo perda de calor durante os dias frios e/ou ganho de calor durante os dias quentes;

⇒ Provocam difusão da luz que penetra, reduzindo reflexos;

⇒ Proporciona maior resistência à quebra de modo que é mais seguro usar em espaços onde estilhaços de vidro representam sérios problemas de segurança.

Materiais translúcidos não são perfeitos. Blocos ou painéis translúcidos em uma área de alta umidade permitem que a umidade condense na superfície interna quando está mais frio do lado de fora, não permitindo visão clara de imagens exteriores. As janelas podem também ter *"brize soleils"* ou quebra-sóis, cortinas ou *"blinders"*, os quais contribuem para controlar os reflexos e ainda podem melhorar os níveis de isolamento.

Níveis de iluminação recomendados para espaços cobertos

Atividade	LUX
Exibições	500
Exercícios em geral	350
Recreação	350
Danças	50-500
Vestiários	300
Ginástica	500
Basquetebol	800
Tênis	700
Esgrima	700
Handebol	700
Squash	700

Atividade	LUX
Voleibol	500
Sala de Musculação	500
Sala de lutas	500
Defesa Pessoal	700
Piscinas	50
Toaletes e Chuveiros	300

Níveis de iluminação para esportes ao ar livre

Atividade	LUX
Tiro ao Arco	100
Badminton	100
Beisebol	200-300 (infield)
Basquete	300
Hóquei	300
Handebol	100
Futebol	300
Rúgbi	300
Skate	300
Tênis	300
Voleibol	200

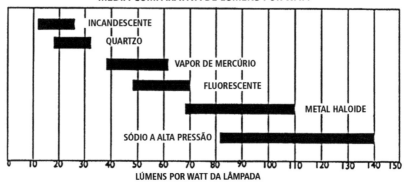

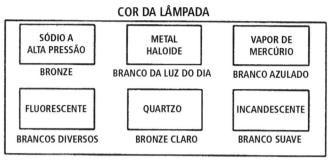

*Baseada em energia necessária para manter lúmens idênticos entre as lâmpadas

TIPOS DE LÂMPADAS

A luz incandescente é instantânea, queima sem ruído e não é afetada pelo número de vezes que se liga ou desliga. As lâmpadas são consideravelmente baratas e fáceis de trocar. Dentro de certos limites, podem variar de tamanho em relação a um determinado tipo de luminária. Contudo, têm um brilho pontual excessivo e emitem bastante calor, podendo se tornar um problema quando altos níveis de iluminação são necessários.

As lâmpadas fluorescentes têm a vantagem de longa vida útil e produzem duas vezes e meia mais iluminação do que as lâmpadas incandescentes para uma mesma quantidade de corrente elétrica. São frequentemente utilizadas em antigos prédios para aumentar o nível de iluminação sem necessidade de nova fiação.

A iluminação a vapor de mercúrio é cara em termos de custo inicial de instalação. O custo total é menor do que o da iluminação incandescente. A principal objeção à lâmpada de vapor de mercúrio é a sua cor azulada. Contudo, quando a luz incandescente é usada em complemento à de vapor de mercúrio, resulta num sistema de iluminação altamente satisfatório. As lâmpadas a vapor de mercúrio estão desaparecendo em favor das lâmpadas de metal haloide.

As lâmpadas de metal haloide não duram tanto quanto as lâmpadas a vapor de mercúrio, mas produzem mais luminosidade e operam com mais eficiência. Essas lâmpadas não apresentam aquele tom forte de azul das lâmpadas a vapor de mercúrio.

Lâmpadas de quartzo e lâmpadas de sódio à alta pressão são lâmpadas para instalações ao ar livre. Somente há poucos anos elas passaram a ser usadas em ambientes fechados. As lâmpadas de quartzo não são muito diferentes das incandescentes, exceto por apresentarem uma suave cor bronzeada e são ligeiramente mais eficientes. A iluminação com lâmpadas de sódio em alta pressão tendem a ser a iluminação do futuro para atividades em ambientes fechados. Essas lâmpadas são de alta durabilidade, extremamente eficientes e produzem mais emissão luminosa se comparadas às mencionadas anteriormente. O único problema com as lâmpadas de sódio à alta pressão é sua peculiar tonalidade amarelo-bronzeada.

ACÚSTICA

Face à quantidade de ruídos e sons que emanam das atividades de educação física e esportes, a acústica é extremamente importante no projeto dos prédios destinados a essas atividades. O tratamento acústico no projeto de prédios é de domínio da engenharia acústica. Um engenheiro especialista em acústica deve ser consultado quando desejamos adequadas qualidades de reflexão e absorção de som em todas as superfícies dentro de uma instalação. O tratamento acústico deve melhorar o som de modo que se possa ouvir facilmente e que também haja boa absorção sonora. O ruído de fundo, basicamente sons indesejáveis que se originam ou nas próprias estações de ensino ou que se introduzem de outras áreas, deve ser controlado. O ruído interno pode se caracterizar pelo atrito de uma cadeira deslocada sobre o piso, reverberações, ecos ou ainda sons refletidos. Todos os sons se propagam de forma esférica. Se um espaço vai ser acusticamente tratado, os tetos, paredes, pisos e outras superfícies no interior desse espaço devem ser constituídos por materiais apropriados.

TRATAMENTO INTERNO

Existem quatro meios comuns de tratamento acústico de espaços: (1) Utilização de paredes ou outras barreiras é um bom método de controlar o som. (2) Quanto mais espaço, mais o som se propaga e mais ele é absorvido (a existência do próprio ar ambiente é um tratamento acústico). (3) Uso de materiais acústicos nas diversas superfícies. (4) Materiais acústicos suspensos sobre o vão de grandes arenas representam um importante método de controle de som.

TRATAMENTO DE RUÍDO EXTERNO

Ruídos de fundo ou sons indesejáveis provenientes de espaços de atividades externas também podem ser acusticamente tratados. Podem ser transmitidos dentro de uma sala pelos dutos de ventilação, tubulações e espaços em torno dos protetores dos tubos (camisas). A transmissão de som pelos dutos pode ser reduzida pelo uso de abafadores ou revestindo os dutos com materiais resistentes a fogo e absorvedores de som. Eles podem ser unidos com lona ou material à base de borracha para impedir a transmissão de som por meio do metal. Podem ser encamisados e o espaço entre a camisa e o tubo deve ser preenchido. O som pode ser transmitido também através de paredes tetos e pisos, mas pode ser reduzido a um mínimo por meio de projeto estrutural apropriado e adequada seleção de materiais. Em construções convencionais, parafusos alternados podem suportar as laterais das paredes de tal maneira que não haja contato entre suas superfícies internas, caracterizando uma construção de tipo parede dupla. O espaço entre as paredes pode ser preenchido com material absorvedor de som para maior diminuição de sua transmissão. Algumas vezes, 6cm a 8cm de espessura de areia na base da parede reduzirá consideravelmente a transmissão de ruído. Da mesma maneira, painéis acústicos aplicados sobre as divisórias na montagem de tetos suspensos podem reduzir bastante o som entre as salas. A vibração de máquinas ou os impactos sonoros podem ser amortecidos por meio de revestimento apropriado no piso e/ou pela instalação das máquinas sobre apoios flutuantes ou resilientes. Barreiras sonoras como portas ou paredes duplas são necessárias entre áreas ruidosas e áreas tranquilas. A localização imprópria de portas e janelas pode criar problemas de ruído. É importante considerar a localização da instalação e também a distribuição de suas áreas internas visando ao controle sonoro. Localizar a educação física e as instalações esportivas em áreas semi-isoladas ajuda muito o controle acústico. A mesma teoria deve ser aplicada nas instalações esportivas internas. A localização de áreas ruidosas como levantamento de pesos, área de exercícios aeróbicos, vestiários, piscinas ginásios e áreas de espectadores devem ser planejadas tendo em vista áreas tranquilas próximas como salas de aulas e escritórios.

Cuidado especial deve ser dispensado à manutenção dos materiais acústicos. Pintura a óleo reduz a qualidade de absorção de som na maioria dos materiais. O tratamento das superfícies de diversos materiais acústicos varia. O tratamento mais comum de placas de fibras acústicas é uma suave demão de tinta à base de água. Contudo, vários materiais acústicos perdem sua eficiência após a aplicação de várias camadas de tinta.

TRATAMENTO ACÚSTICO NO ESPAÇO EXTERNO

Algumas vezes, o exterior de um espaço ou prédio deve ser tratado acusticamente. Se um ginásio está localizado nas proximidades de um aeroporto ou junto a uma via de passagem de caminhões pesados, o tratamento acústico da área externa deve se considerado. Aplique os mesmos princípios, tanto nos espaços internos quanto nos externos. Projetar um mínimo de superfícies sólidas e planas, como estacionamentos pavimentados e passeios. Utilize arbustos e grama sempre que possível. Paredes, muros, acostamentos e água são itens favoráveis à boa acústica externa. Muitos problemas acústicos podem ser evitados desde o início se os conceitos de transmissão sonora são considerados a partir dos estágios iniciais do planejamento de uma instalação. A localização de espaços geradores de ruídos separados de áreas tranquilas é de fácil solução na fase inicial do projeto. Corrigir problemas futuros causados por áreas adjacentes impróprias é bem mais difícil. Mesmo a melhor construção com as melhores técnicas de tratamento acústico não pode resolver completamente o problema criado por vizinhança imprópria. O resultado final será mais aceitável se problemas acústicos forem antecipados e devidamente equacionados.

ANEXOS

I. Planejamento do Legado e a Sustentabilidade das Estruturas Esportivas

II. Estádio e Senso de Local

III. Instalações Escolares – O processo de Planejamento

IV. Conceituando a Sustentabilidade e a Preservação do Meio Ambiente para Otimizar a Construção de Espaços de Esporte e Lazer

V. Tendências em Equipamentos para Academias de *Fitness*

ANEXO 1

Fonte: Fernando Telles Ribeiro. *Legados de Megaeventos Esportivos*, Ministério do Esporte & Confef, 2008.

PLANEJAMENTO DO LEGADO E SUSTENTABILIDADE DAS INFRAESTRUTURAS ESPORTIVAS

A organização dos megaeventos esportivos torna-se a cada dia mais complexa, destacando-se o papel fundamental que o processo de planejamento é exercido nesse contexto.

Por se tratar de um acontecimento com abrangência global, com grande destaque de mídia, nível de envolvimento financeiro do setor público e efeitos políticos significativos, é necessário considerar não apenas o evento em si, mas também a perspectiva de seus impactos e legados. O processo de planejamento deve ocorrer de forma antecipada, iniciando-se junto ao processo da candidatura, ampliando-se a partir da escolha definitiva da cidade como sede do megaevento

É necessário ter em mente a importância do custo-oportunidade desse evento. Ou seja, os recursos financeiros destinados ao evento são intransferíveis – são gerados em função do megaevento e não estariam disponíveis se não fosse por ele. Desta forma pode-se afirmar que não há lugar para improvisação em megaeventos.

A produção de megaeventos pode se mostrar como um importante elemento catalisador de melhorias para a cidade-sede.

Legado e sustentabilidade não acontecem simplesmente: devem ser planejados para que tenham significado e se tornem positivos.

* * *

O presente texto pretende colocar em evidência e analisar relevantes pontos relacionados ao planejamento de projetos e construções de instalações sustentáveis destinadas a megaeventos de natureza esportiva, traduzindo seus impactos social-econômicos e ambientais em contribuições urbanas positivas e significativas após a realização do megaevento.

Ademais, o tema se propõe a revisar e enfatizar o poder dos mega-eventos esportivos como deflagrador de ações urbanas preconcebidas, as quais dificilmente se materializariam em curto prazo sem o efeito catalisador do evento e dos preparativos necessários à sua realização.

O efeito primário em sediar um megaevento manifesta-se sob forma de pressões sobre planos urbanos existentes, cada um deles seguindo seu curso natural não fosse o impacto de um evento de tal magnitude. Uma das grandes virtudes de um megaevento é a de criar um ambiente favorável à aceleração de projetos de desenvolvimento social e regeneração urbana sob condições políticas, econômicas e sociais extremamente favoráveis.

PLANEJAMENTO DO LEGADO

Nesse cenário avulta a questão do legado que deverá estar presente e de forma constante no conjunto de ações destinadas a proporcionar uma herança digna para a cidade-sede, com reflexos institucionais positivos na imagem do país.

Todas as cidades buscam ganhos de legado *hard*: infraestrutura, reorientação dos espaços da cidade, aumento do conforto, novos tipos de uso dos terrenos e atividades econômicas. Barcelona é o maior exemplo de sucesso nesse particular. Por outro lado, importantes ganhos *soft* em termos de confiança, entusiasmo, reputação, incremento do turismo nacional e internacional, *status* e orgulho local são destaques nessa cidade.

Algum tempo é necessário para que o sucesso dos legados *hard* e *soft* com significados sociais seja confirmado. Há que se notar uma tendência para que os legados *hard* se transformem em legados *soft* quando se apresentam como ícones e monumentais atrações turísticas. Os Legados *soft* tornam-se *hard* quando fatores positivos de estruturas de governança e atitudes do tipo "é possivel fazer" evoluem no sentido da formação de redes sociais favoráveis. Barcelona é um típico caso indicativo (POYNTER, GAVIN; MACRURY, IAN).

O pós-uso da infraestrutura é importante guia e referência para o sucesso de megaeventos. Entretanto, em qualquer dos casos, o legado precisa ser pensado a partir da concepção do projeto até a entrega das instalações (construções, IT, governança, gerenciamento da marca da cidade e contratos de manutenção pós-jogos). A Vila Olímpica de Barcelona, o turismo de negócios de Atlanta e o sistema de transportes de Atenas comprovam tais evidências.

Paralelamente ao custo, o tema mais frequente para debate sobre a preparação de um megaevento e avaliação do legado é o plano de utilização pós-jogos das instalações esportivas e de outras manifestações a elas relacionadas.

Por suposto, exige-se que a cidade-sede acomode um grande número de aficionados (com ou sem ingressos ou quartos), jornalistas (credenciados e não credenciados), atletas, delegados e dignitários. Além disso, a cidade se engaja em planos variados e ambiciosos, buscando obter resultados positivos para o evento, e, de forma crucial, regeneração e legado para as comunidades locais e as populações regionais e nacionais.

SUSTENTABILIDADE

O termo sustentabilidade popularizou-se a partir de 1986 por meio da Comissão Mundial de Desenvolvimento Ambiental (*World Comission on Environment and Development*). A ideia inicial era de que a saúde do planeta a longo prazo dependeria de se buscar meios de atender às necessidades do presente sem comprometer as possibilidades similares das futuras gerações.

Sustentabilidade não quer dizer apenas conservação e proteção ambiental: contempla também aspectos de ordem econômica e social, buscando minimizar danos econômicos e ambientais a longo prazo.

Do ponto de vista das instalações destinadas às competições, elas serão sustentáveis à medida que estejam previstos e garantidos recursos necessários à sua manutenção e contínua operação, ao mesmo tempo em que estejam contribuindo para o incremento de futuras oportunidades do "esporte para todos" e para integridade do ambiente natural onde se inserem.

IMPACTOS NO MEIO URBANO

Conceitualmente, megaeventos tais como Jogos Olímpicos, Jogos Pan-Americanos, Jogos Centro-Americanos e do Caribe, Jogos Asiáticos, Jogos da Comunidade Britânica, Copas do Mundo e alguns outros importantes eventos esportivos internacionais criam diferentes impactos econômicos, políticos, sociais e ambientais, os quais modificam o desenvolvimento urbano da cidade-sede com repercussões tanto em nível regional como nacional.

A experiência tem demonstrado que o desenvolvimento urbano sofre impactos decorrentes da implantação de:

⇒ **Estruturas primárias de esporte & lazer**
1. Estádios
2. Arenas cobertas/velódromo
3. Instalações especiais:
    → Piscinas
    → Estádio de remo
    → Instalações de tiro
    → Instalações equestres
4. Instalações específicas para esportes de inverno

⇒ **Estruturas secundárias – habitação & recreação**
1. Vila dos atletas & vila da mídia
2. Centro de imprensa e mídia
3. Instalações de treinamento
4. Parques

⇒ **Estruturas terciárias – tráfego & obras**
1. Tráfego: aeroporto, transportes de massa, estradas
2. Turismo: hotéis, atrações
3. Saneamento básico, telecomunicações, cabos de fibra ótica, etc.

É importante enfatizar que as estruturas primárias e algumas secundárias são frequentemente construídas especificamente para o megaevento programado, enquanto a estrutura terciária contempla estruturas já existentes ou previstas no plano diretor urbano da cidade, independentemente da realizaçao do megaevento, tendo seu desenvolvimento apenas antecipado ou acelerado, além de objeto de melhorias em função dos Jogos (H. PREUSS).

Do ponto de vista do legado, é presumível que as estruturas primárias que compreendem as instalações esportivas são as que merecem a maior atenção em seu planejamento não apenas para o período de duração do evento de cerca de um mês, incluindo eventualmente o período de competições paraolímpicas, mas sobretudo em função de seu uso posterior. As instalações esportivas ou primárias são as mais suscetíveis de subutilização decorrente de planejamento de pós-uso inadequado ou insuficiente, a exemplo do ocorrido com grande parte das instalações de *status* construídas para os Jogos Pan-Americanos do Rio de Janeiro – 2007 (Pan 2007 – Rio).

INSTALAÇÕES TEMPORÁRIAS

Eventualmente, uma instalação pode não vir a ser necessária no futuro. Nesse caso, a moderna tecnologia permite construir grandes instalações temporárias. Por exemplo, o velódromo e a piscina de polo aquático na Olimpíada de Atlanta, 1996, e o estádio de voleibol de praia da Olimpíada de Sidney, 2000, foram projetados para uso temporário.

Os organizadores de megaeventos esportivos encontram-se cada vez mais sob pressão. Nos contextos políticos, econômicos e sociais. Devem tomar decisões sobre a escolha dos tipos de infraestrutura requeridas para o evento. As infraestruturas permanentes requeridas para eventos de grande magnitude estão se tornando cada vez mais complexas, não só como resultado de inovações tecnológicas demandadas pelos esportes, mas também devido ao incremento de custos decorrentes das severas exigências de segurança dos prédios. Em certos casos, questiona-se se tais infraestruturas serão funcionalmente utilizáveis após o evento ou ainda se terão condições de vir a serem operadas de forma viável em termos financeiros.

CONCLUSÃO

No contexto de megaeventos esportivos internacionais, há diversos exemplos de elefantes brancos que drenam recursos municipais e governamentais para sua manutenção muito tempo após o término do evento, resultando em inevitáveis desgastes políticos, econômicos e de imagem para a cidade-sede. Com base nesta constatação, é dever e responsabilidade de todo comitê organizador de megaeventos esportivos adotar, sempre que possível, o uso estratégico de estruturas total ou parcialmente temporárias. Nesse contexto, trazendo casos práticos para a teoria, a função planejamento deve ser uma generalização a ser assumida diante da organização e gestão de megaeventos, mesmo quando se particularizam elementos de construção esportiva ou seu entorno urbano.

Um dado significativo para fundamentar o planejamento como ferramenta essencial no caso de obras esportivas de grande escala é extraído de Wolfgang Weber (1996), que poderá resultar em legados positivos na concepção de futuros projetos de instalações para esportes e lazer. Trata-se do resultado de uma pesquisa realizada na Alemanha em 1995, revelando que 70% da população acima de 14 anos de idade são ativos em alguma modalidade esportiva. Desse percentual, 35% são orientados competitivamente, 33% são voltados para atividades de lazer não competitivas e apenas de 1% a 2% são atletas com potencial para alto rendimento (Figura 1).

Tais dados chamam a atenção e alertam planejadores e projetistas para que, ao conceberem uma instalação destinada a um megaevento de *status* mundial, não percam de vista que ela terá um legado tão mais positivo quanto maior sua capacidade em atender a alternativas de pós-uso e amplo acesso, além das finalidades de alto rendimento para as quais foram basicamente construídas.

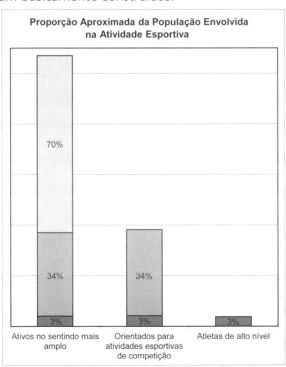

Figura 1: Proporção Aproximada da População Envolvida em Atividades Esportivas.

ANEXO 2

Fonte: Peter Eisenman. *Sports Facilities and a Sense of Place*. Architecture and International Events. The Second Joint Conference – IOC, Lausanne, 2002.

ESTÁDIOS E SENSO DE LOCAL

O ramo da construção de estádios já não é dominado por arquitetos de estádios profissionais. Enquanto há 20 anos os comitês de estádios eram de responsabilidade de técnicos especialistas em estádios, hoje isto está mudando. Por quê?

Primeiro, porque existe receita financeira a ser obtida por meio de cobertura da mídia, sugerindo que os estádios devam se tornar atrações para a comunidade ao estimular turismo, comércio e atividades cívicas. Da mesma forma que as catedrais da Idade Média, as bibliotecas dos finais do século 19 e os museus da segunda metade do século 20, hoje é possível realizar-se *tours* arquitetônicos pelos estádios ao redor do mundo.

Numa época de parques temáticos e eventos de mídia que envolvem realidade em experiências simuladas – as quais, como alguns refrigerantes, devem oferecer o mesmo gosto para todos – há grande valorização dos espectadores, porque os eventos esportivos são fontes primárias do inesperado e do imprevisível. Esse desejo para incerteza tem gerado uma série de eventos simulados e em grande parte evidenciados no fenomenal sucesso dos *reality shows* da televisão, os quais, essencialmente, encenam competições que simulam o esporte. Assim, um dos locais do inesperado – ou do real – é hoje o estádio que ganha importância como um novo ícone, demandando algo além do que apenas competência técnica para construir.

Com a crescente importância do esporte na cultura contemporânea, expandem-se as ligas, o desenvolvimento de times femininos profissionais e novos públicos que incluem mulheres e famílias. O estádio básico que antes atendia a antigas ideias estimuladas por esportes masculinos, necessita agora acomodar maiores e mais diversas audiências, bem como eventos ao vivo tais como concertos de *rock* e convenções.

Um estádio projetado para esses propósitos torna-se também fonte produtiva de receita ao oferecer suas instalações para funções fora daquela programação de 20 jogos do time da casa e podendo auferir extraordinária vantagem de seu *marketing* potencial.

Hoje, o simples fato de ser uma estrutura espetacular não mais oferece condições de competir com os tipos de imagem de mídia que podem ser instantaneamente divulgadas e vistas ao redor do mundo. A imaginação e a representação arquitetônica devem responder a essas mudanças. Ao considerar um novo estádio, é mais importante construir não apenas um estádio útil e funcional, mas um novo tipo de experiência e um novo tipo de símbolo.

Os clássicos e solitários objetos do passado que eram então entendidos como símbolos de poder, já não mais o são. O simbolismo de formato estático e hierárquico já não se apresenta tão sugestivo. Neste século XXI, a forma dos estádios deve buscar um simbolismo dinâmico, plástico, fluente e orgânico: uma imagem de mobilidade e movimento e, ao mesmo tempo, distanciar-se de um símbolo de estádio como sede de uma forma centralizada de poder para tornar-se a de um local de comprometimento ambiental e ecológico.

Em uma situação urbana, várias necessidades importantes devem ser exploradas. Primeiro, a oportunidade de integrar o estádio com um projeto de desenvolvimento cívico e comercial, no qual se possa acrescentar hotel, escritórios e *shopping*. Os benefícios da mídia e o apreço que tal projeto pode gerar não podem ser mensurados monetariamente. Todavia, os benefícios do projeto do estádio e suas acomodações de suítes, áreas de convivência e pontos de venda podem ser medidos em função das receitas que proporcionam.

O desafio hoje é construir um estádio que seja um ícone civil integrado com o ambiente em sua volta e que possa até não parecer de imediato com um estádio, mas que sugira uma nova experiência conceitual tanto interna como externamente. A época de um estádio como objeto solitário e isolado em um parque pertence ao passado. O que se aspira atualmente é uma forma de imagem de um estádio que tire partido de sua própria localização, buscando integrar-se à paisagem urbana de forma contínua, nova e vital.

ANEXO 3

Fonte: Richard B. Flyinn. *Planning Facilities for Athletics, Physical Education and Recreation*. AAHPERD, 1985.

O PROCESSO DE PLANEJAMENTO

O QUE É PLANEJAMENTO?

Planejamento é o processo em que as pessoas determinam como proceder a partir de uma situação presente para uma desejável situação futura. De certo modo, o processo de planejamento envolve o reconhecimento de necessidades para daí buscar e selecionar os meios apropriados de atender a essas necessidades. Os planejadores desenvolvem detalhada compreensão das necessidades com base nas condições atuais e nas projeções futuras.

A procura e seleção de meios serão condicionados pelo conhecimento técnico existente, recursos e outros fatores limitantes. Atenção na execução dos planos é também importante. Finalmente rever a execução do plano determina se o plano foi bem-sucedido em preencher as necessidades ou se será necessário planejar de novo.

Planejar é um processo interativo que recorre a diferentes níveis de detalhamento e amplitudes de escopo. Por exemplo, planeja-se desde a ampla característica de uma instalação até a exata localização das tomadas elétricas.

Ampla participação dos envolvidos representa a chave para um bem--sucedido processo de planejamento

A participação confere muita informação necessária, além de grande aceitação do plano e de seus resultados. A participação num processo de planejamento deve incluir pessoas como especialistas em programas, administradores, grupos de clientes (usuários) e representantes de entidades geradoras de políticas.

A NECESSIDADE DE PLANEJAMENTO

Hoje experimentamos uma rápida mudança no ambiente. A inter--relação entre as forças sociais, políticas, econômicas e tecnológicas afetam todas as instituições.

A carência e limitação de recursos face às sempre altas demandas e com os custos em crescente espiral têm provocado considerável impacto nos orçamentos institucionais.

A educação tem sido afetada por essa tendência que está presente nessa era da responsabilidade que exige justificativa de gastos tanto para programas existentes quanto para novos programas e instalações.

Os educadores e planejadores devem enfrentar essa realidade.

A educação incide em grande parte no orçamento público. Provavelmente os custos mais elevados das despesas com educação são aqueles relacionados à educação física, à recreação e aos esportes. Não é raro que 25 a 50% do custo total da construção de qualquer nova escola de segundo grau seja gasto em instalações para educação física. Um relatório sobre instalações educacionais fornece uma análise de custos, indicando que 22% da média de gastos com climatização da escola é direcionada para as instalações de educação física e 15% do orçamento da construção são investidos em educação física.

É óbvio que um competente planejamento e claras justificativas para as instalações destinadas à educação física, recreação e esportes torna-se imperativo. Tais instalações podem limitar, melhorar ou expandir os programas de educação aos quais atendem. A qualidade das instalações depende do detalhamento e da ampla visão do planejamento original das atividades. Se instalações para educação física, recreação e esportes são economicamente justificáveis, tempo esforço e dinheiro devem ser então investidos no planejamento. O resultado final será a provisão de melhores instalações a um custo menor e mais ampla participação dos usuários desses programas.

CONSIDERAÇÕES BÁSICAS

Antes de considerar o planejamento de áreas e instalações essenciais para esportes, educação física e recreação, é importante compreender seus propósitos e objetivos básicos.

Esportes e Educação Física

A finalidade dos esportes e da educação física é a de contribuir para que as pessoas vivam com saúde, satisfeitas e com energia mediante o desenvolvimento e a manutenção de ótima eficiência física, desenvolvendo o conhecimento de habilidades físicas úteis, agindo de forma socialmente útil e desfrutando com alegria atividades físicas recreativas.

A educação física é a ciência da habilidade e do movimento. Todos os tipos de esportes e atividades são utilizados para desenvolver a força, resistência e coordenação, essenciais tanto no trabalho quanto no jogo.

Por meio das atividades, são ministradas aos jovens e adultos as habilidades físicas necessárias para realizar o trabalho diário, condicionado pelos exercícios e esportes, visando à manutenção da saúde física e mental.

Um programa de atividades escolares inclui a participação em atividades apropriadas para todos os alunos, uma grande variedades de atividades intramuros e, no nível escolar secundário, um amplo programa de esportes interescolares para aqueles com habilidades esportivas acima da média.

Recreação

A função primária da recreação é o enriquecimento da vida, possibilitando aos indivíduos encontrar aventura, companheirismo, sentido de realização, o desfrutar da beleza e a satisfação de criar, ou seja, tudo aquilo que contribui para a felicidade humana.

Por meio de programas de recreação, as pessoas desenvolvem interesses e habilidades que lhes permitem fazer uso construtivo do lazer, contribuindo para sua própria saúde física e mental, segurança, cidadania, confiança e desenvolvimento do caráter.

As atividades recreativas incluem jogos e esportes, música, dança, artes, teatro, atividades sociais, *hobbies* e participação em projetos de serviços comunitários.

GUIA DE PRINCÍPIOS

Princípios Gerais

Todos os esforços no planejamento devem ser conduzidos com base em claros guias de princípios, como se segue:

⇒ As instalações para educação física, recreação e esportes devem ser desenvolvidas e coordenadas como parte do plano diretor escolar geral;

⇒ O projeto da instalação deve levar em conta as necessidades de longo prazo para a edificação e ser planejado como segmento funcional do total da construção prevista;

⇒ Profissionais de educação física e de esportes devem estar envolvidos no planejamento inicial;

⇒ Consultores em educação devem ser convidados a participar do planejamento e na avaliação do trabalho do grupo de planejamento;

⇒ As instalações devem ser projetadas com flexibilidade a fim de proporcionar um completo programa de atividades;

⇒ As instalações devem ser localizadas em áreas facilmente acessíveis aos estudantes, mas mantendo isolamento de outras áreas de instrução.

⇒ Deve ser dada primordial consideração à segurança e ao meio ambiente saudável no projeto das instalações;

⇒ O planejamento deve ser realístico à luz da situação financeira da comunidade.

A lista acima está longe de ser completa. Cada instituição deve estabelecer guias de princípios que melhor se adaptem à sua situação.

Deve ser também notado que o sucesso ou fracasso da construção de instalações é resultado direto do planejamento. Erros na construção são dispendiosos e podem prejudicar a execução dos programas para os quais a instalação foi projetada. Devido a programas novos e em processo de mudança, as necessidades construtivas das instituições são frequentemente não satisfeitas na fase original de construção. A visão de longo prazo é imperiosa para facilitar a expansão de instalações na maneira mais eficiente e econômica de atender às necessidades de mudança.

Entidades educacionais e de recreação devem ter planos diretores que sejam regularmente avaliados e reorganizados para atingir as necessidades presentes e futuras.

Muitas pessoas não compreendem as grandes despesas em educação física. Como resultado, verbas não são prontamente aprovadas para instalações e equipamentos de custo elevado. Os professores de educação física devem demonstrar as necessidades por meio de cuidadoso planejamento, apresentando um bem organizado plano para as instalações propostas e justificando as necessidades do programa.

Sem planejamento de longo prazo as construções tornam-se obsoletas antes de 40 ou 50 anos de sua expectativa de vida.

Um plano de longo prazo deve conter os seguintes itens:
1. Uma cópia do plano diretor para futura expansão;
2. Dados relacionados ao desenvolvimento de tendências na comunidade (incluindo dados demográficos e sociológicos);
3. O plano diretor atual para desenvolvimento futuro da comunidade;
4. Um mapa topográfico da área envolvendo a comunidade;
5. Informações detalhadas relacionadas a propriedades que abriguem escolas que possam estar disponíveis para aquisição;
6. Registro de fotos e desenhos detalhados de outras instalações que se relacionem com futuras necessidades;
7. Uma anotação bibliográfica de atualizadas referências relacionadas a instalações de educação física;
8. Uma cumulativa lista de erros comuns de projeto e de construção com informações onde possam ser observados e estudados;
9. Plantas de todas as instalações cobertas e ao ar livre existentes;
10. Informação acurada da duração das estações, chuvas, faixa de temperatura, ventos, composição do solo e drenagem;
11. Informações relativas aos vários métodos de fontes de levantamento de recursos financeiros;
12. Fontes de consulta de planejamento para desenvolvimento de instalações.

Planos de longo prazo requerem grande dedicação de tempo na pesquisa, avaliação e coordenação de informações e ideias. Especialistas no campo da saúde, educação física, recreação e esportes devem servir como consultores e serem envolvidos no planejamento de longo prazo de seus programas e instalações. Especialistas em programas devem ser incluídos na equipe de planejamento de longo prazo.

Princípios de reforma/construção

A administração institucional tem a responsabilidade de fazer o mais sábio uso do prédio escolar existente. No atendimento dessa obrigação, é necessário considerar a viabilidade de renovação e revitalização do prédio existente. Renovação é definida como a reabilitação de um prédio existente incluindo o rearranjo dos espaços dentro da edificação. Revitalização é a adição de novos sistemas, itens, conceitos, materiais e equipamentos para a instalação não disponíveis à época de sua construção.

Quatro fatores devem ser considerados na avaliação da viabilidade da renovação e/ou revitalização.

1. Localização adequada;
2. Adequação arquitetônica e estrutural da edificação;
3. Atendimento a presentes e futuros requerimentos educacionais;
4. Custo estimado comparado com o custo de uma nova instalação.

Cada um desses fatores deve ser avaliado em detalhes tanto individual quanto coletivamente. Uma decisão final deve estar baseada em cuidadosa análise de todos os fatores e não apenas em um ou dois. Seria útil também determinar de forma realista a duração do ciclo de vida da instalação. Variáveis afetando essa questão deveriam incluir projeções de matrículas, modelos de crescimento e desenvolvimento das áreas no entorno da instalação e o potencial de reorganização e consolidação de escolas no distrito. Uma análise objetiva e profissional sobre a necessidade de se reformar um prédio existente é imprescindível para que o conselho escolar tome uma boa decisão. O conselho deve obter os serviços de um arquiteto e de um engenheiro para determinar a integridade do prédio e considerar os quesitos relativos à segurança contra fogo, potencial de redesenho do projeto e custo provável. O Planejador Profissional Escolar deve trabalhar em conjunto com o arquiteto no que se refere à adequação educacional.

As questões seguintes são exemplos do tipo de questões a serem respondidas no desenvolvimento da base de dados para consideração do conselho.

1. Considerações sobre localização
   a. Qual é a condição geral dos terrenos e a localização em relação à população de estudantes?
   b. Existem áreas de jogos em número suficiente?
   c. Há disponibilidade de estacionamento no local?
   d. Estão as vias veiculares bem localizadas para ingresso e saída seguros?
   e. As utilidades disponíveis (água, esgoto e eletricidade) são adequadas para fornecer os serviços necessários?

2. Considerações arquitetônicas e construtivas
   a. Há sinais de deterioração nas vias de pedestres e fundações?
   b. Estão as estruturas em adequadas condições de serviço?
   c. Estão as paredes externas seguras? Há fissuras estruturais, danos por umidade (infiltrações) ou concreto defeituoso?
   d. Quais as condições do telhado, telhas, drenagem da cobertura e claraboias?
   e. Qual a condição das calhas, ralos e canaletas?
   f. Qual a condição das portas e janelas?
   g. Qual a condição das ferragens das portas e sistemas de controle de situações de pânico?
   h. Qual a localização do tipo, número e condição dos encanamentos?
   i. Qual a condição e capacidade atual de suprimento de água, linhas de esgoto e sistemas de drenagem?
   j. O atual sistema de AVAC (aquecimento, ventilação e ar-condicionado) é adequado e eficiente do ponto de vista energético?
   k. Qual a condição e adequação da iluminação e distribuição elétrica?
   l. O sistema de luminárias existente fornece iluminação adequada em todas as áreas?
   m. As escadas, o sistema de circulação e as saídas são adequados?
   n. Qual a presente condição dos sistemas de alarme e intercomunicação?

3. Considerações educacionais
   a. O prédio hoje atende às necessidades curriculares?
   b. Qual o atual inventário de salas e suas dimensões?
   c. São os laboratórios adequados e servidos pelas utilidades requeridas?
   d. Está a biblioteca em condições de atender às requeridas coleções de livros e prover serviços de mídia a ela relacionados?
   e. São adequadas as instalações de serviços de alimentação para atendimento das necessidades presentes e futuras?
   f. Estão as áreas de educação física em condições de uso e capazes de serem reformadas se necessário?

4. Considerações comunitárias
   a. Está a reforma do prédio consistente com a atual exigência da lei de zoneamento e políticas urbanas estabelecidas?
   b. Quais os planos previstos pela cidade ou por entidades de planejamento para a área servida pela escola?
   c. É o prédio escolar passível de registro como prédio histórico?

5. Custo estimado
   a. Qual o custo da construção necessário para colocar a instalação dentro dos padrões mais atualizados?
   b. Qual o custo de nova construção para prover espaço equivalente?
   c. O custo para manter um prédio antigo justifica a reforma do prédio atual em vez da construção de uma nova instalação?
   d. Poderia a instalação existente ser vendida ou alugada a uma entidade privada para diminuir o investimento em uma nova construção?
   e. Se o tempo for crítico, qual opção seria capaz de concluir a construção em menor tempo: reforma ou nova construção?

O PAPEL DO CONSULTOR

Até recentemente tem sido dada pouca atenção na área de instalações para a preparação profissional de professores, treinadores e especialistas em recreação. Como consequência, quando um projeto de instalação é submetido, os profissionais estão frequentemente mal preparados e o tempo não permite que adquiram o necessário *background*.

Neste momento, a firma de arquitetura designada para o projeto já deverá estar desenhando o projeto básico da instalação. Torna-se aparente que competente assistência faz-se necessária.

O consultor de instalações para educação física e esportes é normalmente um profissional no assunto e que ensina em curso de planejamento de instalações. Esse profissional esta familiarizado com as instalações recentemente construídas no País e a par das últimas inovações em projetos, materiais e conceitos.

O consultor pode fornecer uma valiosa contribuição. Pode sugerir ao comitê de planejamento nomes de arquitetos bem-sucedidos e a localização de seus trabalhos. Pode assistir o comitê de planejamento no desenvolvimento de alternativas e estabelecimento de prioridades. Seu papel como reconhecido especialista independente permite exercer considerável influência em benefício do projeto.

Como importante contribuição, o consultor coordena a ligação entre o arquiteto e o grupo de planejamento, particularmente quando o arquiteto tem dificuldade em se relacionar com os profissionais. Há momentos em que há dificuldade de cada um compreender as necessidades do outro. É importante que ambos entendam que a instalação resultante deve refletir as preocupações de todos os envolvidos.

A seleção do consultor profissional pode ser um dos mais significativos passos na direção da construção de uma instalação funcional.

O PAPEL DO ESPECIALISTA EM PROGRAMAS

O especialista em programa é um indivíduo ativamente engajado num programa como professor ou treinador. É aquele que fará uso da instalação, estando familiarizado com sua utilização e seus problemas e a quem deve ser dada oportunidade de contribuir no planejamento.

A principal importância de especialistas em programas é sem dúvida as especificações escritas que ajudam a desenvolver. Essas especificações denominadas "O Programa" servem para comunicar ideias ao arquiteto e ao comitê central de planejamento.

Especialistas em programa não são projetistas de instalações. Tal função é atribuição de arquitetos e engenheiros. Contudo, determinar o número de estações de ensino necessárias para atender a programas instrucionais, intramurais, esportivos, adaptados e outros deve ser responsabilidade dos especialistas em programa. Seleção de materiais como pisos de madeira ou sintéticos, requisitos de iluminação, tratamento acústico e problemas de manutenção são legítimas preocupações dos especialistas em programa.

Os objetivos nos quais os especialistas de programa devem focalizar-se são:

⇒ Comunicar os propósitos do programa escolar, necessidades e plano de instalações a todas as pessoas envolvidas e ao público, cujo entendimento e suporte são vitais para apoiar a necessidade das instalações.

⇒ Conhecer o número de times, classes e grupos que utilizarão as instalações bem como os requisitos e as regras oficiais para esportes e jogos.

⇒ Explorar a possibilidade de usos múltiplos sejam em instalações novas ou a serem reformadas.

⇒ Ajudar a estabelecer uma lista de prioridades de necessidades do programa. Por exemplo: um departamento de ensino concorda que tênis deve ser ministrado no programa instrucional, introduzido como uma atividade intramuros e considerado um esporte escolar. Se este programa é de prioridade A, o prédio para uma área adequada de ensino de tênis torna-se uma instalação de prioridade A.

⇒ Tendências relevantes para o planejamento da instalação. Pisos sintéticos, pistas para uso sob quaisquer condições de tempo, sala de esportes coeducacionais, sala de treinamento coeducacional (masculino e feminino), classes coeducacionais, programas para deficientes físicos, uso comunitário total das instalações escolares e rápido desenvolvimento de clubes esportivos são alguns exemplos.

⇒ Identificar, estudar e recomendar modelos de tráfego desejáveis para vários indivíduos ou grupos, incluindo espectadores.

⇒ Identificar, estudar e recomendar espaço apropriado para as diversas instalações cobertas e ao ar livre. Dentro do complexo de vestiários, o espaço de armazenagem dos equipamentos de lavanderia e as áreas de práticas esportivas e sauna devem ser localizados de modo que o uso coeducacional seja possível. Duplicidade de pessoal e de equipamento pode ser evitada por esse tipo de uso.

⇒ Apontar erros de projeto, relacionamento de espaços, modelos de tráfego, segurança, supervisão, acessibilidade, flexibilidade e estética.

⇒ Se os locais são muito distantes para visitas, fotos podem ser obtidas a titulo de ilustração para o arquiteto e para o comitê de planejamento, indicando áreas que representam qualidade, bem como aquelas que representam padrões quantitativos mínimos.

⇒ Apontar considerações especiais para permitir aos deficientes físicos amplo uso das instalações.

ANEXO 4

Fonte: Prof. Dr. Lamartine P. da Costa (Universidade Gama Filho – RJ, University of East London – UK, Consultor SESI DN – UNICEL).

CONCEITUANDO A SUSTENTABILIDADE E A PRESERVAÇÃO DO MEIO AMBIENTE PARA OTIMIZAR A CONSTRUÇÃO DE ESPAÇOS DE ESPORTE E LAZER

Este texto faz abordagens gerais particularizando concepções a serem incorporadas por projetistas de construções para prática e competições esportivas e melhoria dessas instalações com foco no meio ambiente e nas ordens social e econômica. Neste sentido, buscam-se primeiramente definições de termos delimitadores das abordagens citadas como sustentabilidade, viabilidade socioambiental e ISO 26000, além de valores do esporte e sustentabilidade urbana (Cidade Sustentável).

Em seguida, descreve-se em linhas gerais o nexo de sustentabilidade na empresa e na construção/instalações a fim de criar uma base analítica para apreciar a pesquisa diagnóstica ou as possibilidades de elaboração de projetos de instalações esportivas. Desta base faz-se extração de dados relacionados à viabilidade socioambiental antes aventada pelo presente estudo. Tal tarefa implica geração de princípios para estruturação futura do modelo de viabilidade socioambiental.

Adicionalmente, relata-se sobre a geração de conhecimentos no Brasil para apoio aos estudos de viabilidade ambiental como também sobre busca de informações de suporte aos estudos correspondentes. Exemplo da gestão do conhecimento ensejada é a abordagem da viabilidade que parte da noção de projeto *greenfield* (localização em espaço não construído) em contraste com os projetos classificados como *brownfield*, isto é, de regeneração urbana.

As considerações finais incidem sobre possíveis prioridades da construção de espaços esportivos, sobretudo considerando o ciclo socioambientalista para a gestão sustentável de instalações.

DEFINIÇÕES BÁSICAS PARA A CONSTRUÇÃO DE
PRINCÍPIOS DE VIABILIDADE SOCIOAMBIENTAL

A definições básicas no tema de meio ambiente ainda é um processo em andamento, começando com os estudos do então chamado "Clube de Roma" dos anos de 1960 os quais anteciparam a degradação ambiental em face às emissões de gases nocivos e dejetos do mundo industrial. Tal processo progressivo teve continuidade na Conferência de Stockholm 1972, na World Commission on Environment and Development 1987 e na Conferência das Nações Unidas de 1992 – Rio de Janeiro, esta finalmente um marco por ter alcançado a definição de desenvolvimento sustentável e estabelecido o conceito de sustentabilidade.

Assim sendo, desde 1992 tem-se procurado delimitar o desenvolvimento sustentável em termos de responsabilidade da geração atual de seres humanos pelas consequências futuras da degradação da natureza ou do equilíbrio desejável entre o uso de recursos naturais e sua regeneração, sem consequências nocivas para o entorno ambiental. Contudo, estas posturas nem sempre se adaptam à grande diferenciação de situações de ordem ecológica, que solicitam definições menos genéricas e mais operacionais.

Em que pese suas limitações, o conceito de sustentabilidade aprovado pelas Nações Unidas ainda prevalece desde 1992, relacionando uma responsabilidade sociocultural pelas consequências nocivas ao meio ambiente por parte de seus interventores. Trata-se portanto de conceito universal substantivado e normativo – típico de preceito ético – sobre necessidades e limites das relações humanas com a natureza que se convergem em três áreas principais: econômicas, sociais e ambientais.

Mais recentemente, o conceito de sustentabilidade em suas várias versões tem sido apresentado como o equilíbrio entre necessidades e limites nas intervenções humanas na ordem socioeconômica e ambientalista, a qual tem sido interpretada hoje como responsabilidade individual e institucional e por vezes como tema de Direitos Humanos. Temos assim um conceito universal adjetivado e prepositivo – todavia ético – sobre as três condições principais do atendimento das necessidades e limites das relações humanas com a natureza: equilibrada, viável e igualitária.

SUSTENTABILIDADE NAS EMPRESAS

O conceito de sustentabilidade tem-se apresentado com variações de adaptação conforme o ambiente em que este se aplica. Entende-se, portanto, em princípio, que se possa assumir uma sustentabilidade característica de construções de esporte sem fugir da noção de proteção do meio ambiente. Esta necessidade está ainda em elaboração e segundo a consultoria internacional Business Sustainability (fonte de informação que consta das "Referências" deste estudo), há cinco objetivos gerais na adoção da sustentabilidade em empresas:

1. *Performance* econômica: Aumenta crescimento, faturamento, lucros, ROI, ativos e valores corporativos.
2. Manejo ambiental: Reduz consumo de recursos globais, lixo e poluição.
3. Responsabilidade ambiental: Melhoria das condições dos empregados, da comunidade e da adoção de direitos humanos e práticas sustentáveis.
4. Foco interno: Adotar práticas sustentáveis de negócios para reduzir consumo de recursos e prejuízos ao meio ambiente.
5. Foco externo: Desenvolver produtos e serviços "verdes" para venda local ou no mercado global, a fim de auxiliar outros agentes a reduzir seus consumos e ameaças.

Esta versão da sustentabilidade adequa-se à construção esportiva sustentável sob a condição de que "minimize seus impactos ambientais negativos desde o ponto de partida do projeto e mantenha a responsabilidade de operar de modo sustentável" (Indiana State University, 2009). Tal recomendação converge conciliatoriamente para a fonte "Manual Valores do Esporte SESI", 2007, pp. 119 e 120, que vincula a sustentabilidade à responsabilidade social, gerando decisões institucionais com base em valores sociais, de lazer esportivo e da própria sustentabilidade (Da Costa, Miragaya, Gomes e Turini, 2008).

Um exemplo típico de construção esportiva sustentável é o estádio North Harbour, multifuncional com arena maior – em forma retangular – capacitada a abrigar 25 mil espectadores, localizado em Auckland, Nova Zelândia. Esse estádio tem como atividades principais jogos de rúgbi e de futebol (*soccer*), porém, oferece espaços para *shows* e festas, comportando um entorno verde com campos e áreas de práticas e alamedas para recreação, entremeadas de estacionamentos para automóveis (North Harbour Stadium, 2009). A partir deste exemplo, a construção esportiva maior para exibições a grande público se ajusta a um cinturão verde com áreas para atividades de participação, evitando a vizinhança próxima de áreas urbanizadas. A viabilidade no caso refere-se também à economia, além da socioambiental.

VIABILIDADE SOCIOAMBIENTAL – DEFINIÇÕES GERAIS E ELABORAÇÃO DE "RIMA", "EVA" E "EIA" DE ACORDO COM NORMAS FEDERAIS, ESTADUAIS E LOCAIS

Em geral, os estudos sobre viabilidade ambiental configuram-se de acordo com tarefas (nº) definidas por ações de avaliação ou de levantamentos a serem elaborados cujos objetivos operacionais (→) são atinentes a alternativas de escolha para dar sentido ao projeto ensejado, como se exemplifica a seguir:

1. Avaliação dos impactos ambientais a partir de levantamentos locais
   → Identificar, avaliar e quantificar impactos nas diferentes fases do projeto sobre a melhor forma de intervir no ecossistema local.

2. Estudo de Viabilidade Ambiental – EVA (Cenários, simulações, etc.)
   → Identifica limitações que poderão inviabilizar um projeto e fornece aconselhamento para redefinições e alternativas a considerar.

3. Restrições geotécnicas, bióticas, etc. e restrições da legislação ambiental
   → Orientar o planejamento com base nas variáveis ambientais, escolhendo-se a melhor alternativa para a agilização do processo do licenciamento da obra e sua implantação.

4. Estudo de Impacto Ambiental – EIA do Projeto (pode ser incluído no EVA)
   → Medidas Mitigadoras: ações destinadas a mitigar ou diminuir os efeitos de impacto negativo.

5. Relatório de Impacto Ambiental – RIMA com EVA e EIA
   → Medidas Potencializadoras: ações destinadas a potencializar ou reforçar os efeitos de impacto positivo.

Outra referência para a viabilidade socioambiental é a norma ISO 26000, ora em elaboração por cerca de 80 países cuja liderança inclui o Brasil entre algumas poucas nações que em 2009 estavam testando o instrumento (término previsto para 2010/2011). Como tal, a ISO 26000 se refere a um modelo de boas práticas em relação ao meio ambiente, o que a torna também um modelo de responsabilidade social com significado de viabilidade em termos ambientais para as instituições que a adotam.

Segundo o Instituto Nacional de Metrologia, Normalização e Qualidade Industrial – Inmetro, as categorias ou partes interessadas (*stakeholders*) da sociedade na elaboração da ISO 26000 são: trabalhadores; consumidores; indústria; governo; ONGs – organizações não-governamentais; serviço, suporte e outros.

Características desta norma: composta de diretrizes, sem propósito de certificação; não terá caráter de sistema de gestão; não reduzirá a autoridade governamental; será aplicável a qualquer tipo e porte de organização (empresas, governo, organizações não-governamentais, etc.); será construída com base em iniciativas já existentes (não será conflitante com tratados e convenções anteriores); enfatizará resultados e melhoria de desempenho; prescreverá maneiras de se implementar e promover sensibilização da responsabilidade social nas organizações. Em resumo, as organizações que quiserem ter um comportamento socialmente responsável deverão segundo o Inmetro, 2009:

⇒ Ser responsáveis pelos impactos de suas decisões e atividades na sociedade e no meio ambiente;

⇒ Contribuir com o desenvolvimento sustentável, a saúde e o bem-estar da sociedade;

⇒ Considerar as expectativas dos seus *stakeholders*;

⇒ Ter um comportamento ético e transparente;

⇒ Estar de acordo com as normas internacionais de comportamento.

Por seu turno, o SESI desde 2007 acompanha a elaboração da ISO 26000 incluindo estudos de acompanhamento, bem como alternativas de sua adoção, como se pode observar pelas publicações "ISO 26000 – Processo de Elaboração da Norma Internacional de Responsabilidade Social: Participação da Indústria Brasileira" (SESI, 2007) e "Manual Valores do Esporte SESI – Fundamentos" (SESI, 2008). Esta monitoração tem portanto uma feição de estudos analíticos, o que configura uma possibilidade futura de adesão dado o caráter universalista da norma que inclui o meio ambiente entre as responsabilidades das empresas, instituições governamentais e não-governamentais brasileiras.

O SESI, de fato, não constitui uma exceção entre as organizações brasileiras preocupadas com a responsabilidade social e a proteção do meio ambiente; ou seja, o levantamento de 2006, publicado em 2007, indicou que 86,6% das empresas consultadas (grandes, médias e pequenas) estavam preocupadas com os impactos de suas atividades na sociedade em que se situavam, sendo que 79,1% incluíam o meio ambiente nesta percepção (82,0% das grandes empresas).

Em síntese: a viabilidade socioambiental deverá proximamente ter um padrão de referência de elevada aceitação via adesão à norma ISO 26000, complementando assim os protocolos mais pormenorizados ao estilo dos RIMA, EVA e EIA.

Por extensão de argumento, pode-se concluir então que a aplicação da ISO 26000, quer em termos de responsabilidade social ou de proteção ambiental, deverá incidir na construção de suas novas instalações e na manutenção das existentes em operação. Na lógica do corolário, esta assertiva presta-se sobretudo ao uso da aplicação futura na área de instalações esportivas.

DESENVOLVIMENTO – MODELOS DE RELACIONAMENTO AMBIENTAL

A descrição e análise das abordagens de sustentabilidade, viabilidade socioambiental e ISO 26000 solicitam complementação em termos de esporte e lazer por via de focalização dos valores do esporte e da sustentabilidade urbana (por vezes nomeada como "Cidade Sustentável"). Efetivamente, como visto nas seções anteriores, os valores do esporte passaram a levar em conta em épocas recentes o meio ambiente, antes cogitado naturalmente pelas teorias do lazer.

Ocorre, entretanto, que tal valorização tem sido mais clara nas atividades físico-esportivas e recreativas, o que gerou a distinção "valores do esporte e no esporte" (DA COSTA *et al.*, 2008). Portanto, para efeito do presente estudo assumem-se os valores no esporte – e do lazer por extensão de significado – como aplicáveis na gestão e otimização dos espaços de práticas esportivas, em face de serem indicativos de ação (proteção ambiental, por exemplo) e não apenas legitimadores como acontece com os valores do esporte (jogo limpo, por exemplo).

Esta linha de conta se apresta, por semelhança, à sustentabilidade urbana a qual no marco da "Cidade Sustentável" tem adotado indicações valorativas e dialogais como se constata em Gaines & Jäger (2009), editores de obra comparativa de intervenções urbanas com enfoques na sustentabilidade e propositores do seguinte decálogo que valoriza ações recomendadas:

1. Combinar teoria com senso comum;
2. Adotar regeneração em lugar de novos projetos;
3. Reduzir energia e aumentar tecnologia;
4. Manter o espaço urbano aberto;
5. Criar uma identidade marcante;
6. Pensar em ciclos abrangentes e não em setores;
7. Evitar que o transporte prevaleça na ocupação do espaço;
8. Encorajar a mobilização comunitária e cívica;
9. Assumir direitos fundamentais antes de modificar uma cidade;
10. Priorizar 3 Es: ecologia, economia e equidade.

CONHECIMENTOS AGREGADOS NO BRASIL E DO EXTERIOR COMO BASE PARA ESTUDOS DE VIABILIDADE AMBIENTAL

A geração de conhecimento para escrutínios de viabilidade ambiental *vis-à-vis* estudos e pesquisas publicadas ou por meio de busca especializada de informação sobre a temática em pauta, pode ser avaliada pela simples existência de uma linha de pesquisa sediada no Brasil sobre esporte, recreação, turismo e meio ambiente, mantendo-se ativa e de produção contínua desde 1962. O livro demarcação desta linha e de seu primeiro pesquisador responsável é *A Atividade Desportiva nos Climas Tropicais e uma Solução Experimental: o Altitude Training* (DA COSTA, 1967), contendo resultados de investigações em florestas e montanhas da cidade do Rio de Janeiro produzidos quatro anos antes de sua publicação.

Adicionalmente à demarcação da linha de pesquisa de Da Costa e associados cabe mencionar o livro *Meio Ambiente, Esporte, Lazer e Turismo – Estudos e Pesquisa no Brasil, 1967-2007*, cuja introdução (pp. 13-17) analisa o desenvolvimento de tal realização científica e coletiva em comparação com outras iniciativas nacionais do mesmo gênero. Estas, por sua vez, estão incorporadas à obra citada pela inclusão voluntária de seus produtores totalizando 103 estudos e pesquisas de temas variados, originadas de 86 autores (ALMEIDA & DA COSTA, 2007).

Considerando a continuidade de estudos e pesquisas ambientais com derivações no esporte e no lazer – e mais recentemente no turismo – tanto quanto a criação recente de um *follow-up* de empregos "verdes" em empresas brasileiras, supõe-se que tais bases mínimas de informação nacional facilitarão estudos e intervenções quanto à gestão & otimização ensejadas na área de construção destinada aos esportes. Neste sentido, o exemplo de sistema de informações a se enfatizar é o da Organização Internacional do Trabalho – OIT, cujo acompanhamento revelou a existência em 2009 de dois milhões de empregos direta ou indiretamente relacionados com proteção ambiental e ecoeficiência no Brasil, ou cerca de 5% dos empregos formais do país (MOCOÇAH, 2009).

Outro *follow-up* digno de atenção para os propósitos deste texto de posicionamento concerne ao Instituto Nacional de Pesquisas Espaciais – INPE com seus registros sobre elevação da temperatura ambiente em todo o País, em decorrência da expansão do CO_2 na atmosfera e correspondente aquecimento global. Com suporte no inventário de Ângelo (2009) sobre pesquisadores e levantamentos do INPE, esta elevação se situa atualmente em 0,8 grau Célsius/ano, uma constatação enfatizada empiricamente na declaração que se segue:

Ao longo dos últimos cinquenta anos, o INPE já verificou que o Brasil esquentou mais do que a média mundial no século 20. As temperaturas máximas anuais no País subiram 0,7°C somente nesse último meio século, enquanto o aquecimento durante o inverno chegou até 1°C. O número de noites quentes no ano subiu de 5% no começo do século 20 para 35% no começo do 21. O de dias frios caiu de 25% a 30% na década de 1970 para 5% a 10% entre 2001 e 2002.

Assim sendo, a existência no Brasil de uma plataforma de produção de conhecimento e de informações em meio ambiente-esporte-lazer de sentido generalista, implica examinar as necessidades específicas dos construtores de instalações esportivas. Neste particular, importa citar fontes de livre acesso do exterior para utilização em projetos de construção de espaços para esportes e lazer ativo. E à luz da apreciação da pesquisa diagnóstica *versus* viabilidade socioambiental e econômica antes neste estudo apresentada, pode-se estabelecer um ponto de partida que condicionará as demais solicitações de conhecimento.

Trata-se, no caso, dos estudos sobre legados de megaeventos esportivos ora disponibilizados pela University of East London (ver o *site* www.uel.ac.uk) e relatados por suas abordagens essenciais no livro *Legados de Megaeventos Esportivos* (DA COSTA *et al.* – Eds, 2008) publicado pelo Ministério do Esporte no Brasil. Por esta obra de cunho científico, constata-se que a University of East London prioriza a regeneração urbana e as instalações esportivas e de lazer, em interface com seus projetos de desenvolvimento sociocultural e ambiental da área dos Jogos Olímpicos de Londres 2012.

Este é, sobretudo, o caso de estudos de viabilidade que partem da noção de projeto *greenfield* (localização em espaço não construído) em contraste com os projetos classificados como *brownfield*, isto é, de regeneração urbana.

Neste contexto, podem ser citadas as construções dos Jogos Olímpicos de Londres 2012 situadas em áreas de regeneração urbana e que servirão no futuro como parques de lazer; e o polo maior de instalações dos Jogos Olímpicos do Rio de Janeiro 2016, situado em área não previamente explorada da Barra da Tijuca (extensão da zona sul da cidade), cujo destino após 2016 será de sediar instalações para melhoria do esporte nacional (verifique-se em www.rio2016.org.br/en/Default.aspx).

De acordo com o Decálogo da Cidade Sustentável antes aqui descrito, item 2 "Adotar regeneração em lugar de novos projetos", a opção de maior viabilidade econômica, sociocultural e ambiental é a *brownfield*, o que sugere ser a opção a ser seguida na gestão e otimização de instalações esportivas. Conforme Mullin, Kotval & Moriarty (1993) definem, o sítio *brownfield* constitui uma localização desenvolvida previamente com uma estrutura permanente, quer em área urbana ou rural, não incluindo terra agrícola, floresta ou parque, que eleva valor da construção e imóveis da região e melhora qualidade de vida das áreas vizinhas; tal opção resulta em desenvolvimento mais caro e de maior duração (média: 10% maior), porém de maior impacto positivo para a comunidade local, isto é, de maior sustentabilidade.

Os mesmos autores citados definem o sítio *greenfield* como uma localização não ocupada por estrutura permanente. E assim sendo, ela geralmente ocorre em áreas não urbanas, porém, pode ser uma escolha de terreno desocupado em ambiente urbano. Como tal, esta opção reduz custos de desenvolvimento, mas prejudica frequentemente o meio ambiente. Isto posto, estão diante de nós em primeira instância e em termos gerais as referências fundamentais para a gestão e otimização de instalações esportivas e de lazer. A este critério pode ser aduzida a aplicação da legislação ambiental na construção de renovação, etapa importante, mas que foge aos objetivos propostos do presente estudo.

CONCLUSÕES – PERSPECTIVAS FUTURAS

As vantagens do *brownfield* sobre o *greenfield* confirmam o item 6 do Decálogo da Cidade Sustentável *in verbis* "Pensar em ciclos abrangentes e não em setores", premissa que tem o significado de priorizar a gestão sustentável de instalações esportivas e respectiva renovação do entorno urbanizado e de espaço livre. Em resumo, a viabilidade futura das instalações esportivas incide primeiramente em se evitar novas construções e no aproveitamento ótimo ambiental, sociocultural e econômico.

Levando-se em conta a elevação anual de 0,8 grau Célsius num horizonte mínimo de 10 anos, antes aqui identificado, sugere-se a criação de medidas de mitigação como as já cogitadas neste estudo quanto ao diálogo entre a pesquisa e os pontos de referência de viabilidade socioambiental e econômica. Essas medidas, se adotadas à luz do ciclo ambientalista e não por setores, devem visar à ecoeficiência interna – menor gasto ambiental com maior usufruto das instalações – e à proteção externa da natureza.

Esta última pode ser alcançada por plantio de árvores e plantas de modo a compensar os aumentos de temperatura esperados para os próximos dez anos e possivelmente além desta demarcação. Outras compensações – como reciclagem de água e do lixo, geração de energia limpa, maior espaço entre construções para circulação de ar, etc. – podem ser agregadas à solução verde, com vistas à otimização ensejada.

Do ponto de vista externo às instalações, as ações compensatórias tornam-se potencializadoras, solicitando gestão apropriada como a de desestimular a circulação de automóveis para acesso às instalações esportivas e facilitar o uso da bicicleta como alternativa. Essa postura aproxima-se do Decálogo da Cidade Sustentável, que recomenda "evitar que o transporte prevaleça na ocupação do espaço" (item 7). Por coincidência, com esta medida haverá prioridade aos três "E" do ideário referenciado: ecologia, economia e equidade (item 10), afinal um objetivo comum às organizações aptas à sobrevivência no século 21.

ANEXO 5

Fonte: Thomas H. Sawyer [Ed.]. *Facilities Planning for Health, Fitness, Physical Activity, Recreation and Sport.*

TENDÊNCIAS EM EQUIPAMENTOS PARA ACADEMIAS DE *FITNESS*

Em 1999, uma pesquisa feita pela *National Sporting Goods Association* (Estudo NSGA de março de 1999) constatou que 46% entre mais de 5.000 entrevistados indicaram intenção de aumentar seus níveis de participação em atividades que fazem uso de equipamentos de *fitness*. Com base nessa constatação, instituições públicas e privadas vêm se empenhando em atender essas necessidades com uma ampla seleção de equipamentos.

Uma importante consideração na seleção de equipamentos é o custo. A tabela a seguir apresenta o custo médio de uma seleção de doze máquinas com pesos.

Tabela 1: Equipamentos de musculação.

	Custo médio/unidade (US$) – 2005
Região inferior	
Leg Press	4.800
Cadeira Flexora	2.500
Cadeira Extensora	2.400
Multi hip	2.400
Região média	
Abdominal	2.400
Extensor Lombar	2.700
Região superior	
Rosca Scott	2.000
Tríceps Pulley	2.300
Supino Sentado	2.500
Máquina de Desenvolvimento	2.400
Remada	2.300
Pulley Costas	2.100
Custo Total	**30.800**

Enquanto o custo é um fator importante na seleção dos equipamentos, as necessidades e preferências dos usuários não podem ser negligenciadas. De acordo com o *Fitness Products Council* (TREND SETTING, 1999), quatro entre oito importantes tendências em *fitness* identificadas relacionam-se diretamente com equipamentos. Uma das mais significativas é a do crescimento explosivo de equipamentos para exercícios aeróbicos. Um aumento de 63% em seu uso por americanos foi observado entre 1987 e 1997, com 67 milhões de pessoas reportando treinamento com máquinas cardiovasculares. Nesse crescimento, a esteira foi também o item de equipamento mais utilizado, com cerca de 36 milhões de usuários regulares em 1997. O exercício de pesos entre mulheres americanas cresceu 127% entre 1987 e 1997, para um total de 16,8 milhões de praticantes. Há também variações significativas nas preferências de equipamentos com base em fatores demográficos tais como idade e sexo.

Tal fato é evidenciado pelos resultados de uma pesquisa realizada entre aproximadamente 1.200 provedores de recreação para estabelecimentos de ensino superior (ver tabela a seguir). A preferência maior entre homens nessas faculdades e universidades foi para exercícios com pesos, enquanto a preferência das mulheres foi para exercícios com esteira.

Tabela 2: Escolha de equipamento.

Escolha de equipamento	homens	mulheres
1ª escolha	pesos	esteira
2ª escolha	bicicleta	step
3ª escolha	esteira	elíptico
4ª escolha	step	bicicleta

Fonte: PATTON, 1999.

Os exercícios com pesos possuem ampla variedade de opções, desde halteres individuais até máquinas com suportes de apoio com pinos para a seleção de anilhas de pesos variados. Enquanto iniciantes têm preferência por máquinas com seleção de anilhas, há um significativo aumento no uso de pesos individuais e sistemas com placas de apoio de pesos.

Uma tendência em todas as formas de exercícios de força é a preocupação com segurança e controle de riscos. Alguns sistemas selecionados incorporam protetores que cobrem a maior parte do suporte dos pesos, bem como das partes móveis das máquinas, com a finalidade de reduzir riscos de lesões. No caso dos pesos livres, mudanças no desenho das anilhas como aberturas para introdução das mãos e contornos achatados na circunferência foram concebidas para redução do número de acidentes por eventual queda ou rolagem das anilhas.

Outra importante tendência no treinamento com equipamento de pesos é a contínua incorporação de tecnologia de computação em muitos sistemas selecionados. Por exemplo, alguns sistemas são capazes de ler cartões ou outros dispositivos de inserção que podem estabelecer níveis de resistência ao esforço aplicado e registrar os resultados com base numa rotina de trabalho prescrita por um *personal trainer*.

O uso crescente de máquinas aeróbicas e cardiovasculares é mais uma tendência atual. Como caminhar é a forma mais popular de todas as formas de exercícios aeróbicos, não é surpresa que a esteira esteja se tornando um equipamento bastante procurado.

As bicicletas têm sido destaque em máquinas de exercícios cardiovasculares e vêm continuamente se diversificando. Elas agora apresentam várias opções, além da tradicional: bicicleta com resistência ao ar, bicicleta de velocidade (*spin cycle*) e bicicleta inclinada (*recumbent cycle*). Outras máquinas, como step e elípticos ou transport, são também opções populares capazes de oferecer treinamento aeróbico livre de impacto.

Enquanto alguns usuários optam por treinar somente em um determinado tipo de máquina, outros tendem a praticar utilizando-se de uma variedade de máquinas para evitar monotonia em seus programas de exercícios. Devido à variedade de equipamentos, é difícil antecipar qual máquina virá a se tornar a *top*, mas é quase certo de que aparecerão inovações bem criativas.

A integração da tecnologia de computadores no âmbito das máquinas cardiovasculares é também uma tendência que deverá se expandir no futuro. O monitoramento do pulso durante o uso de máquinas cardiovasculares não é uma inovação recente, mas o desenvolvimento de programações de computador que podem alterar o nível de velocidade ou a resistência das máquinas para manter o indivíduo exercitando-se dentro da faixa de batimentos cardíacos especificados é uma novidade. É definitivamente um grande passo na direção do treinamento individualizado. Está tornando-se uma opção bastante comum a rotina de treinamento computadorizado dentro da faixa de pulso ideal que se concentra em queima de calorias capaz proporcionar melhor benefício cardiovascular. Ao mesmo tempo, há usuários que simplesmente desejam realizar seus treinamentos de forma uniforme e regular sem fazer uso dessas opções de programação. Para esses tipos de usuários, as instruções e recomendações constantes do manual de operações estão disponíveis para sugerir um bom treinamento básico.

O entretenimento durante a utilização de equipamentos de exercícios é uma tendência atual e que decerto prosseguirá e se expandirá no futuro. No passado, o local ou área de exercícios cardiovasculares oferecia material de leitura, ambiente com sistema de som de qualidade e eventualmente uma televisão. As tendências mais recentes envolvem o uso de muitas telas de vídeo, programação em áudio em diversas bandas de FM, com fones de ouvido individuais tanto para programação de vídeo quanto para música.

Numerosos monitores de vídeo acoplados a unidades de transmissão em áudio são agora a marca registrada de sistemas integrados como o *Cardio Theater* (sala que abriga aparelhos de ginástica e telas para exibição de imagens) e o *Broadcast Vision* (que possibilita seleção de programas com monitores LCD). Esses sistemas atendem às necessidades dos usuários permitindo que selecionem suas próprias programações em área de negócios ou entretenimento. Em acréscimo à tela grande ou normal, existem também equipamentos com sistemas de menor escala que dispõem de pequenos vídeos em combinação com aparelhos de cassete ou CD. Parte de vídeo desses sistemas pode operar programação aberta ou a cabo e ainda exibir treinamento específico estimulante ou programação educativa.

Em acréscimo à expansão de opções de entretenimento em áudio e vídeo aos usuários enquanto se exercitam, os computadores têm se modificado para facilitar o uso em diferentes máquinas cardiovasculares. Computadores e telas de monitores têm sido modificados para permitir sua operação durante os exercícios em esteira, step ou elíptico. Essa tecnologia permite ao usuário acessar a Internet via tela de toque ou mouse modificado. Essa tendência tecnológica permite ampla escolha de opções de entretenimento ao indivíduo enquanto se exercita.

As forças de mercado provavelmente continuarão a direcionar a expansão dessas tendências.

6

CONSIDERAÇÕES FINAIS

Os títulos nacionais sobre projetos e construções de instalações esportivas revelam, em primeira abordagem, competência no que se refere a concepções arquitetônicas e técnicas construtivas. Todavia, é simples constatar que nenhum de nossos autores reeditou ou atualizou seus trabalhos, contrariamente ao que ocorreu em outros países como França e Estados Unidos da América, os quais desde a década de 1940 vêm sistematicamente lançando novas edições revistas e ampliadas de suas mais importantes obras sobre o tema.

No Brasil muito se tem criticado sobre inadequações funcionais e até mesmo falhas graves em diversas construções esportivas e de lazer, seja pela ausência de padrões estabelecidos, seja pelo desconhecimento da necessidade da formação de um comitê de planejamento de projeto. Este dispositivo tem a finalidade de analisar, discutir e implementar as várias contribuições de indivíduos e grupos que direta ou indiretamente estarão envolvidos no desenvolvimento, operação e uso da futura instalação. Referimo-nos, neste caso, a arquitetos, engenheiros, profissionais de educação física, técnicos esportivos, consultores em instalações, administradores, especialistas em finanças, acústica, energia, iluminação, etc., bem como os usuários da instalação (estudantes, atletas, praticantes individuais e comunidade).

A percepção de inadiável necessidade e constatação da ausência de produção nacional sobre o planejamento de instalações destinadas aos esportes e ao lazer conduziu-nos na presente obra à busca de bases de informação em outros países, notadamente de língua inglesa e francesa. Esta intransferível demanda social encontrada no Brasil atual representaria, a meu ver, um reflexo dos grandes e recentes avanços econômicos da nação normalmente indutores de expansão do lazer e do esporte.

Nos Estados Unidos da América – país que experimenta há mais de um século relações de riqueza econômica com desenvolvimento esportivo – foi observado como um modelo de avanços sucessivos em construções para práticas esportivas graças aos contínuos esforços de importantes instituições como AAHPER – *American Alliance for Health, Physical Education, Recreation and Dance e do Athletic Institute*, ambas de caráter privado.

Assim, a partir de 1946 até este ano de 2011 essas instituições publicaram doze edições atualizadas e ampliadas do primeiro guia de planejamento para instalações de esportes, recreação, educação física e saúde intitulado *Planning Facilities for Athletics, Recreation, Physical and Health Education*, destinado a escolas, universidades, municipalidades, instituições militares e clubes. A cada edição do guia foram selecionados reconhecidos especialistas em instalações, bem como importantes arquitetos, planejadores urbanos e consultores em construções escolares para revisão e inserção de novos capítulos, dentre os quais destacamos o Financiamento para o Desenvolvimento de Instalações.

Na França, a política de desenvolvimento de construções esportivas vem sendo conduzida pelo Ministério da Juventude e dos Esportes e tem como referência o Guia Tecnológico, Jurídico e Regulamentar denominado *Équipements Sportifs et Sócio-Éducatifs*, em dois volumes, cuja 11ª e última edição foi publicada em 1993 pela Editora Le Moniteur.

Segundo R. Bonnenfant, o processo de evolução das construções esportivas na França contempla as seguintes fases:

Entre 1965-1980 ocorrem investimentos massivos, graças a uma política nacional centralizada a partir de instalações padronizadas, planejamento rigoroso e subvenções estatais. As instalações satisfaziam prioritariamente aos imperativos da competição, com custo menor e limitados a superfícies e volumes exatos. Daí uma concepção utilitária e repetitiva, cuja aridez traduzia-se também na gestão. Esta política, que priorizava clubes e escolas, permitiu cobrir satisfatoriamente o território, mas encontrou rapidamente seus limites.

A partir de meados dos anos 1970, ampliou-se na França a demanda e diversificação das práticas de atividades físicas, incluindo mulheres e a terceira idade, como busca do lazer, do bem-estar corporal e de prática individual personalizada, manifestando-se como se segue e segundo a mesma fonte:

Ao final dos anos 90, inicia-se uma lógica do arranjo e disposição dos territórios. A otimização da utilização de fundos públicos, a satisfação do conjunto da população, o pleno emprego das instalações, a explosão de práticas na natureza e o imperativo da solidariedade necessitam de uma coordenação das diferentes coletividades e, a diferentes níveis, de um planejamento flexível e coordenado. A cooperação intercomunal é percebida como uma ferramenta privilegiada, de coerência espacial e de acessibilidade de todos às atividades esportivas.

Na Austrália, a política de planejamento para esportes e recreação é iniciativa do Ministério dos Esportes e fornece uma ampla visão do processo de planejamento para uma instalação de esportes e recreação por meio da publicação de vários textos sobre o tema. Essas informações destacam os benefícios da instalação compartilhada, os princípios básicos de provisão de instalações, fontes de financiamento e indicam numerosas e diversificadas referências para consulta.

O sistema canadense apresenta similaridades com o sistema de planejamento norte-americano e tem aval do Ministério da Cultura e Recreação e Esportes daquele país. Sua obra de referência é o *Guidelines for Developing Public Recreation Facility Standards* – Guia para o Desenvolvimento da Recreação Pública e Padrões de Instalações, publicado em 2004.

Da Inglaterra selecionamos para nossas referências o *Planning Policy Guidance 17: Planning for Open Space and Recreation* – Guia de Política 17: Planejamento para Espaços ao Ar Livre e Recreação, o qual estabelece as diretrizes de usos do solo no Reino Unido e estabelece padrões locais que asseguram o adequado suprimento de áreas destinadas aos esportes e ao lazer.

Após um longo convívio com essas informações sobre o estado da técnica, lançamos em 2006 o *site* www.planesporte.com.br do qual deriva a presente obra, apresentada com o propósito de disseminar em nosso País conceitos de planejamento de instalações destinadas a esportes, atividades físicas e recreação preconizados e adotados nos países já citados, nomeadamente Austrália, França, Canadá, Estados Unidos da América e Inglaterra.

O interesse que vem despertando o conteúdo do *site* e o significativo registro do número de acessos, além de inúmeras consultas solicitadas e respondidas via correio eletrônico, tornaram oportuna e pertinente a publicação em nosso País de uma obra de natureza técnica e conceitual que trate do planejamento de instalações destinadas à educação física, aos esportes e à recreação. A publicação deste livro no Brasil naturalmente se beneficia do atual ambiente propício ao esporte e às atividades físicas em geral.

Neste contexto, os anos 2010 representam a década dos megaeventos esportivos no nosso País. Assim, a realização da Copa do Mundo em 2014 no Brasil e a vitoriosa candidatura do Rio de Janeiro para sede dos Jogos Olímpicos de 2016 têm despertado na sociedade brasileira um amplo interesse pelo esporte, com intensa participação da mídia e estímulo à realização de diversos eventos de temática esportiva, congressos e seminários nacionais e internacionais.

Em particular, quanto às construções esportivas, tais megaeventos têm enfatizado a preocupação com o tema do legado, até então um conceito um tanto abstrato e pouco entendido. Nesse sentido, vêm surgindo estudos, pesquisas e análises sobre o tema, principalmente a partir do Seminário Gestão de Legados de Megaeventos Esportivos realizado de 1º a 4 de maio de 2008 no Rio de Janeiro, sob os auspícios do Ministério do Esporte e do Conselho Federal de Educação Física – CONFEF, seguido da publicação do livro *Legados de Megaeventos Esportivos*, um marco de excelência na literatura esportiva brasileira.

Nesse livro sobre megaeventos esportivos houve avanços sobre a compreensão do valor de boas técnicas em termos de construção para atividades esportivas, sobretudo para competições de alto rendimento, visto que boas instalações são condicionantes para o sucesso de megaeventos esportivos. O livro em questão produziu diversos capítulos sobre os significados da construção eficiente e sobre a metodologia de projetos cujos escopos focalizam procedimentos de orçamento e gestão, além, naturalmente, da produção de legados.

Em similaridade com a elaboração coletiva do livro sobre legados, cumpre destacar o movimento de promoção de técnicas de construção esportiva em âmbito ibero-americano. Em outubro de 2009, realizou-se em Barcelona o I CIDyR – Primeiro Congresso Ibero Americano de Instalações Esportivas e Recreativas, patrocinado pela ASOFAP, Associação de Construtores de Piscinas da Espanha. O II CIDyR teve lugar em outubro do ano seguinte em São Paulo-SP, organizado pelo SESI-SP com a presença de mais de 400 participantes. Nos anos ímpares subsequentes os congressos terão lugar em Barcelona e nos seguintes anos pares em um país da América Latina. Os temas do legado, gestão e sustentabilidade das instalações esportivas mais uma vez foram objeto de destaque em ambos os eventos.

A criação da AIIDyR Associação Ibero Americana de Infraestruturas Esportivas e Recreativas durante o I CIDyR em Barcelona veio finalmente consolidar e integrar os países do continente sul-americano e do Caribe com os países iberos Portugal e Espanha, tendo as infraestruturas esportivas como motivo e fator essencial dessa integração. É então de se esperar um incremento na qualidade dos projetos de instalações para esportes e lazer em nosso continente e países do Caribe como resultado deste movimento promocional. Neste contexto que une a construção esportiva aos legados, o pós-uso social das instalações esportivas construídas para os Jogos tornou-se um importante quesito para a avaliação do sucesso de um megaevento esportivo.

Por coincidência de significados, as principais instalações dos Jogos Olímpicos de Londres 2012 foram planejadas e projetadas para a realização das competições e serão parcialmente modificadas após os Jogos para atendimento das necessidades de lazer da comunidade local. (Dan Epstain – Mesa Redonda – Megaeventos Esportivos – Jogos Olímpicos – II CIDyR, 2° Congresso Ibero-Americano de Instalações Esportivas e Recreativas – São Paulo, outubro/2010.)

Contrastando com esta valorização de legados, importa fazer constar que a precariedade da manutenção das instalações ainda parece afetar de forma endêmica a qualidade da maior parte das construções esportivas públicas no Brasil. Esta afirmação é empírica, surgida de observações cotidianas nas nossas lides profissionais de engenharia em construções esportivas e sendo reconhecida por profissionais das áreas de educação física, esportes e recreação como sério obstáculo à desejável evolução do setor.

Portanto, a nosso ver e como princípio elementar, os recursos para a manutenção de uma instalação durante seu ciclo de vida devem ser previstos nos planos orçamentários municipais, estaduais ou federais. Lamentavelmente, não é o que costuma ocorrer. Sob a recorrente justificativa de falta de verba, as instalações tendem a deteriorar-se prematuramente ao longo dos anos por carência de verbas orçamentárias específicas para sua manutenção, seja ela preventiva ou corretiva.

Os custos anuais de funcionamento demandados por uma instalação frequentemente ultrapassam 10% do gasto do investimento atualizado. Assim, torna-se prioritário conhecer os custos ligados às instalações, a fim de permitir aos responsáveis por sua administração elaborar ferramentas de gestão e de exploração eficazes (*Équipements Sportifs e Sócio-Éducatifs – Tome 2 – L'Exploitation*, p. 323, 11° Ed. – Le Moniteur, 1993). Em tese, isto significa que no decorrer de dez anos de operação, a instalação terá consumido o custo total de sua construção. Sem dúvida uma considerável porém indispensável despesa.

A ausência ou precariedade de manutenção estimula vandalismo, queda na frequência causada por desconforto dos usuários e, não raro, a interrupção de seu funcionamento da instalação até que uma grande reforma venha a ser efetuada com consequentes desgastes econômicos, sociais e políticos. Tal poderia se ter evitado caso houvesse uma adequada política de manutenção que determinaria que todo recurso destinado à construção ou reforma de instalações esportivas públicas deve corresponder uma contrapartida financeira para sua manutenção e inclusão nos orçamentos das entidades beneficiárias, sejam elas federais, estaduais ou municipais.

A atual oferta de ampla variedade de oportunidades para a prática de atividades físicas e esportivas, acompanhada pela produção de novos equipamentos e acessórios, atrai um número cada vez maior de praticantes. Novos conceitos de planejamento e inovações tecnológicas de projeto e construção devem atender a essa demanda.

Diante das noções mínimas que este livro pretendeu revisar de experiências internacionais de relevo, sugerimos que a presente obra não deve ser entendida apenas como um guia geral de planejamento para construções de instalações, mas também como ponto de partida e estímulo para que outras obras sobre o tema venham a ser escritas e publicadas por autores brasileiros.

REFERÊNCIAS BIBLIOGRÁFICAS

ALMEIDA, A. C.; DA COSTA, L. [Eds.]. *Meio Ambiente, Esporte, Lazer e Turismo – estudos e pesquisa no Brasil, 1967-2007*. Belém: Universidade Federal do Pará, 2007. Disponível em www.ufpa.br/numa/.

ÂNGELO, C. *O Aquecimento Global*. São Paulo: Publifolha, 2009.

BONNENFANT, R. *La Modernization dés Équipements et Installations Sportifs*. Paris: Éditions de La Lettre du Cadre Territorial, 2001.

BUSINESS SUSTAINABILITY. Ver www.spectruminnovation.com/BusinessSustainability. Acesso em 25/10/2009.

BUTLER, G. D. *Recreation Areas, their Design and Equipment*. New York: The Ronald Press Company, 1958.

DA COSTA, L. P. *A Atividade Desportiva nos Climas Tropicais e uma Solução Experimental: o altitude training*. Rio de Janeiro: Imprensa do Exército, 1967.

DA COSTA, L. P. *Atlas do Esporte, Educação Física e Atividades Físicas de Saúde e Lazer no Brasil.* Rio de Janeiro: Shape Editora e Promoções, 2005.

DA COSTA, L. P.; CORREA, D.; RIZZUTI, E.; VILLANO, B.; MIRAGAYA, A. [Eds.]. *Legados de Megaeventos Esportivos.* Brasília: Ministério do Esporte e CONFEF/CREF (Conselhos Federal e Regionais de Educação Física Brasil), 2008.

DA COSTA, L. P. *Estudos de Viabilidade Ambiental, Social e Econômica para Otimizar Espaços de Cultura, Esporte e Lazer: contexto atual e perspectivas futuras.* Brasilia: SESI DN – UNICEL, 2010.

DA COSTA, L. P. *et allii* [Eds.]. *Legados de Megaeventos Esportivos.* Brasília: Ministério do Esporte, 2008. Disponível em www.confef.org.br.

DA COSTA, L. P.; MIRAGAYA, A., GOMES, M., TURINI, M. *Manual Valores do Esporte SESI – Fundamentos.* Brasília: SESI DN, 2008, pp. 119-120 (versão preliminar de 2007).

DEPARTMENT OF COMMUNITY AND LOCAL GOVERNMENT – DCLG. *Planning Policy Guidance 17: planning for open space, sport and recreation.* Londres: Government's National Policies, 2002.

FINA – FÉDÉRATION INTERNATIONALE DE NATATION. *Fina Facilities Rules (2009-2013).* http www.fina.org/h²o/index.php?

FLYN, R. B. [Ed.]. *Planning Facilities for Athletics, Physical Education and Recreation.* Reston: The Athletic Institute & American Association for Health, Physical Education Recreation and Danse, 1985.

GAINES, J.; JÄGER, S. *A Manifest for Sustainable Cities.* Munich: Prestel, 2009.

INDIANA STATE UNIVERSITY. Disponível em: www1.indstate.edu/facilities/sustainability/. Acesso em 26/10/2009.

INMETRO. Disponível em: www.inmetro.gov.br/qualidade/responsabilidade_social/iso26000.asp. Acesso em 30/10/2009.

LENK, M. *Administração da Educação Física e Desporto.* Rio de Janeiro: Imprensa Nacional, 1941.

MAIERÁ, N. *Piscinas Litro a Litro.* São Paulo: Mix Editora, 1999.

MINISTÈRE DE LA JEUNESSE E DES SPORTS. *Équipements Sportifs e Socio-Éducatifs.* 11ª ed. Paris: Éditions Le Moniteur, 1993.

MINISTRY OF CULTURE AND RECREATION, SPORTS AND FITNESS DIVISION. *Guidelines for Developing Public Recreation Facilities Standards.* Ontario: Ministry of Culture, 1974.

MOCOÇAH, P. S. *Empregos Verdes na Construção Sustentável*. II Simpósio Brasileiro de Construção Sustentável, 24 de agosto de 2009, São Paulo. Disponível em http://www.cbcs.org.

MSR – MINISTRY OF SPORT AND RECREATION. *Planning, Design and Management of Sports and Recreation Facilities*. Perth: The Government of Western Australia, 1998.

MULLIN, J. R.; KOTVAL, Z.; MORIARTY, M. The Greenfield versus Brownfield Debate: a balanced approach to industrial planning. *Economic Development Commentary*, v. 15, n° 2: 18-23, 1993. Disponível em: http://works.bepress.com/john_mullin/31.

NORTH HARBOUR STADIUM. Disponível em: http://www.stadium.co.nz/. Acesso em 26/10/2009.

SAWYER, T. H. [Ed.] et al. *Facilities Planning for Health, Fitness, Physical Activity, Recreation and Sports – concepts an applications*. Urbana: Sagamore Publishing, 2002.

SESI. *Caderno Técnico de Gestão e Otimização de Espaços de Cultura, Esporte e Lazer no SESI*. Brasília: SESI DN, 2009.

SESI. *ISO 26000 – Processo de Elaboração da Norma Internacional de Responsabilidade Social: participação da indústria brasileira*. Brasília: SESI DN, 2007.

TELLES RIBEIRO, F. T. Manutenção de Instalações Esportivas e de Lazer. *In* BRAMANTE, A. C. [Ed.]. *Caderno Técnico de Gestão e Otimização – Fazendo Mudanças: estudos de viabilidade econômica, social e ambiental*. Brasília: SESI Departamento Nacional, 2010.

THE ATHLETIC INSTITUTE & AMERICAN ASSOCIATION FOR HEALTH, PHYSICAL EDUCATION AND RECREATION. *Planning Areas and Facilities for Health Physical Education and Recreation*. Chicago: The Athletic Institute & AAHPER, 1966.

VIGNEAU, F. *Les Espaces du Sport*. Paris: Presses Universitaires de France, 1998.

WEBER, W.; RESEARCH GROUP. *The Economic Significance of Sport*. Colônia: Sport economy: Bundesinstitute fur Sportwissenshaft, 1995.

OUTRAS OBRAS DE REFERÊNCIA

Biblioteca da Escola de Educação Física USP – SP

AAHPER. *Planning Areas and Facilities for Health, Physical Education and Recreation*, 1966.

ANIBAL, J. E. *Gimnasio e Anexos*. Buenos Aires,1963.

ANIBAL, J. E. *Iluminación*.

ANIBAL, J. E. *Instalaciones y Elementos.*

ARENO, Waldemar. *Higiene de Piscinas.*

Arquitetura Deportiva, Juegos y Deportes, 1969.

ATHLETE INSTITUTE. *Planning Facilities for Athletes and Recreation.*

BENGTSSON, Arvid. *Parques y Campos de Juego para Niños.* Barcelona, 1983.

Campos Deportivos Reglamentarios. Cali, 1970.

Construção de Instalações Esportivas DEF/CODEA, Brasília, 1975.

DED/MEC. *Escola de Educação Física de San Simon, Cochabamba – Bolívia* (Projeto).

FLYINN, Richard. *Planning Facilities for Athlete, Physical Education and Recreation,* 1985.

FUNDUSP. *Sistema Coordenado para Projetos e Construções Universitárias.*

LINDBERG, Nestor. *Construção de Campos Esportivos,* 1957.

MEC. *Módulo para Centro Esportivo – Primeiro Grau,* Brasília, 1975.

MEC. *Vestiários – SESC-SP,* 1980.

New concept in Planning and Funding for Athlete, Physical Education and Recreation, 1976.

RAMOS, Jair Jordão. *Instalações e Materiais.* EsEFEx, 1946.

Swimming Pool, a Guide for their Planning, Design and Operation.

Biblioteca da Escola de Educação Física do Exército – EsEFEx – RJ

CBD. *Milhões no Esporte do Brasil – documentário fotográfico.*

DEF/MEC. *Curso de Educação Física por Correspondência – instalações esportivas,* 1965.

DEF/MEC. *Ginásios G-2,* 1960.

DEF/MEC. *Piscinas P-1,* 1960.

Estádios do Brasil, 1978.

LINDENBERG, Nestor. *Os Esportes – traçado e técnicas construtivas dos campos esportivos.* MEC, 1975.

MEC. *Revista Brasileira de Educação Física e Desportos,* 1978.

MINISTÈRE DE LA JEUNESSE. *Équipements Sportifs et Socioeducatifs,* 1980.

RAMOS, Cap. Jair Jordão. *Deem Estádios ao Exército,* EsEFEx, 1945.

SESI. *Normas Fundamentais para Instalações Esportivas,* 1974.